THEODOR HERMES

DER AUSSENHANDEL IN DEN OSTBLOCKSTAATEN

THEORIE UND PRAXIS

1958

CRAM, DE GRUYTER & CO. · HAMBURG

Gesamtherstellung Kölle-Druck, Preußisch Oldendorf (Westf)

Inhaltsverzeichnis

I. Marx und Engels über die führende Rolle des Bürgertums bei der Herausbildung des Weltmarktes

Die Theorien von Marx und Engels über die Entstehung des Weltmarktes.

Als grundlegendes theoretisches Werk gilt auch heute noch bei allen kommunistischen Parteien das „Kommunistische Manifest", das von Karl Marx im Auftrag des „Bundes der Kommunisten" in den Jahren 1846—1848 ausgearbeitet wurde. Zum überwiegenden Teil wurde in der Periode bis zum Ausbruch des 2. Weltkrieges diesem Werk nur rein politische Bedeutung beigemessen. Tatsache ist jedoch, daß neben dem Buch das „Kapital" von Karl Marx gerade das „Kommunistische Manifest" eine außerordentlich große Rolle bei der Ausarbeitung der Handelspolitik der Ostblockstaaten spielt.
Im „Kommunistischen Manifest" hat Karl Marx sehr eingehend und sehr ausführlich seine Ansichten über die Entstehung des internationalen Marktes dargelegt. Marx erklärte u. a., daß erst die bürgerliche Gesellschaft durch ihre außerordentlich hohe Produktivität und durch ihre Eigenschaft, daß sie sich ständig ausweitet, die Voraussetzungen geschaffen hat für einen allseitigen Warenaustausch. Karl Marx geht dabei von dem unabänderlichen Standpunkt aus, daß die bürgerliche Gesellschaft die Welt in zwei wirtschaftliche Lager geteilt hat. Zu dem einem Lager rechnet Marx die entwickelten hochmodernen Industrie-Länder und zum anderen die unterentwickelten kolonialen Länder, die im Rahmen des internationalen Marktes die Rolle von Rohstoff-Lieferanten spielen. Marx konnte einfach noch nicht voraussehen, daß z. B. eines Tages die moderne bürgerliche Gesellschaft daran interessiert ist, daß die früher wirtschaftlich rückständigen Länder sich ebenfalls zu modernen Industrie-Ländern entwickeln. Die Entwicklung seit Beginn dieses Jahrhunderts hat jedoch eindeutig gezeigt, daß die Ansichten von Marx in dieser Hinsicht längst durch die Praxis widerlegt worden sind. Aus dieser für unsere heutigen Begriffe falschen Ansicht kann man jedoch keineswegs Marx einen Vorwurf machen, sondern höchstens denjenigen, die heute noch nach wie vor an dieser längst überholten Konzeption festhalten und versuchen, daraus politisches Kapital zu schlagen. Auch Engels hat in verschiedenen Werken wiederholt be-

stätigt, daß erst die bürgerliche Gesellschaft den internationalen Markt geschaffen hat. Marx und Engels haben darüber hinaus eindeutig herausgestellt, daß die Entwicklung des internationalen Marktes und seine intensive Förderung durch das Bürgertum wesentlich zur Entwicklung der Technik und auch zum Kultur- und Gedankenaustausch der gesamten Menschheit beigetragen hat. Im „Kommunistischen Manifest" weist Karl Marx wiederholt daraufhin, daß erst durch die Entstehung des Weltmarktes das Verkehrs- und Schiffahrtswesen einen ungeahnten Aufschwung genommen hat, und daß dieser Aufschwung undenkbar wäre ohne die dynamische Kraft des Bürgertums.
Marx und Engels können nicht umhin zu bestätigen, daß das Bürgertum bereits an der Entwicklung und Entfaltung der internationalen Beziehungen zu einem Zeitpunkt gearbeitet hat, als die feudalistische Gesellschaftsordnung noch ein ziemlich festes Gefüge hatte. Die wirtschaftliche Rolle gerade des Bürgertums in diesem Zusammenhang wird wiederholt von Marx und Engels bestätigt.

In welcher Form erkennen Marx und Engels die führende Rolle des Bürgertums bei der Herausbildung des Weltmarktes an?

Von den kommunistischen Parteien sämtlicher Länder konnte nach Beendigung des 2. Weltkrieges nicht geleugnet werden, daß ohne die Hilfe der USA, Englands und Frankreichs die Niederwerfung Hitlers fast unmöglich gewesen wäre. Außerdem mußten die kommunistischen Parteien eine Erklärung dafür finden, warum ausgerechnet diese Staaten gemeinsam mit der Sowjetunion gegen Hitler kämpften. Die marxistischen Theoretiker erklärten diese Dinge nicht so einfach wie heute mancher im westlichen Ausland glaubt. Sie griffen dabei zurück auf das „Kommunistische Manifest" von Karl Marx. Im „Kommunistischen Manifest" hatte Karl Marx zum Ausdruck gebracht, daß das Bürgertum dadurch, daß es die feudalistische Gesellschaftsordnung beseitigte und zu gleicher Zeit den internationalen Weltmarkt schuf, dem Fortschritt diente und somit die Interessen der gesamten Nation vertrat. Stalin erklärte später sogar, daß es durchaus so ist, daß das Bürgertum in gewissen Situationen als Willensvollstreckerin der gesamten Nation aufgetreten ist. Diese Erklärungen von Karl Marx im „Kommunistischen Manifest" dienten nach Beendigung des 2. Weltkrieges den marxistischen Theoretikern dazu, um zu erklären, warum die Sowjetunion gemeinsam mit den bürgerlichen Staaten USA, England und Frankreich gegen Hitler gekämpft hat.

Im „Kommunistischen Manifest" hat Karl Marx wiederholt dargelegt, daß nicht nur das Bürgertum mit seinen wirtschaftlichen Ideen dazu beigetragen hat, den internationalen Markt zu schaffen, sondern daß es gerade auch die geistigen Strömungen insbesondere auf philosophischem Gebiet waren, die die Voraussetzungen für diese Entwicklung geschaffen haben.
Ein ganz besonderes Verdienst des Bürgertums besteht nach Karl Marx darin, daß es die bisherigen engen wirtschaftlichen Grenzen gesprengt hat und damit ein gewisses Gleichgewicht zu den bereits überwundenen geistigen Grenzen geschaffen hat. Engels hat später wiederholt darauf hingewiesen, daß ganz besonders in Deutschland dieser Widerspruch zwischen der geistigen Entwicklung des Bürgertums und seiner wirtschaftlichen Unselbständigkeit eine gewisse Zeit lang besonders drastisch war. Marx spricht klar und deutlich im „Kommunistischen Manifest" davon, daß ohne das freie Unternehmertum die Bildung des internationalen Marktes unmöglich ist. Obwohl Karl Marx im gleichen Atemzug dem Bürgertum vorwirft, daß es alles dies nur zu seinem persönlichen Vorteil macht, so kann man wohl heute mit Bestimmtheit sagen, daß Karl Marx sich bei der Beurteilung der bürgerlichen Gesellschaftsordnung von den Kinderkrankheiten der neuen gesellschaftlichen Ordnung leiten ließ.
Fest steht auf jeden Fall, daß auch später Lenin nicht umhin konnte festzustellen, daß man beim Bürgertum in die Schule gehen muß, um den Welthandel zu erlernen. Trotz aller sonstigen Angriffe gegen die USA mußte auch Chrustschow auf dem XX. Parteitag der KPdSU zugeben, daß die Entwicklung in der Sowjetunion bedeutend weiter sein könnte, wenn man eben gerade bei den ach so bürgerlichen USA in die Schule gegangen wäre. Selbst die führenden Vertreter der kommunistischen Theorie kommen heute nicht umhin zuzugeben, daß heute noch die bürgerliche Gesellschaftsordnung führend an der Entwicklung des Welthandels beteiligt ist.
Es ist daher auch nicht zufällig, wenn die zuständigen Kaderfunktionäre in den Außenhandelsorganen der Ostblockstaaten besonders großen Wert darauf legen, daß die Handelsmethoden des westlichen Auslandes eingehend studiert werden. Man muß leider feststellen, daß umgekehrt von den zuständigen Organen im westlichen Ausland nur sehr wenig getan wird, um andererseits die Handelsmethoden der Ostblockstaaten zu studieren. Die kommunistischen Theoretiker sind selbstverständlich heute in keiner Form daran interessiert, darzulegen, daß Marx und Engels die führende Rolle des Bürgertums bei der Herausbildung des Weltmarktes anerkannt haben. Im Vordergrund der

Erläuterung der Theorien von Marx und Engels stehen heute in den Handelshochschulen der Ostblockstaaten die negativen Einschätzungen, die Marx und Engels über die bürgerliche Gesellschaftsordnung gegeben haben.

Warum fehlen grundlegende Hinweise von Marx und Engels über den Außenhandel auf sozialistischer Basis?

Seit Jahren beschäftigen sich die marxistischen Theoretiker in der Sowjetunion und in allen Ostblockstaaten damit, aus dem Lebenswerk von Karl Marx, dem „Kapital", jene Stelle ausfindig zu machen, wo Karl Marx sich mit dem Außenhandel und insbesondere mit dem Außenhandel der sozialistischen Gesellschaftsordnung beschäftigt. Diese Untersuchungen wurden von allen Handelsakademien in den Ostblockstaaten intensiv weitergeführt, als es noch als unumstößliches Gesetz galt, daß Marx und Engels zwar die Lehre zur Zerschlagung der bürgerlichen Gesellschaftsordnung geschaffen haben, daß aber andererseits nur Lenin und Stalin eine einheitliche geschlossene Theorie für den Aufbau der neuen Gesellschaftsordnung geschaffen hätten. Die Untersuchungen, die von den marxistischen Theoretikern angestellt wurden, hatten zunächst zum Ziel, die Thesen ausfindig zu machen, in denen Marx und Engels über den Handel zwischen den modernen Industrie-Ländern und den kolonialen Ländern als Rohstofflieferanten sprechen. Das Ergebnis dieser Untersuchungen wurde eindeutig von allen marxistischen Theoretikern als mager bezeichnet. Insbesondere in der Hinsicht, daß weder Marx noch Engels irgendwelche Hinweise gegeben haben, in welcher Form sich der sozialistische Außenhandel entwickeln soll. Es fehlen auch jegliche Hinweise, in welcher Form die Ostblockstaaten und die Sowjetunion als sogenannte sozialistische Länder ihren Außenhandel gegenüber den kolonialen Ländern durchführen sollen. Diese Hinweise von Marx und Engels fehlen, da sie davon ausgehen, daß die neue sozialistische Gesellschaftsordnung zumindest in den wichtigsten Industrieländern gleichzeitig entstehen muß. Sie hielten es für völlig ausgeschlossen, daß ein einziges Land erfolgreich eine neue sozialistische Gesellschaftsordnung aufbauen kann. Sie konnten daher auch keinerlei Theorien entwickeln, die heute Grundlage für die Sowjetunion und die übrigen Ostblockstaaten im Außenhandel sein könnten. Marx und Engels gingen davon aus, daß eben in dem Augenblick, wo sich die neue Gesellschaftsordnung in den wichtigsten Industrieländern durchgesetzt hat, auch die zwischenstaatlichen Beziehungen einen völlig anderen Charakter tragen, als es bisher in der bürgerlichen Gesellschaftsordnung der Fall war. Es ist in diesem Zusammenhang äußerst interessant, daß es wohl auf keinem Gebiet so wenig Hinweise von Marx und Engels gibt, wie gerade auf dem Gebiet des Außenhandels nach der Durchsetzung der sozialistischen Gesellschaftsordnung. Die marxistischen Theoretiker in den Ostblockstaaten versuchen daher seit Jahren, eine Erklärung für diese Tatsache zu finden. Diese Erklärung fällt den marxistischen Theoretikern besonders dadurch schwer, daß für andere Gebiete, wie z. B. auf dem Gebiet der Kunst und Literatur und der Entwicklung der Industrie konkrete Hinweise von Marx und Engels über die zukünftige Entwicklung in der sozialistischen Gesellschaftsordnung bestehen.

Die kommunistischen Parteien in den Ostblockstaaten, die an sich ständig bestrebt sind, jede ihrer Maßnahmen in irgendeiner Form mit der Theorie von Marx und Engels in Übereinstimmung zu bringen, stehen hier vor der Tatsache, daß sie lediglich auf die Ausführungen von Lenin und Stalin über den Außenhandel zurückgreifen müssen. Marx und Engels haben zwar ausführlich die Entwicklung des Außenhandels im Rahmen der bürgerlichen Gesellschaftsordnung dargelegt. Man versucht daher, den sogenannten „rationellen Kern" der Theorien von Marx und Engels über den Außenhandel im Rahmen der bürgerlichen Gesellschaftsordnung auf die Verhältnisse in den Ostblockstaaten zu übertragen und diesen sogenannten „rationellen Kern" in Übereinstimmung mit den Maßnahmen zu bringen, die im Außenhandel der Ostblockstaaten durchgeführt werden.

In diesem Zusammenhang muß man jedoch zugleich darauf verweisen, daß Marx und Engels sich sehr ausführlich mit dem Außenhandel unter den Bedingungen der bürgerlichen Gesellschaftsordnung beschäftigt haben. Das Studium gerade der Theorien von Marx und Engels kommt den Außenhandelsexperten der Ostblockstaaten bei ihren Verhandlungen mit dem Handelspartner im westlichen Ausland in vorzüglicher Art und Weise zugute. Die teilweise sehr große Vorsicht beim Abschluß von Außenhandelsverträgen durch die Außenhandelsorgane der Sowjetunion und der Ostblockstaaten ist insbesondere darauf zurückzuführen, daß Marx und Engels in ausführlicher Art und Weise die negativen Seiten des bürgerlichen Wirtschaftssystems dargelegt haben. Es ist daher nicht verwunderlich, wenn im Vordergrund der Verhandlungen mit Partnern des westlichen Auslandes bei den maßgeblichen Funktionären immer wieder die von Marx und Engels angeführten negativen Unsicherheitsfaktoren eine

ausschlaggebende Rolle spielen. Da Marx und Engels aber zugleich auch darauf hingewiesen haben, daß diese negativen Faktoren in jedem Fall den einzelnen Unternehmer dazu zwingen, drastisch gesprochen, als Betrüger aufzutreten, so ist dies wohl für das immer bestehende Mißtrauen der Außenhandelsfunktionäre der Ostblockstaaten gegenüber dem westlichen Ausland eine eindeutige und klare Erklärung.
Da in der Periode nach dem 2. Weltkrieg ein großer Teil der seriösen Firmen sich vom Ostgeschäft fernhielten und an ihrer Stelle Firmen das Geschäft machten, die es mit der Einhaltung der vertraglichen Bedingungen nicht gerade sehr ernst nahmen, bestätigte sich in dieser Hinsicht für die Außenhandelsorgane der Ostblockstaaten in geradezu für sie selbst unwahrscheinlichem Umfang die von Marx und Engels dargelegten Theorien. Es wird daher immer eine Illusion bleiben, wenn der Handelspartner im westlichen Ausland glaubt, daß er mit den Außenhandelsorganen der Ostblockstaaten auf der Basis des gegenseitigen Vertrauens handeln kann. Es mag zwar sein, daß dieser oder jener bemüht ist, von sich aus ein gewisses Vertrauensverhältnis zu schaffen und daß er auch glaubt, dies durch einen gewissen persönlichen Kontakt zu den maßgeblichen Außenhandelsfunktionären zu erreichen. Er darf aber bei alldem nicht übersehen, daß das System und bereits die Theorie, nach dem dieses System handelt, ein derartiges Vertrauensverhältnis verneint.
Nach dem Sprachgebrauch der kommunistischen Parteifunktionäre handelt es sich um antagonistische Gegensätze, die auch durch den gegenseitigen Handel nicht überwunden werden können, da für sie von vornherein feststeht, daß der Partner aus dem westlichen Ausland ständig versucht, die Außenhandelsorgane in den Ostblockstaaten „übers Ohr zu hauen". Dieses System des Mißtrauens gegenüber dem Handelspartner aus dem westlichen Ausland wird nicht zu überwinden sein, auch nicht durch groß proklamierte Messen und Ausstellungen, da jeder Außenhandelsfunktionär in den Ostblockstaaten bestätigen kann, daß gerade anläßlich der Messen und Ausstellungen umfangreiche Sicherheitsmaßnahmen gegenüber dem Kaufmann aus dem westlichen Ausland getroffen werden, der glaubt, nunmehr durch jahrelange Geschäftsbeziehungen und vielleicht auch durch persönliche Kontakte ein gewisses Vertrauensverhältnis geschaffen zu haben.

II. Die Theorien der Leninisten und Stalinisten über den Außenhandel

Die Schaffung des Außenhandelsmonopols durch Lenin in der UDSSR

Bereits kurze Zeit nach der Oktoberrevolution widmeten Lenin und die bolschewistische Partei dem Außenhandel besondere Aufmerksamkeit. Diese Aufmerksamkeit war im Prinzip zurückzuführen auf zwei Gründe: 1. auf die wirtschaftliche Lage, in der sich Rußland zum damaligen Zeitpunkt befand und 2. auf die politische Situation, die im Jahre 1917 und insbesondere nach dem ersten Weltkrieg in der Welt vorhanden war. Lenin wies bereits einige Zeit nach der Bildung des Sowjetstaates daraufhin, daß der Staat mit Hilfe des Holzexportes sich eine wichtige Devisenquelle erschließen kann. Er erkannte somit schon beizeiten, daß die in Rußland vorhandenen natürlichen Reichtümer für den Außenhandel des Sowjetstaates von großer Bedeutung sind. Es ist daher auch nicht verwunderlich, daß der Holzexport aus der Karelisch-Finnischen Sowjetrepublik auch heute noch eine große Rolle spielt. In den ersten Jahren diente der Außenhandel dem Sowjetsystem vor allem dazu, um mit Hilfe der Exporte sich die notwendigen finanziellen Mittel zu verschaffen, die zur Führung des Bürgerkrieges notwendig waren.

Darüber hinaus beschäftigte sich in dieser Zeit der sowjetische Staat vor allem mit dem Export von Gold. Der sowjetische Außenhandel basierte in jenen Jahren fast ausschließlich auf dem Export der beiden genannten Rohstoffe Holz und Gold. Für die erzielten Exporterlöse wurden ausschließlich solche Rohstoffe importiert, die für die Führung des Bürgerkrieges im Innern des Landes benötigt wurden.

Ferner war Lenin der Meinung, daß man vor allem mit Hilfe des Außenhandels die seiner Meinung nach vorhandenen ökonomischen Widersprüche zwischen den Ländern des Westens ausnutzen muß. Da zu Beginn der Bildung des sowjetischen Staates sich viele Länder im Westen weigerten, mit der Sowjetunion zusammenzuarbeiten, versuchte die UDSSR auf dem Wege des Außenhandels zunächst Kontakte aufzunehmen. Beispielhaft sind hierfür die ersten Handelsbeziehungen zwischen der UDSSR und England. Lenin war der Meinung, daß bei geschickter Führung des Außenhandels es möglich ist, auch politisch zu Erfolgen, u. a. zur diplomatischen Anerkennung, zu kommen. Die Ausnutzung der ökonomischen Widersprüche der westlichen Länder bestand für Lenin z. B. darin, daß die UDSSR in der damaligen Zeit ihre Importe vor allem mit Hilfe von Wechseln finanzierte. Durch den Export der beiden vorgenannten Rohstoffe war es der UDSSR möglich, ihren Verpflichtungen stets pünktlich nachzukommen. In Gestalt von Holz und Gold verfügte die UDSSR bereits bei ihrer Gründung über Devisenreserven. Lenin benutzte in wirtschaftlicher Hinsicht den Außenhandel vor allem dazu, um im Innern des Landes ein wirtschaftliches Gleichgewicht herbeizuführen. Er war sich dabei völlig darüber im klaren, daß die weitere Entwicklung des Außenhandels der Sowjetunion abhängig war von der Entwicklung des inneren Marktes. Man muß daher die in der Zeit der Wiederherstellungsperiode in Rußland betriebene Neue Ökonomische Politik (Nöp) im engen Zusammenhang mit dem Außenhandel sehen.

Da nach dem Bürgerkrieg in Rußland sowohl die industrielle als auch die landwirtschaftliche Produktion am Boden lag, mußten Maßnahmen ergriffen werden, um im Innern des Landes überhaupt wieder einen Markt zu schaffen. Dieser Markt entstand in der Periode der Neuen Ökonomischen Politik, in der Lenin die Privatinitiative unter staatlicher Kontrolle in der Industrie und Landwirtschaft zuließ. Zur damaligen Zeit war der Sowjetstaat sogar bereit, Konzessionen zum Abbau von Bodenschätzen an ausländische Gesellschaften zu vergeben. In der Landwirtschaft wurde im bestimmten Umfang das Großbauerntum sogar gefördert. Alle diese Maßnahmen erfolgten aus dem Grunde, um im Innern des Landes wieder einen Markt zu schaffen, d. h. den Austausch von Waren vor allem landwirtschaftlicher Produkte gegen Industrieerzeugnisse zu ermöglichen.

Die Bildung des inneren Marktes mußte logischerweise zu einer Erweiterung des Exportprogrammes des damals jungen sowjetischen Staates führen. Es ist interessant, daß durch die Neue Ökonomische Politik der sowjetische Staat in der Lage war, Getreide im größeren Umfang wieder zu exportieren. Auf diese Art und Weise gelang es ihm nach und nach, nicht nur im Innern des Landes einen lebhaften Warenverkehr herbeizuführen, sondern auch die Beziehungen des Warenaustausches zwischen den Ländern im Westen zu entwickeln und zu verstärken.

Neben dieser ökonomischen Zielsetzung verfolgte Lenin jedoch zugleich auch ein politisches Ziel. Er ging davon aus, daß der sowjetische

Staat in möglichst rascher Zeit in der Lage sein muß, über den Außenhandel politische Ziele zu verwirklichen. Es ist daher kein Zufall, daß z. B. kurz nach Beendigung der Revolution in Deutschland im Jahre 1919 der Sowjetstaat das Angebot machte, Getreide nach Deutschland zu liefern. Abgesehen davon, daß zu diesem Zeitpunkt Deutschland wirklich auf ausländische Getreideimporte dringend angewiesen war, versuchte Lenin auf diese Art und Weise politisch Propaganda für den Sowjetstaat zu machen. Er wollte somit die Massen in Deutschland und in anderen Ländern der westlichen Welt für das Sowjetsystem gewinnen und die Gründung der kommunistischen Partei unterstützen. Dabei muß man insbesondere berücksichtigen, daß zu dem Zeitpunkt, als das großzügige Angebot für die Lieferung von Getreide an Deutschland gemacht wurde, große Gebiete der Sowjetunion völlig brachlagen und in Rußland selbst eine fürchterliche Hungersnot herrschte.
In der Theorie versucht man heute diese Tatsache damit zu beschönigen, daß man erklärt, daß die Sowjetunion nach den Prinzipien des proletarischen Internationalismus gehandelt habe. In Wirklichkeit versuchte jedoch der Sowjetstaat auf diese Art und Weise indirekt der kommunistischen Bewegung in Deutschland und in anderen Ländern unter die Arme zu greifen.
Den beiden genannten Grundsätzen ist das Sowjetsystem bis zur Gegenwart im Außenhandel treu geblieben. Die Sowjetunion versucht heute auch, den Außenhandel stets und ständig in ihrem Interesse vor allem in politischer Hinsicht auszunutzen. Die Aufgaben des sowjetischen Außenhandels werden wie folgt formuliert:

1. Schutz des sozialistischen Eigentums vor der Wirtschaftsoffensive der kapitalistischen Länder.
2. Der Außenhandel wird dazu benutzt, um die Proportionen zwischen den einzelnen Zweigen der Wirtschaft abzustimmen.
3. Er dient dazu, ständig die Verteidigungskraft der UDSSR zu stärken.

Um den Außenhandel völlig diesen drei Aufgaben unterordnen zu können, schuf Lenin das Außenhandelsmonopol.
Das Außenhandelsmonopol legt fest, daß nur der Staat berechtigt ist, den Export und Import durchzuführen. Es setzt des weiteren die Existenz des Devisenmonopols voraus, d. h. jeglicher Verkehr mit Devisen hat über die Staatsbank zu erfolgen. Mit Hilfe des Außenhandelmonopols versucht der Sowjetstaat und versuchen heute ebenfalls die übrigen Ostblockstaaten ihre Wirtschaft hermetisch von der der westlichen Welt abzuriegeln. Jeder wirtschaftliche Einfluß, der sonst über den Außenhandel in jedem Land spürbar wird, wird somit

von vornherein abgefangen. Als Partner der westlichen Privatfirmen oder Gesellschaften tritt in jedem Fall der Staat auf. Das sowjetische Außenhandelssystem und parallel das der übrigen Ostblockstaaten wurde so geschaffen, daß jeder wirtschaftliche Kontakt mit den westlichen Ländern einer ständigen Kontrolle durch den Staat und insbesondere durch die kommunistische Partei unterliegt. Die Außenhandelsgesellschaften, die zwar nach außenhin privaten Charakter in der Wahl ihrer Gesellschaffsform tragen, sind jedoch im Prinzip weiter nichts als Dienststellen des Staates, die wirtschaftliche Aufgaben durchzuführen haben. Lenin empfahl immer wieder eine strenge Handhabung des Außenhandelsmonopols, da seiner Meinung nach jede Lockerung des Außenhandelsmonopols zu einer Stärkung der Verbindungen zwischen dem gestürzten Bürgertum des jeweiligen Landes und in den westlichen Länder führen muß. Auch in der Periode der Neuen Ökonomischen Politik, in der teilweise im Export private Firmen zugelassen wurden, blieb das Außenhandelsmonopol im vollen Umfang bestehen. In den Ostblockstaaten besteht heute das Außenhandelsmonopol auch dann, wenn in einzelnen dieser Staaten Privatfirmen direkt am Export beteiligt sind.
Die finanzielle Abwicklung der Geschäfte unterliegt der Kontrolle der jeweiligen staatlichen Außenhandelsgesellschaft, so daß im vollen Umfang das Außenhandelsmonopol des Staates gewährleistet ist.
Die Errichtung des Außenhandelsmonopols war daher für den sowjetischen Staat von Anfang an nicht nur von ökonomischer sondern auch von politischer Bedeutung. Mit Hilfe des Außenhandelsmonopols konnte er von vornherein genau festlegen, in welche Länder welche Waren exportiert werden und umgekehrt, aus welchen Ländern welche Waren importiert werden. Aber damit nicht genug, die Steuerung und Lenkung mit Hilfe des Außenhandelsmonopols geht in der Form weiter, daß der Staat genau bestimmt, welche Wirtschaftszweige über den Außenhandel ihren Bedarf decken können. Durch das Außenhandelsmonopol sind z. B. die Ostblockstaaten heute in der Lage, Privatbetriebe völlig von der Versorgung mit Rohstoffen durch den Außenhandel auszuschließen. Auf diese Art und Weise kann jede private Initiative in den Ostblockstaaten von vornherein torpediert werden. Dagegen haben aber die Privatbetriebe die Möglichkeit, sich am Export zu beteiligen, da sie ja für ihre Exportlieferungen nur die jeweilige Währung des Staates erhalten und die Devisenerlöse in die Kasse des Staates fließen. Die Handhabung des Außenhandelsmonopols geht sogar soweit, daß den einzelnen Betrieben nicht bekannt ist, welche

Preise für ihre Artikel auf dem Weltmarkt erzielt werden. Selbst den staatseigenen Betrieben werden die Preisinformationen nur in völlig ungenügendem Umfang zugängig gemacht. Mit Hilfe des Außenhandelsmonopols ist der Staat des weiteren in der Lage, die Preise für bestimmte Waren nach den einzelnen Ländern aus politischen Gesichtspunkten herauf- oder herabzusetzen. Aus rein politischen Erwägungen kann es daher geschehen, daß die UDSSR oder die Ostblockstaaten den Preis für eine Ware wesentlich herabsetzen, nur um mit diesem Land in Kontakt zu kommen oder aber um zu beweisen, daß die von anderen Ländern der westlichen Welt geforderten Preise für dieselbe Ware überhöht sind. Diese Methode wird besonders gern angewandt bei einer Ware wie Getreide. In politischer Hinsicht verspricht man sich von einem derartigen Vorgehen, daß man auf diese Art und Weise die Massen in einem Land politisch günstig für die Sowjetunion oder aber für den betreffenden Ostblockstaat beeinflussen kann. Obwohl derartige Manöver von vornherein spekulativer Natur sein müssen, werden sie jedoch trotz verschiedener Fehlschläge immer wieder aufs neue angewandt. Das Außenhandelsmonopol ist somit das entscheidende Mittel, mit dessen Hilfe man die wirtschaftlichen Kontakte mit den Ländern des Westens auf einem der wichtigsten wirtschaftlichen Gebiete, dem Außenhandel, ständig unter Kontrolle halten kann.

Als Schöpfer des Außenhandelsmonopols kann Lenin bezeichnet werden, denn er verfügte bereits in einem der ersten Erlasse der Sowjetregierung im Jahre 1917, daß der gesamte Außenhandel nur über den Staat und die von ihm beauftragten Institutionen abgewickelt werden kann.

Wie bereits schon erwähnt, bedingt die Existenz des Außenhandelsmonopols zugleich auch die Existenz des Devisenmonopols. Mit Hilfe des Devisenmonopols tritt die Staatsbank als alleinige zuständige Institution für die Kontrolle des gesamten Devisenverkehrs auf. Das Devisenmonopol gesteht der Staatsbank jedoch noch viel größere Rechte und Befugnisse zu. Nur die Staatsbank hat das Recht, Devisen anzukaufen. Zugleich ist nur die Staatsbank berechtigt, über die eingehenden Devisen zu verfügen. Das in der Sowjetunion und den anderen Ostblockstaaten existierende Devisenmonopol ermöglicht es daher auch, daß die in diesen Ländern vorhandene Währung nicht in den Vergleich zu der Währung der westlichen Länder einbezogen werden kann. Das Außenhandelsmonopol und das Devisenmonopol bedingen sich gegenseitig und das eine kann ohne das andere nicht existieren.

Die stalinistische Theorie vom Außenhandel als Kommandohöhe der Volkswirtschaft und als Akkumulationsquelle.

Während der Industrialisierungsperiode in der Sowjetunion entwickelte Stalin die Theorie vom Außenhandelsmonopol weiter. Stalin erklärte, daß der Außenhandel mit zu den Kommandohöhen der Volkswirtschaft des Sowjetstaates gehört. In der Periode der Industrialisierung ging er dabei vor allem davon aus, daß man mit Hilfe des Außenhandels das Tempo der Industrialisierung wesentlich beeinflussen kann. Stalin erklärte des weiteren, daß für die Einhaltung der richtigen Proportionen in der Volkswirtschaft der Außenhandel von ausschlaggebender Bedeutung ist. Unter Einhaltung der richtigen Proportionen verstand er, daß der gesamte Ex- und Import nur dem einen Ziel untergeordnet wird, nämlich dem möglichst schnellen Aufbau der Industrie. Gerade in den Jahren der Industrialisierung in der Sowjetunion ist festzustellen, daß der Export insbesondere landwirtschaftlicher Erzeugnisse sehr gesteigert wurde. Durch den Export landwirtschaftlicher Erzeugnisse und die dadurch anfallenden Devisen war es dem Sowjetstaat möglich, die Rohstoffe zu importieren, die für den Aufbau einer leistungsfähigen Industrie notwendig waren. Des weiteren erklärte Stalin, daß der Außenhandel zu gleicher Zeit wesentlich zur Finanzierung der gesamten Volkswirtschaft beitragen muß, d. h. mit anderen Worten, der Außenhandel muß zur Akkumulationsquelle der Volkswirtschaft werden. Darunter verstand Stalin einmal, daß der Außenhandel die notwendigen Devisen für den Aufbau der Industrie bzw. für die Durchsetzung der wirtschaftlichen Ziele im Innern des Landes beschafft, zum anderen war er der Meinung, daß mit Hilfe des Außenhandels die Gewinne, die durch den Unterschied zwischen Weltmarktpreis und Inlandpreis entstehen, zur Finanzierung des Aufbaus der Industrie verwandt werden müssen. Da das innere Preisgefüge in der Sowjetunion zum Zeitpunkt der Industrialisierung wesentlich über den Weltmarktpreisen lag, war es also ohne weiteres möglich, die Gewinne, die der Außenhandel auf diese Art und Weise abwarf, der Volkswirtschaft zuzuführen. Charakteristisch ist, daß Stalin sich hierbei davon leiten ließ, daß dieser Zustand ein ständiger sein wird. Diese Feststellung Stalins steht aber an sich schon im krassen Gegensatz zu der Behauptung, daß das Sowjetsystem ständig bestrebt ist, alle Waren so billig wie eben möglich zu verkaufen. Zum anderen steht die Theorie im Gegensatz dazu, daß Stalin andererseits wiederholt die Behauptung aufstellte, daß der Sozialismus in der Sowjetunion eine höhere Arbeitsproduktivität durch die Anwendung der modernen Technik mit sich bringen wird und daß einzig und allein die Werktätigen in den Genuß des besseren Lebens kommen, das durch die Steigerung der Arbeitsproduktivität entstehen wird. Es ist äußerst interessant, daß aber Stalin gerade den Außenhandel aus dem Grunde zu den Kommandohöhen der Volkswirtschaft rechnet, da über den Außenhandel die Möglichkeit besteht, im Ausland die Waren zu einem wesentlich billigeren Preis aufzukaufen und sie zu einem bedeutend höheren Preis im Inland zu verkaufen. Das Sowjetsystem macht sich also damit bewußt die Unwissenheit der breiten Arbeiter- und Bauernmassen zunutze, die sich kein Urteil über die Preis- und Marktentwicklung einer Ware auf dem Weltmarkt erlauben können. Diese Tatsache ist auch zugleich eine Erklärung dafür, aus welchem Grunde das System stets bemüht ist, nur solche Kräfte im Außenhandel zu beschäftigen, die in jeder Hinsicht das System unterstützen. Für Stalin war es also von vornherein eine feststehende Tatsache, daß das von ihm proklamierte sozialistische System, ausgehend von dieser Unwissenheit der Arbeiter- und Bauernmassen, es sich erlauben kann, für die Mehrzahl aller importierten Waren bedeutend höhere Preise zu fordern, als umgekehrt der Sowjetstaat für diese Waren auf dem internationalen Markt zahlen muß. Darüberhinaus vertrat Stalin noch die Meinung, daß der Außenhandel einen echten kommerziellen Gewinn abwerfen muß. Hierzu ist jedoch zu bemerken, daß ein echter kommerzieller Gewinn im Außenhandel der Sowjetunion und in den anderen Ostblockstaaten nicht ausgewiesen werden kann. Durch die Planung des gesamten Außenhandels wird von vornherein ein bestimmter Planpreis festgelegt. Dieser Planpreis ist während des Ablaufes eines Jahres nicht veränderlich. Wenn also z. B. die Weltmarktpreise sich so entwickeln, daß der Planpreis wesentlich unterschritten wird, so vergrößert sich automatisch die Differenz zwischen dem Weltmarktpreis und dem im Inland festgelegten Preis. Dadurch vergrößert sich aber zugleich auch die Differenz, die der Staat abschöpfen kann. Die einzelnen Außenhandelsgesellschaften werden also durch die Planung praktisch dazu veranlaßt, ständig zu versuchen, den geplanten Preis zu unterschreiten, und es kommt nicht selten vor, daß durch dieses Abwarten die Versorgung der Bevölkerung und der Industrie empfindlich gestört wird. Da Stalin davon ausging, daß man mit Hilfe des Außenhandels die Proportionen in den einzelnen Zweigen der Volkswirtschaft beeinflussen kann, war er der Meinung, daß vor allem solche Waren für die Versorgung der Bevölkerung importiert werden müssen, die im Inland einen hohen Preis haben und die somit eine möglichst hohe Abschöpfung der vorhandenen Kaufkraft der Bevölkerung gewährleisten. Der Import von Waren wird daher von vornherein so geplant, daß er vor allem dazu dient, durch die wesentliche Überhöhung der Preise für Importwaren die vorhandene Kaufkraft abzuschöpfen. Das in der Sowjetunion als Sozialismus proklamierte System nimmt für sich in Anspruch, in jeder Weise die Interessen der Werktätigen zu vertreten. Dem Arbeiter wird aber nicht erklärt, daß er für die Waren, die importiert werden, den doppelt und dreifach so hohen Preis wie sein Kollege im westlichen Ausland zahlen muß, obwohl auf der anderen Seite gerade von ihm immer wieder die Steigerung der Arbeitsproduktivität mit allen möglichen Mitteln verlangt wird. Auf diese Art und Weise wird der Außenhandel systematisch dazu mitbenutzt, um den ständigen Mangel an Waren des täglichen Bedarfs zu verschleiern. Bestimmte Waren sind zwar ständig vorhanden und werden laufend importiert, aber durch die Preisgestaltung wird der Umsatz von vornherein gelenkt. So bleiben, wie Stalin sagt, die Proportionen gewahrt.

Mit Hilfe des Außenhandels kann der sowjetische Staat vor allem auch die Versorgung der einzelnen Industriezweige mit Maschinen und Rohstoffen wesentlich beeinflussen. Er kann zum anderen auch einzelne Betriebe am Export besonders interessieren, indem er diesen Betrieben für die von ihnen produzierten Waren Prämien oder aber höhere Preise gewährt. Diese überhöhten Exportpreise werden auf der anderen Seite wieder aufgefangen und mit Hilfe der Gewinne, die durch den Import besonders begehrter Waren entstehen, subventioniert. Die Entwicklung der gesamten Wirtschaft kann somit in der Sowjetunion und in den übrigen Ostblockstaaten durch den Staat mit Hilfe des Ex- und Importes wesentlich beeinflußt werden. Hinzu kommt noch, daß die Betriebe von sich aus ein Interesse daran haben, in das Exportprogramm eingeschaltet zu werden, da die gesamte technische Abwicklung für sie im Export bedeutend einfacher ist, als — so kurios wie es klingen mag — die langwierigen Verhandlungen mit dem jeweiligen Partner im Innern des Landes.

Unter Berücksichtigung aller geschilderten Faktoren, ist die von Stalin gezogene Schlußfolgerung, daß der Außenhandel eine Kommandohöhe der Volkswirtschaft ist und als solcher zugleich als Akkumulationsquelle dienen muß, durchaus richtig, soweit sie sich auf das Sowjetsystem und das System in den Ostblockstaaten bezieht.

Die Auswirkungen der stalinistischen Theorie von der Existenz zweier Weltmärkte auf den Außenhandel der Ostblockstaaten.

Im Jahre 1952 erschien bekanntlich mit großer propagandistischer Aufmachung eine Broschüre von Stalin unter dem Titel „Ökonomische Probleme beim Aufbau des Sozialismus in der UDSSR". Mehrere Kapitel in dieser Broschüre widmete Stalin den Problemen des Außenhandels. Er ging dabei von folgendem aus: Nach Beendigung des 2. Weltkrieges entstanden in der Welt zwei Lager. Er bezeichnete diese beiden Lager als das Lager des Sozialismus und als das des Kapitalismus. Daraus zieht er die Schlußfolgerung, daß bedingt durch die Maßnahmen der Westmächte gegenüber der Sowjetunion und den Ostblockstaaten ein eigener Weltmarkt der Sowjetunion, Chinas und der übrigen Ostblockstaaten entstanden ist. Er erklärt, daß man nicht mehr von einem einheitlichen Weltmarkt sprechen kann, sondern daß sich zwei Weltmärkte herausgebildet haben und daß auf diesen beiden Weltmärkten völlig unterschiedliche ökonomische Gesetze wirksam sind. Es ist dabei interessant, daß von ihm ganz besonders hervorgehoben wurde, daß durch die Ausarbeitung der Embargo-Listen und der anderen, insbesondere von den USA ergriffenen Zwangsregulierungen im Außenhandel mit der Sowjetunion und den Ostblockstaaten, diese Länder sich gezwungen sahen, Maßnahmen zu ergreifen, die sie von gewissen Importen aus den westlichen Ländern unabhängig machten.
In dem Zusammenhang, wo Stalin von den zwei angeblich existierenden Weltmärkten spricht, formuliert er zugleich auch die These, daß jedes andere Land die Möglichkeit hat, sich dem sozialistischen Weltmarkt anzuschließen, sofern es bereit ist, die auf diesem Weltmarkt existierenden Grundsätze „Kameradschaftliche gegenseitige Hilfe und Anerkennung der gegenseitigen Souveränität und Durchführung des Handels auf der Basis des gegenseitigen Vorteils" zu akzeptieren. Offensichtlich sollte dieser theoretische Hinweis von Stalin ein Wink mit dem Zaunpfahl für die jungen Nationalstaaten wie Indien, Ägypten, Burma und Indonesien sein. Ihnen wollte Stalin offensichtlich mit seiner Theorie zu verstehen geben, daß sie sich jederzeit völlig dem wirtschaftlichen System der Sowjetunion, Chinas und der übrigen Ostblockstaaten im internationalen Handel anschließen können, ohne daß sie deshalb ihre innerpolitischen Verhältnisse ändern müssen. Aber wie gesagt, es handelt sich hierbei um eine Theorie und es liegt klar auf der Hand insbesondere unter Berücksichtigung der vorher gemachten Ausführungen über die Aufgabenstellung des Außenhandels der Ostblockstaaten, daß ein Anschluß anderer Länder an den sogenannten

sozialistischen Weltmarkt auch innerpolitische Folgen für jedes Land nach sich ziehen muß. Es ist interessant, daß bis zum heutigen Tag nicht ein Land diesem Wink mit dem Zaunpfahl gefolgt ist und daß gerade nach dem Tode Stalins diese seine angeblich letzte theoretische Arbeit verdammt worden ist. Zum anderen wollte Stalin mit dieser Arbeit offensichtlich klar herausstellen, daß die einzelnen Ostblockstaaten sich im Handel vor allen Dingen auf die Sowjetunion zu orientieren haben. Die theoretische Arbeit Stalins wurde zwar nach seinem Tode verdammt, aber an der Praxis hat sich nicht das Geringste geändert. Die Ostblockstaaten verfahren in der Praxis wirklich nach den von Stalin aufgestellten Grundsätzen. Allerdings ist heute nicht mehr zu verheimlichen, daß die von Stalin aufgestellte Theorie große Widersprüche in sich birgt. In seiner Arbeit „Ökonomische Probleme des Sozialismus" beschäftigt er sich u. a. auch mit der Frage, daß durch das Entstehen einer Industrie in den einzelnen Ostblockstaaten die Frage des Exports auf die Tagesordnung gesetzt wird. Interessant ist hierbei, daß er vor allem an den Export in die Länder der westlichen Welt denkt. Andererseits stellt er jedoch ein paar Kapitel weiter die Behauptung auf, daß die Länder der westlichen Welt von einer Krise in die andere fallen. Stalin behauptet weiter, daß die einzelnen Zweige der Industrie in den westlichen Ländern sich ständig krisenhaft entwickeln. Er kann jedoch nicht leugnen, daß selbst die Ostblockstaaten die Möglichkeit haben, die Industrie-Erzeugnisse ihrer eigenen Produktion gerade in diese Länder zu exportieren. Nach dem Tode Stalins und nach der Durchführung des berüchtigten XX. Parteitages der KPdSU wurde in den einzelnen Ostblockstaaten sehr viel über das bisherige Verhältnis der Sowjetunion zu den einzelnen Ländern diskutiert. Es wurde klar herausgestellt, daß in der Vergangenheit von Seiten der UDSSR Methoden angewandt wurden, die im absoluten Gegensatz zu den von Stalin dargelegten Prinzipien des sozialistischen Weltmarktes stehen. Bei der Diskussion darüber, daß die von der UDSSR bisher angewandten Methoden in der Zusammenarbeit mit den anderen Ostblockstaaten nicht richtig waren, wurden auch insbesondere die im Außenhandel praktizierten Methoden untersucht. Es ist hierbei interessant, daß ein Land und zwar Polen, diese Untersuchung erst gar nicht abwartete, sondern sofort so reagierte, daß es Steinkohlenlieferungen an die „DDR" einstellte und seine Lieferungen nach Westdeutschland zu gleicher Zeit bedeutend erhöhte. Dabei muß man ganz besonders bemerken, daß diese Kursänderung im polnischen Außenhandel mit Wissen und mit voller Unterstützung der kommunistischen Arbeiterpartei Polens und ihres Sekretärs Gomulka vollzogen wurde. Es wurde offen erklärt, daß die bisherige Außenhandelspolitik falsch war, da insbesondere die Sowjetunion Methoden im Außenhandel gegenüber Polen angewandt hat, mit denen man sich nicht mehr einverstanden erklären kann und daß man nunmehr durch die politischen und wirtschaftliche Situation direkt gezwungen sei, so zu handeln, wie es die Wirtschaft des Landes erforderlich macht. Der an sich in den Ostblockstaaten vorhandene Teufelskreis in der Versorgung mit Rohstoffen und in der Versorgung der Bevölkerung wurde also in der Praxis durch die bewußte Abschnürung vom westlichen Ausland noch verstärkt. Wie nach dem XX. Parteitag offiziell bekanntgegeben wurde, hat der theoretische Begründer des sozialistischen Weltmarktes die von ihm selbst für diesen erarbeiteten Thesen und Theorien gröblichst verletzt. Auch die soviel und so laut gepriesene sozialistische Hilfe konnte Polen nicht helfen, seiner wirtschaftlichen Schwierigkeiten Herr zu werden. Das Beispiel Polen zeigt daher klar und deutlich, wie es in Wirklichkeit um den so viel gepriesenen sozialistischen Weltmarkt bestellt ist. Aber nicht nur in Polen begann man, die sowohl von den Sowjetunion als auch von den anderen Ostblockstaaten gehandhabten Methoden zu untersuchen und zu verurteilen. Als Stalin seine Theorie entwickelte über die Entwicklung des sozialistischen Weltmarktes und darüber, daß auf diesem Weltmarkt andere ökonomische Gesetze herrschen als auf dem kapitalistischen Weltmarkt, wollte er offensichtlich zu gleicher Zeit auch damit eine theoretische Begründung dafür liefern, daß im Handel mit der Sowjetunion und den anderen Ostblockstaaten Preise vereinbart wurden, die gegenüber den Preisen für die gleiche Ware in den westlichen Ländern als überhöht angesehen werden mußten. Er wollte somit offensichtlich von vornherein jede Kritik an den völlig jeder Grundlage entbehrenden Preisen des sogenannten sozialistischen Weltmarktes unterbinden. Es ist daher auch nicht zufällig, daß nach dem XX. Parteitag die einzelnen Ostblockstaaten in ihren Handelsabkommensverhandlungen mit der Sowjetunion eine Korrektur der bisher gültigen Preise verlangten. Dieses Problem war jedoch nicht so einfach zu lösen, da man die bisher gültigen Preise ja nur dann verändern konnte, wenn man den Nachweis erbrachte, daß sie nicht mehr den auf dem internationalen Markt geforderten allgemein gültigen Preisen entsprachen. Solche Preisunterlagen konnte man aber nur beschaffen, wenn man die Angebote der westlichen Länder zugrunde legte. Nach vielen Verhandlungen einigte man sich schließlich auf die Formel, daß die Preise für die Waren verändert werden, für die konkrete Preisunterlagen, Preislisten, Offerten und dergleichen mehr vorgelegt werden können. Die einzelnen Ostblockstaaten versuchten nun, innerhalb kürzester Frist sich mit den erforderlichen Preisdokumentationen aus den westlichen Ländern zu versorgen, um eine Korrektur der bisher verlangten völlig unrealen Preise herbeizuführen. Damit dürfte aber durch die Praxis selbst bewiesen worden sein, daß man absolut nicht von der Existenz von zwei Weltmärkten sprechen kann, sondern daß man lediglich davon sprechen kann, daß die Ostblockstaaten auf Veranlassung der Sowjetunion sich selbst isolierten, ihrer eigenen Volkswirtschaft durch diese Selbstisolierung schadeten und ihre Handelsbeziehungen völlig einseitig auf den Handel mit der Sowjetunion und den anderen Satelliten-Staaten einstellten.

Abschließend ist zu der von Stalin aufgestellten Theorie noch folgendes zu bemerken: Die einzelnen Ostblockstaaten und die Sowjetunion dachten am allerwenigsten daran, die von ihnen proklamierten Grundsätze auf der Basis der kameradschaftlichen Zusammenarbeit einzuhalten. Es ist absolut keine Seltenheit, daß die einzelnen Ostblockstaaten und insbesondere auch die Sowjetunion eine Ware der gleichen Qualität zu bedeutend niedrigeren Preisen an westliche Länder verkauften. Diese Tatsache führte zu ständigen Auseinandersetzungen zwischen den Ostblockstaaten und ist ein heißes Eisen, selbst für die linientreuesten Genossen in den Außenhandelsorganen. Um die Schwierigkeiten wenigstens einigermaßen einzudämmen, versuchte man in der letzten Zeit für die Schwerpunktwaren beim Abschluß der Handelsabkommen bereits Festpreise für die Dauer des Handelsabkommens zu vereinbaren. Dabei stoßen jedoch die Vertreter der Außenhandelsministerien der Ostblockstaaten auf den Widerstand der Außenhandelsgesellschaften, die mit vollem Recht für sich in Anspruch nehmen, daß nur sie für bindende Preiszusagen zuständig sind.

Aus all diesen vielen Gegensätzlichkeiten zwischen den einzelnen Ostblockstaaten und der von ihnen tagtäglich geübten Praxis ist klar erwiesen, daß nicht im entferntesten davon die Rede sein kann, daß ein eigener sozialistischer Weltmarkt existiert. Der technische Fortschritt und die damit auf dem internationalen Weltmarkt verbundene Preisentwicklung kann von den Ostblockstaaten und der Sowjetunion nicht ignoriert werden. Auf dem XX. Parteitag erklärte der sowjetische Parteisekretär Chrustschow, daß ein großer Teil der Schwierigkeiten der Sowjetunion darauf zurückzuführen sind, daß man sich in der Vergangenheit zu wenig auf den technischen Fortschritt, insbesondere auf die technische Entwicklung in den USA, konzentriert hat. Trotz dieser zunächst nur theoretischen Erkenntnis des sowjetischen Parteisekretärs Chrustschow, wird jedoch in der Praxis weiterhin danach verfahren, daß nicht für den Handel der Ostblockstaaten mit den Ländern der westlichen Welt allein der gegenseitige wirtschaftliche Vorteil ausschlaggebend ist, sondern daß nach wie vor politische Faktoren den Handel zwischen den Ostblockstaaten und den Ländern des Westens erheblich belasten.

III. Die Rolle des Außenhandels im Rahmen der volkswirtschaftlichen Gesamtplanung

Die Theoretiker des Leninismus und Stalinismus in den Ostblockstaaten gehen heute bei der Ausarbeitung des Volkswirtschaftsplanes in den einzelnen Ländern von den Hinweisen aus, die Marx und Engels über die Entwicklung der industriellen Produktion gegeben haben. In verschiedenen Werken wiesen Marx und Engels darauf hin, daß mit der weiteren Entwicklung der industriellen Produktion diese solche gewaltigen Formen annehmen wird, daß die Planung zu einer absoluten Notwendigkeit wird. In diesem Zusammenhang spricht Marx auch davon, daß die Produktion sich im Laufe der Zeit selbst vergesellschaftet. Er meinte damit, daß durch das gewaltige Ausmaß, das die industrielle Produktion in immer stärkerem Umfang annehmen wird, die Einzelleitung und letzten Endes auch der Einzelbesitz unmöglich werden. Von diesen grundsätzlichen Hinweisen ließ sich Lenin im Jahre 1917 leiten, als er die Staatliche Plankommission in Sowjetrußland schuf. Den ersten Plan, den Lenin erarbeitete und der den Namen „GOLERO-Plan" trug, beinhaltete die dringend notwendige Elektrifizierung des Landes. Die propagandistische Losung für die Durchsetzung dieses ersten Planes war: „Elektrifizierung plus Sowjetmacht ist Kommunismus". Nach Darlegung dieser grundlegenden theoretischen Ansichten der Leninisten, Stalinisten über die Planung, halte ich es für notwendig, näher auf die Methoden für die Ausarbeitung des Volkswirtschaftsplanes einzugehen.

Die Bedeutung der Materialbilanz für den Außenhandelsplan

Bekanntlich besteht in allen Ostblockstaaten eine Plankommission. Aufgabe der Plankommission ist es, bevor sie überhaupt an die Ausarbeitung des jeweiligen Volkswirtschaftsplanes herangehen kann, die Ausarbeitung eines langfristigen, mehrere Jahre umfassenden Planes, vorzunehmen. Dieser Plan, in den meisten Ländern als 5-Jahres-Plan bekannt, wird aufgestellt unter Berücksichtigung rein politischer Gesichtspunkte. Er trägt daher auch mehr oder weniger propagandistischen Charakter. Der 5-Jahres-Plan in den einzelnen Ostblockstaaten enthält nur in groben Zügen die Zielsetzung für die einzelnen Wirtschaftszweige. Für den Außenhandel weist er in den meisten Fällen im Import und Export nur eine Steigerung in Prozentzahlen aus, ohne näher darauf einzugehen, wie die Steigerung vorgenommen werden soll. Der 5-Jahres-Plan gibt also keine Auskunft darüber, wie hoch die Steigerung in den einzelnen Jahren sein soll. Dadurch hat der Staat von vornherein die Möglichkeit, beim Auftreten von wirtschaftlichen Schwierigkeiten die Entwicklung in bestimmten Industriezweigen zu bremsen. Die Konkretisierung des 5-Jahres-Planes erfolgt in den einzelnen Ostblockstaaten erst bei der Aufstellung des Volkswirtschaftsplanes. Die Staatliche Plankommission in den einzelnen Ostblockstaaten beschäftigt sich zunächst mit der Ausarbeitung der Materialbilanz. Die Materialbilanz weist praktisch das Aufkommen an Rohstoffen und Fertigerzeugnissen im Innern des Landes aus. Auf der anderen Seite gibt sie Auskunft über den Bedarf, d. h. über die Rohstoffe und Fertigerzeugnisse, die durch die eigene Produktion nicht hergestellt werden können und die importiert werden müssen. Die Materialbilanz enthält also zugleich die erreichte Produktionssteigerung des vorhergehenden Jahres. Sie weist zum anderen auch sehr genau den Überschuß aus, der zunächst für den Export zur Verfügung steht. Da in allen Ostblockstaaten bei der ersten Aufstellung der Materialbilanz der Bedarf immer bedeutend höher ist als das Eigenaufkommen, ergibt sich immer ein Defizit. Dieses Defizit versucht die Staatliche Plankommission in den einzelnen Ostblockstaaten wie folgt zu lösen: Entweder wird der Ausgleich herbeigeführt durch Steigerung der Produktion, d. h. durch die Steigerung der Erzeugung von Exportgütern. Da aber dieser Weg meistens nicht gangbar ist, weil er andererseits verbunden ist mit der Steigerung des Imports der für die Herstellung der Exportwaren benötigten Rohstoffe, bleibt im Endeffekt nur folgender Weg übrig: Der Bedarf, der mühselig von der Staatlichen Plankommission in den einzelnen Kreisen und Bezirken zusammengetragen wurde, wird nunmehr drastisch gekürzt. Dabei ist das System in den Ostblockstaaten schon von vornherein gezwungen, gegen einen seiner Planungsgrundsätze gröblichst zu verstoßen. Theoretisch wird über die Methoden der Planung gesagt, daß im Vordergrund der Planung die Befriedigung der Bedürfnisse steht und daß die Produktion in jedem Fall dem Bedarf angeglichen werden muß. Die Praxis in allen Ostblockstaaten einschließlich der UDSSR in der Vergangenheit und Gegenwart beweist jedoch, daß gerade umgekehrt der Weg der drastischen „Senkung" des Bedarfs vorgenommen wird. Nach langwierigen Diskussionen mit den Plankommissionen in den Städten, Kreisen und Bezirken, wird der Bedarf so herabgedrückt, daß er letzten Endes einigermaßen mit den Möglichkeiten der Produktion übereinstimmt. Der dringendste Bedarf, der sich aus der Materialbilanz ergibt und durch die eigene Produktion nicht gedeckt werden kann, muß selbstverständlich importiert werden. Die Bedarfsseite der Materialbilanz ist somit die Grundlage für die Ausarbeitung einer Seite des Außenhandelsplanes, nämlich des Importplanes. Der Überschuß, der aus der Materialbilanz ersichtlich ist, bildet andererseits die Grundlage für die Aufstellung des Exportplanes. Die erste Abstimmung zwischen Bedarf und Überschuß findet also bei der Aufstellung der Materialbilanz statt. Damit ist jedoch keineswegs gesagt, daß auch der Außenhandelsplan als solcher sich am Ende der Ausarbeitung ausgleicht und bilanziert. Der von der Staatlichen Plankommission ermittelte Bedarf bzw. Überschuß an Waren wird den einzelnen staatlichen Außenhandelsgesellschaften in Form der Kennziffer bekanntgegeben. Die Bekanntgabe der Kennziffern erfolgt in der Regel Mitte des Jahres für das kommende Jahr. Interessant ist hierbei, daß die Bekanntgabe der Kennziffern an die verantwortlichen Funktionäre der Außenhandelsgesellschaften durch die Staatliche Plankommission während einer Aussprache mit diesen erfolgt. Diese Aussprachen und die sich an jede einzelne Aussprache anschließende Aufstellung oder Änderung des Planes ist in allen Außenhandelsgesellschaften der Ostblockstaaten unter dem Namen „Planrunde" bekannt. Es ist typisch, daß bei der ersten Bekanntgabe der Kennziffern zwischen den Funktionären der Staatlichen Plankommission und denen der Außenhandelsgesellschaften harte Auseinandersetzungen stattfinden, die oft recht drastische Formen annehmen. Die Funktionäre der Staatlichen Plankommission lassen sich bei der Durchsetzung ihrer Kennziffern vor allem von rein politischen Gesichtspunkten leiten. Die Funktionäre der Außenhandelsgesellschaften dagegen, die zum überwiegenden Teil die Praxis und die Möglichkeiten der Wirtschaft kennen, wenden sich dagegen und auch mit vollem Recht, Forderungen der Funktionäre der Plankommission zu akzeptieren, die von vornherein nur auf dem Papier realisierbar sind. Berücksichtigen muß man dabei noch folgendes, daß von den Funktionären der Staatlichen Plankommission bei der ersten Planrunde keinerlei Angaben darüber gemacht werden können, wie sie sich die Realisierung der Kennziffern vorstellen, d. h. sie können keinerlei Garantie dafür übernehmen, daß die erforderlichen Devisen zur Verfügung stehen. Da es öfters vorkommt, daß die Funktionäre der Außenhandelsgesellschaften sich weigern, die Forderungen der Staatlichen Plankommission anzuerkennen, ist es nicht selten, daß man sie

erst an ihre „Parteidisziplin“ und an weitere Folgen, die ein weiteres Weigern nach sich ziehen kann, erinnern muß.
In der gleichen Form wie die Kennziffern für den Import werden auch die Kennziffern für den Export bekanntgegeben. Typisch für das Planungssystem der Ostblockstaaten ist hierbei wiederum, daß Kennziffern bekanntgegeben werden, die weder von der Industrie noch vom Außenhandel realisiert werden können. Aufgrund der gesammelten Erfahrungen versuchen die Funktionäre der Außenhandelsgesellschaften zum großen Teil sich den Forderungen zu widersetzen, da sie aufgrund ihrer Kenntnisse und ihrer jahrelangen Erfahrungen genau wissen, daß einmal die Industrie nicht in der Lage ist, eine derartige Menge an Waren zu produzieren und daß andererseits auch auf dem Weltmarkt keine Möglichkeit besteht, eine derartig große Menge von Waren ohne Werbung und ohne sonstige Vorbereitungen abzusetzen. In den vergangenen Jahren ist den meisten Experten im Außenhandel der Ostblockstaaten, die nicht linientreu sind, so langsam zu Bewußtsein gekommen, daß es vollkommen unsinnig ist, sich gegen die unrealen Forderungen der Plankommission zu wehren. Sie nehmen ihre Kennziffern zum überwiegenden Teil widerspruchslos entgegen und stellen nunmehr den Plan zusammen. Bemerken muß man noch, daß die Verhandlungen zwischen der Staatlichen Plankommission und den Funktionären und Experten der jeweiligen Außenhandelsgesellschaft durchaus mit der Eröffnung und Durchführung einer Börse verglichen werden können.

Die Methoden der Ausarbeitung des Außenhandelsplanes

Auf der Grundlage der erhaltenen Kennziffern wird nunmehr in den Außenhandelsgesellschaften mit der Ausarbeitung der einzelnen Teilpläne begonnen. In der Theorie wird gesagt, daß der Plan nach vorheriger Diskussion mit den Werktätigen in den Betrieben aufgestellt werden soll. Auch Stalin hat wiederholt darauf hingewiesen, daß der Plan ja nur dann verwirklicht werden kann, wenn die Werktätigen ihn mit Leben erfüllen, d. h. wenn sie in dem Plan des Staates ihre Vorschläge wiedererkennen und dann auch diesen Plan als ihren Plan anerkennen. Die Diskussion mit den Mitarbeitern in den Betrieben und insbesondere in den Außenhandelsgesellschaften über den Plan kann infolge der kurzen Termingestellung für die Ausarbeitung desselben durch die Staatliche Plankommission überhaupt nicht erfolgen. Den verantwortlichen Direktoren und Einkäufern stehen für die Aus-

arbeitung des Planes höchstens drei bis vier Tage zur Verfügung. Der Außenhandelsplan in den Ostblockstaaten wird nach zweierlei Methoden aufgestellt.
Man kennt einmal den „Ware-Land-Plan". Aus dem „Ware-Land-Plan" ist ersichtlich die Menge einer bestimmten Ware, die importiert werden soll und die Aufteilung dieser Menge auf die einzelnen Länder, die erfahrungsgemäß für den Import oder Export dieser Ware in Frage kommen. Zum anderen gibt es den „Land-Ware-Plan". Der „Land-Ware-Plan" legt fest, welche Waren in welche Länder exportiert werden sollen bzw. welche Waren aus den einzelnen Ländern importiert werden sollen, d. h. also, es existieren in der Praxis im Außenhandel der Ostblockstaaten einmal ein Plan für jede einzelne Ware und für jedes einzelne Land.
Die gesamte Planung in den Ostblockstaaten wird jedoch nicht nur mengenmäßig, sondern vor allem auch wertmäßig vorgenommen. Die Zusammenfassung aller Pläne erfolgt nur von der wertmäßigen Seite aus, wobei die einzelnen Mengen und Mengeneinheiten keine Rolle mehr spielen. Nachdem eine Ware im Rahmen des „Ware-Land-Planes" auf die einzelnen Länder aufgeteilt wurde, beginnt nunmehr die wertmäßige Kalkulation. Bei der wertmäßigen Kalkulation müssen die Erfahrungen berücksichtigt werden, die bereits aus den vorhergehenden Jahren in preismäßiger Hinsicht für die einzelne Ware vorliegen. Aufgrund dieser Erfahrungswerte in den einzelnen Ländern wird von den verantwortlichen Einkäufern unter Kontrolle der Direktoren ein Planpreis für jedes einzelne Land ausgearbeitet.
Auf der Grundlage des Planpreises für jedes einzelne Land und durch die Multiplikation der vorgesehenen Menge mit dem Planpreis ergibt sich somit der Planwert für jedes Land im „Ware-Land-Plan". Bei der Ausarbeitung des „Land-Ware-Planes" werden nunmehr die errechneten Werte und Mengen aus dem „Ware-Land-Plan" übertragen, so daß sich zum Abschluß der Planaufstellung insgesamt gesehen ein Überblick über den gesamten Import und Export für jedes einzelne Land ergibt. Der „Ware-Land-Plan" ist auch unter dem herkömmlichen Begriff „Warenbewegungsplan" in den Außenhandelsgesellschaften der Ostblockstaaten bekannt. Da jeder Einkäufer und jeder Direktionsbereich derartige Pläne für jede einzelne Ware und für jedes einzelne Land erarbeiten muß, kann man sich vorstellen, welcher Papierkrieg mit der Planung verbunden ist. Vor allem wenn man berücksichtigt, daß die Ausarbeitung des „Ware-Land-Planes" Grundlage ist für die Ausarbeitung weiterer Teilpläne, so z. B. für die Ausarbeitung des Finanzplanes, des Warennebenkostenplanes, Kreditplanes, Gewinn-

planes und des Planes des Technisch-Organisatorischen Fortschritts. Die Pläne der einzelnen Einkäufer werden innerhalb der Direktionsbereiche zusammengefaßt und der Plan jedes einzelnen Direktionsbereiches wird zusammengestellt zum Gesamtplan der Außenhandelsgesellschaft. Dieses System führt jedoch dazu, daß wenn sich z. B. bereits kurze Zeit nach der Ausarbeitung des Planvorschlages geringe Änderungen in einer Position ergeben, sich der Gesamtplan der Außenhandelsgesellschaft einschließlich der aufgeführten Teilpläne ändert. Damit wird auch für viele Wirtschaftskreise im westlichen Ausland klar sein, worauf die Unbeweglichkeit der Ostblockstaaten im Außenhandel zurückzuführen ist. Nachdem der Plan als erster Vorschlag ausgearbeitet wurde, wird er dem zuständigen Fachministerium für Außenhandel übergeben. Die Planungsabteilung des Außenhandelsministeriums übergibt den Plan der Außenhandelsgesellschaft an die zuständige Hauptverwaltung zur Überprüfung. Nicht selten kommt es vor, daß die Hauptverwaltung sofort Korrekturen am Plan der Außenhandelsgesellschaften vornehmen muß, da ihr keine andere Möglichkeit im Rahmen der ihr zur Verfügung gestellten Devisen oder Exportwaren bleibt. Diese Korrekturen werden zum überwiegenden Teil vorgenommen, ohne daß die Mitarbeiter der Außenhandelsorgane dazu gehört werden. Meistens sind solche Korrekturen zurückzuführen auf zwingende Notwendigkeiten, die sich aus der schlechten Devisensituation ergeben. Nachdem die Korrekturen bereits in der Hauptverwaltung des Außenhandelsministeriums durchgeführt worden sind, wird der überarbeitete Plan an die Planungsabteilung des Ministeriums wieder zurückgegeben. Nicht selten kommt es vor, daß den verantwortlichen Mitarbeitern der Außenhandelsgesellschaften erst durch die Planungsabteilung des Ministeriums die Korrekturen bekanntgegeben werden. Bei Einsprüchen oder Protesten über die vorgenommenen Korrekturen von seiten der verantwortlichen Mitarbeiter der Außenhandelsgesellschaften wird an deren „Bewußtsein" appelliert oder aber ihnen wird mittels der Holzhammermethode klar gemacht, daß die Korrekturen im Interesse des Arbeiter- und Bauernstaates notwendig sind. Vom Außenhandelsministerium wird der Plan der Staatlichen Plankommission übergeben. Die Staatliche Plankommission überprüft den Plan zunächst daraufhin, ob er in seinen Werten für die einzelnen Waren der von ihr gegebenen Kennziffer entspricht. Im Anschluß daran werden die einzelnen Pläne den zuständigen Fachministerien zur Überarbeitung übergeben. Die Fachministerien sollen bei der Überarbeitung prüfen, ob sie sich mit dem von der Außenhandelsgesellchaft aufgestellten und vom Außenhandelsministerium gebilligten Plan einverstanden erklären oder aber ob ihrer Meinung nach der Plan in bestimmten Teilen verändert werden muß. Dabei muß berücksichtigt werden, daß den Fachministerien nicht das Recht zugestanden wird, die von der Staatlichen Plankommission erteilte Kennziffer zu unterschreiten. In jedem Falle muß auch von dem Fachministerium die erteilte Kennziffer, sei es nun hinsichtlich des Exports oder aber hinsichtlich des Imports, akzeptiert werden. Während der Überarbeitung des Planes in den einzelnen Fachministerien, versucht die Planungsabteilung des Außenhandelsministeriums den Plan zu bilanzieren. In den meisten Fällen gelingt es den Außenhandelsministerien in den Ostblockstaaten nicht, einen Ausgleich zwischen Export und Import herbeizuführen. Die theoretische und politische Zielsetzung der Kommunistischen Partei in den einzelnen Ostblockstaaten geht jedoch dahin, nicht nur einen bilanzierten Außenhandelsplan zu haben, d. h. daß Export und Import sich ausgleichen, sondern daß möglichst noch ein Devisenüberschuß erzielt wird, der als Devisenreserve Verwendung finden kann. Eine besondere Rolle spielt hierbei auch die in allen Ostblockstaaten vorhandene Staatsreserve. Die Ostblockstaaten sind besonders daran interessiert, solche Waren in ihre Staatsreserve aufzunehmen, die sich leicht verkaufen lassen und die jederzeit geeignet sind, irgendwo auftretende Kaufkraftüberhänge abzuschöpfen. Die Außenhandelsministerien versuchen zum überwiegenden Teil diese politische Forderung der kommunistischen Parteien durchzusetzen. Die Außenhandelsfunktionäre in den Ministerien haben darüber hinaus auch wenig praktische kommerzielle Erfahrungen, so daß sie blindlings die ihnen gegebenen Anweisungen verwirklichen, ohne sich überhaupt eine Vorstellung davon machen zu können, welcher Schaden für die gesamte Volkswirtschaft auftreten kann.

Wenn nunmehr nach Überarbeitung des Planes durch die Fachministerien auch die Staatliche Plankommission eventuell zu der Schlußfolgerung kommen könnte, daß bestimmte Veränderungen des Planes und eventuell auch der Kennziffer erforderlich sind, so kann es durchaus passieren, daß sich die Außenhandelsministerien der Staatlichen Plankommission mit Hilfe und Unterstützung der kommunistischen Parteien und deren Zentralkomitees erfolgreich widersetzen. Daraus kann jeder klar erkennen, daß die gesamte Planung des Außenhandels ausschließlich von politischen Gesichtspunkten bestimmt wird. Wie bereits schon vorher gesagt, gelingt es nur in den seltensten Fällen, den Außenhandelsplan zu bilanzieren. Daraus ergibt sich, daß der Außenhandelsplan, der bereits im Juni für das folgende Jahr ausgearbeitet wird, im Durchschnitt noch vier bis sechsmal bis zum 1. Januar des jeweiligen Jahres verändert wird. In den Außenhandelsgesellschaften der Ostblockstaaten beschäftigen sich die Mitarbeiter, die eine gründliche kommerzielle Schulung hinter sich haben, zum überwiegenden Teil nur noch mit Planungsarbeiten. Da eine Planungsänderung ständig verbunden ist mit der gesamten Abänderung des Planes und einer völlig neuen Errechnung der einzelnen Werte, so kann sich jeder vorstellen, welche komplizierte Arbeit in den Außenhandelsgesellschaften der Ostblockstaaten bei einer Planänderung geleistet werden muß. Für besondere Schwerpunktwaren, wie z. B. Stahl, Kohle, Edelmetalle, Halbedelmetalle, Rohkakao, Rohkaffee, Zucker und andere Waren, reichen zum Teil vier bis sechs Planüberarbeitungen nicht aus. Für diese Waren werden meistens acht bis zwölf Planrunden durchgeführt. Jede Veränderung des Außenhandelsplanes oder aber des Volkswirtschaftsplanes wirkt sich bei den vorgenannten Waren besonders schnell und auch sehr empfindlich aus. Bei der Ausarbeitung des Planes und bei der Durchführung der einzelnen Überarbeitungen kann es durchaus zu ernsthaften Meinungsverschiedenheiten zwischen den Außenhandelsministerien und der Staatlichen Plankommission kommen. Die einzelnen Minister für Außenhandel gehören zum überwiegenden Teil zur führenden Funktionärsschicht. Sie sind Mitglied des Zentralkomitees und darüber hinaus meistens noch des Politbüros der kommunistischen Partei und können auf diese Art und Weise ihren Willen gegenüber den anderen Ministern durchsetzen. So kann es durchaus vorkommen, daß für die genannten Schwerpunktwaren der jeweilige Minister für Außenhandel von den Außenhandelsgesellschaften einen höheren Plan verlangt, als die Staatliche Plankommission ihn fordert. In solchen Fällen gibt es in den Außenhandelsgesellschaften einmal den Plan des Ministers für Außenhandel und zum anderen den Staatsplan der Staatlichen Plankommission. Obwohl in theoretischer Hinsicht die leninistischen und stalinistischen Theoretiker jede Doppelgleisigkeit der Planung ablehnen, wird sie jedoch gerade dadurch praktiziert, daß den Ministern für Außenhandel äußerst umfangreiche Vollmachten gegeben werden.

Charakteristisch für die Situation der Planung des Außenhandels in den Ostblockstaaten ist des weiteren, daß bedingt dadurch, daß der Volkswirtschaftsplan erst sehr spät durch das Parlament für das jeweils laufende Jahr angenommen wird, auch zu Beginn des Planjahres sich besonders große Schwierigkeiten ergeben. In solchen Fällen kann es vorkommen, daß zwar der Außenhandelsplan im April für das laufende Jahr bestätigt wird, aber im ersten Quartal des Jahres, d. h. in den Monaten Januar bis März nach dem Plan nicht gearbeitet wurde.

Dieser Zustand muß sich natürlich als äußerst schädlich auf die Volkswirtschaft auswirken, führt jedoch zu noch größerem Schaden in den einzelnen Industriebetrieben. Es kommt nicht selten vor, daß am Anfang des Jahres wichtige Exportbetriebe in den Ostblockstaaten nicht arbeiten können, da ihnen dringend benötigte Materialien nicht zur Verfügung stehen. Dies ist darauf zurückzuführen, daß der Plan erst bedeutend später bestätigt wird. So absurd wie es klingen mag, es entspricht jedoch den Tatsachen, daß in dieser Zeit Facharbeiter mit Aushilfsarbeiten wie Hofkehren und dergleichen beschäftigt werden. Nachdem der Plan bestätigt worden ist, wird er durch die Staatliche Plankommission den Außenhandelsministerien übergeben. Die Außenhandelsministerien übergeben den Plan ihrerseits an die zuständigen Außenhandelsgesellschaften. Nicht selten kommt es vor, daß dann die Außenhandelsgesellschaften erst Kenntnis von bestimmten Plankorrekturen erhalten. Die Methoden der Planausarbeitung für den Außenhandel in den vergangenen Jahren sind immer komplizierter geworden. Ein großer Teil der leitenden Mitarbeiter in den Außenhandelsgesellschaften der Ostblockstaaten ist überhaupt nicht in der Lage, einen Plan auszuarbeiten. Die Hauptlast der Arbeit liegt hier bei den alten kaufmännischen Fachkräften, soweit sie zum Teil noch vorhanden sind oder aber bei solchen Mitarbeitern, die fachlich sehr gut sind, politisch jedoch kaum in Erscheinung treten.

Die Planrealisierung

Obwohl, theoretisch gesehen, der Außenhandelsplan oberstes Gesetz für die Arbeit des Außenhandels im laufenden Planjahr ist, kommt es jedoch nicht selten vor, daß der Plan nicht realisiert werden kann. Dies ist zum Teil zurückzuführen auf die verschiedensten Ursachen. Im Export z. B. werden meistens Kennziffern durch die Staatliche Plankommission bekanntgegeben, die von vornherein wie bereits geschildert, als unreal angesehen werden. Im Laufe der Realisierung des Planes ergibt sich somit, daß die Exportbetriebe nicht in der Lage sind, die ihnen erteilten Exportauflagen zu erfüllen. Die Nichterfüllung des Planes kann auf verschiedene Gründe zurückzuführen sein. Zum überwiegenden Teil gibt es dafür jedoch zwei immer wiederkehrende Gründe: 1. Mangelnde Materialbereitstellung, 2. Die Steigerung der Arbeitsproduktivität wächst nicht im geplanten Ausmaß.
Des weiteren kann es im Export Schwierigkeiten geben, daß eine Ware aus irgendwelchen Gründen sich nicht mehr in dem Land absetzen

läßt, in dem es der Plan vorsieht. Wenn nun der Verkäufer und der zuständige Fachdirektor erkennen, daß es zwar unmöglich ist, die Ware in dem Land zu verkaufen, für das sie ursprünglich vorgesehen war, daß sich aber andererseits die Möglichkeit ergibt, diese Ware in einem anderen Land abzusetzen, so beginnt ein langwieriger Papierkrieg, um diese Planänderung durchzusetzen. Der zuständige Verkäufer muß in Zusammenarbeit mit seinem Direktor einen Antrag auf Planänderung stellen. Dieser Antrag auf Planänderung muß vom Generaldirektor und Planungsleiter der Außenhandelsgesellschaft unterzeichnet werden. Der Antrag auf Planänderung wird dann der Planungsabteilung des Außenhandelsministeriums übergeben, die ihrerseits prüft, ob sie diesem Antrag stattgeben kann oder nicht. In der Zwischenzeit vergehen aber 6 bis 8 Wochen oder noch mehr, ohne daß der Verkäufer in der Außenhandelsgesellschaft weiß, ob er die Ware dorthin verkaufen kann, wo er eine Absatzmöglichkeit gefunden hat. Das gesamte System der Planänderung ist äußerst schwerfällig und es ist daher fast unmöglich, eine Planänderung bestätigt zu erhalten. Viele Planänderungen ließen sich jedoch vermeiden, wenn man sich bei der Aufstellung des Planes mehr von den realen kaufmännischen Möglichkeiten leiten ließ, als von sturen, politisch engstirnigen Gesichtspunkten.
Die Untererfüllung des Importplanes ist meistenteils darauf zurückzuführen, daß die im Plan vorgesehenen Devisen nicht zur Verfügung gestellt werden konnten. Besonders schwierig gestaltet sich die Planung für Börsenwaren. Der betreffende Einkäufer und sein zuständiger Fachdirektor in den Außenhandelsgesellschaften der Ostblockstaaten müssen sich für ein ganzes Jahr lang für einen festen Preis in den einzelnen Ländern entscheiden. Aufgrund des vorliegenden bestätigten Importplanes stellt der Einkäufer in der Außenhandelsgesellschaft einen Antrag auf Erteilung der Devisengenehmigung. Dieser Antrag auf Erteilung der Devisengenehmigung ist an die zuständige Hauptverwaltung des Außenhandelsministeriums einzureichen. In der Hauptverwaltung wird zunächst entschieden, ob dem Minister dieser Antrag auf Devisenperspektive vorgelegt wird oder nicht. Hier beginnt bereits das Kuriosum. Obwohl der Plan Gesetz ist und bestätigt wurde, müssen die Außenhandelsgesellschaften zuerst einen Antrag auf Erteilung einer Devisenperspektive stellen. Nachdem die Hauptverwaltung im Außenhandelsministerium zugestimmt oder abgelehnt hat, wird der Antrag im ersteren Fall dem Minister für Außenhandel zugeleitet. In einer wöchentlich stattfindenden Sitzung mit dem Minister haben die Hauptverwaltungsleiter die Möglichkeit, die Anträge auf Erteilung einer Devisenperspektive vorzulegen. Der Minister für Außenhandel entscheidet

dann je nach Dringlichkeit über die einzelnen Anträge. Stimmt der Minister zu, so wird der Außenhandelsgesellschaft mitgeteilt, daß ihr eine Devisenperspektive zugeteilt wurde. Die Devisenperspektive muß aber nicht mit dem Planwert und dem Wert des Antrages übereinstimmen. Auch kann sie hinsichtlich des Termins einen anderen Termin für die Bereitstellung der Devisen enthalten. Durch dieses System der Erteilung einer Devisenperspektive hat also nicht nur der Minister für Außenhandel das Recht, rigoros den Plan zu ändern, sondern bereits schon vorher der jeweilige Hauptverwaltungsleiter.

Dieses Beispiel ist kennzeichnend für die Achtung vor den selbst geschaffenen Wirtschaftsgesetzen durch die Funktionäre in den kommunistischen Staaten.

Nachdem der Außenhandelsgesellschaft eine Devisenperspektive übergeben wurde, wobei man noch berücksichtigen muß, daß die Devisenperspektive nur dem Hauptbuchhalter der Außenhandelsgesellschaft übergeben wird, — dieser gibt sie wiederum dem jeweiligen Fachdirektor bekannt und der wieder seinem Einkäufer, — ist sie berechtigt, jetzt einen Vertrag abzuschließen. Unmittelbar nach dem erfolgten Vertragsabschluß muß der Einkäufer den Antrag auf Erteilung der Devisengenehmigung beim Außenhandelsministerium stellen. Der Antrag auf Erteilung der Devisengenehmigung muß von der Außenhandelsgesellschaft ebenfalls zunächst dem Hauptverwaltungsleiter zur Abzeichnung der sachlichen Richtigkeit überreicht werden. Dieser stellt sie sodann dem Valuta-Chef des Außenhandelsministeriums zu. Oftmals kann es sich hierbei um sehr dringende Importe handeln, für die umgehend die erforderlichen Akkreditive eröffnet werden müssen. Den Leiter der Hauptverwaltung Finanzen und Valuta in den Außenhandelsministerien kann dies alles nicht stören. Die Ausstellung einer Devisengenehmigung dauert im Durchschnitt 20 Tage. Während dieser Zeit muß der Einkäufer in den Außenhandelsgesellschaften alle möglichen Tricks erfinden, um dem Verkäufer aus dem westlichen Ausland klar zu machen, warum zum vereinbarten Termin das Akkreditiv unter Umständen noch nicht eröffnet worden ist. Obwohl die kommunistischen Außenhandelsfunktionäre sehr leicht bereit sind, auf den kapitalistischen Kontrahenten zu schimpfen, sind sie jedoch andererseits genau so schnell bereit, die Loyalität ihrer Partner aus dem westlichen Ausland bis zum letzten in dieser Hinsicht auszunutzen. Diese ständigen Unsicherheitsfaktoren gewährleisten selbstverständlich keine kontinuierliche Erfüllung der Außenhandelspläne im Sinne der Außenhandelsfunktionäre in den Ostblockstaaten.

Die Plan=Berichterstattung

Über die Erfüllung des Außenhandelsplanes muß ständig und laufend an die Außenhandelsministerien und an die Staatliche Plankommission in den Ostblockstaaten Bericht erstattet werden. Die Berichterstattung über die Realisierung des Außenhandelsplanes bezieht sich vor allem auf die Kontrolle der exportierten Waren und auf den Import von Waren. Beim Import wird die Realisierung des Planes nach Menge und Wert erfaßt. Für jede Ware, die von einem Ostblockstaat importiert wird, muß ein Warenbegleitschein an der jeweiligen Grenzstelle, die die Ware passiert, vorliegen. Für solche Waren, für die kein Import=warenbegleitschein vorliegt, wird zunächst ein Beschlagnahmeverfahren durchgeführt. Nachdem die Ware ordnungsgemäß importiert wurde, wird von der jeweiligen Grenzstelle eine Importmeldung ausgestellt, die sofort der Außenhandelsgesellschaft zugeleitet wird, die den Waren=begleitschein ausstellte. Die Importmeldung ist somit das wichtigste Dokument für den Nachweis der Planerfüllung des Importplanes. An=hand der vorliegenden Importmeldung erfolgt die Registrierung der Reali=sierung durch die Abteilungen für Planung in den Außenhandelsgesell=schaften. Die Planungsabteilung in der jeweiligen Außenhandelsgesell=schaft meldet dem Amt für Statistik täglich den Stand der Realisierung des Importplanes. Grundlage für die Erfassung beim Amt für Statistik sind sogenannte Laufbogen, auf denen täglich der Stand der Planerfül=lung eingetragen wird. Vom Amt für Statistik werden die Realisierungs=berichte mit Hilfe des Hollorithsystems erfaßt.
Beim Export wird die Realisierung des Exportplanes durch die Absen=dung einer Bestätigung des jeweiligen Zollamtes, daß gegen Vorlage einer Ausfuhrgenehmigung die Ware für den Export zollamtlich abge=nommen und versandt wurde, erfaßt. Die Realisierung des Export=planes ist also vollzogen in dem Augenblick, wo die Ware das Liefer=werk verläßt. Beim Import findet die Realisierung bereits dann ihren Niederschlag, wenn die Ware die Staatsgrenze passiert hat. Die vom jeweiligen Zollamt bestätigte Ausfuhrmeldung über den Export der Ware wird ebenfalls wie beim Import von der Planungsabteilung der jeweiligen Außenhandelsgesellschaft erfaßt und auf dem gleichen Wege dem Amt für Statistik übermittelt. Sinn und Zweck dieser täglichen Erfassung der Erfüllung insbesondere des Exportplanes ist, ständig einen Überblick darüber zu haben, welche Industriezweige nur schlep=pend den Exportplan erfüllen und wo die Realisierung des Import=planes gefährdet ist. Infolge der ständig angespannten Situation im Außenhandel der Ostblockstaaten wird auf die Kontrolle der Realisie=

rung des Export- und Importplanes großes Gewicht gelegt. Die maßgeblichen Funktionäre des Außenhandelsapparates in den Ostblockstaaten verwenden einen großen Teil ihrer Arbeitszeit damit, die Ursachen für die Untererfüllung des Export- bzw. Importplanes festzustellen. Eine besondere Form der Kontrolle der Erfüllung des Außenhandelsplanes ist die Ausarbeitung von Monats-, Quartals- und Jahresanalysen. Sinn und Zweck der Analysen ist, die einzelnen Außenhandelsgesellschaften dazu zu zwingen, kritisch und selbstkritisch zu untersuchen, wo die Ursachen für die Erfüllung bzw. Untererfüllung des Planes liegen. Die Ausarbeitung der genannten Analysen erfolgt nach einem vorher von den jeweiligen Außenhandelsministerien erarbeiteten Fragenkomplex. Im Durchschnitt enthalten derartige Schematas 16-20 Fragen. Es wird jedem klar und verständlich sein, daß die Auswertung derartiger Analysen mit einem großen Aufwand von Arbeit verbunden ist. Es kommt daher nicht selten vor, daß diese Analysen, weil sie eben schon zu einer Routine-Angelegenheit geworden sind, von den Funktionären der Außenhandelsministerien kaum beachtet werden. Die Analysen beinhalten selbstverständlich nicht nur die Beantwortung bestimmter wirtschaftlicher und kommerzieller Fragen, sondern auch die Beantwortung von Fragen, die rein politischer Natur sind. Mit der Auswertung der jeweiligen Analysen beschäftigt sich ebenfalls in den einzelnen Außenhandelsgesellschaften die Leitung der Betriebsorganisation der kommunistischen Partei. Es ist selbstverständlich, daß von dieser Seite aus besonderer Wert auf solche Fragen gelegt wird, die zum Teil oder völlig politischen Charakter tragen. Im Vordergrund steht hierbei die Steigerung der Arbeitsproduktivität, die Einhaltung der „sozialistischen Arbeitsdisziplin" und die „ideologische Erziehung" der Werktätigen.

Die Bedeutung der einzelnen Teilpläne

Aus dem im Kapitel IIIb genannten Warenbewegungsplan ergibt sich im Außenhandel der Ostblockstaaten die Erarbeitung weiterer Teilpläne, so z. B. des Finanzplanes. Der Finanzplan enthält eine genaue Aufstellung der von der jeweiligen Außenhandelsgesellschaft benötigten finanziellen Mittel. Er soll des weiteren darüber Auskunft geben, zu welchem Termin und in welcher Höhe die jeweilige Außenhandelsgesellschaft voraussichtlich einen Kredit in Anspruch nehmen wird. Ferner muß der Warennebenkostenplan aufgestellt werden.
Dieser Plan enthält sämtliche Kosten, die mit der Warenbewegung und dem Umschlag der Ware zusammenhängen, wie z. B. Versicherung,

Seefracht, Umschlagskosten, Eisenbahn- und LKW-Frachten, Lagermieten und dergleichen mehr. Diese Kosten müssen im Warennebenkostenplan für jedes Land gesondert geplant werden. Beim Kauf von Waren aus Ländern in Übersee ergibt sich bei der Ausarbeitung des Warennebenkostenplanes die Schwierigkeit, daß die Frachtraten bestimmten Veränderungen unterworfen sind. Schwierigkeiten ergeben sich des weiteren daraus, daß sich plötzlich bestimmte Warennebenkosten wie z. B. Lagermieten in den einzelnen Ländern verändern können, ebenso die Sätze für den Umschlag der Ware. In solchen Fällen müssen die Außenhandelsgesellschaften erst den umständlichen Weg einer Planänderung beschreiten, um von ihrem Außenhandelsministerium die zusätzlichen erforderlichen finanziellen Mittel zu erhalten.

Ein weiterer wichtiger Teilplan ist der Gewinnplan. Der Bezeichnung nach muß der Gewinn geplant werden, d. h. jedes Außenhandelsunternehmen muß sich verpflichten, einen bestimmten Gewinn innerhalb eines bestimmten Zeitraumes an den Staatshaushalt abzuführen. Die Erfüllung des Gewinnplanes muß in jedem Fall gewährleistet sein, da selbst bei Erfüllung des Warenbewegungsplanes die jeweilige Außenhandelsgesellschaft erst dann ihren Plan erfüllt hat, wenn sie auch den Gewinnplan im vorgesehenen Umfang realisiert hat.

Für den Import spielt eine besonders große Rolle der Valuta-Bedarfsplan. Aufgrund des Warenbewegungsplanes müssen die Außenhandelsgesellchaften planen, wann sie welche Devisen benötigen. Man achte in diesem Zusammenhang besonders darauf, wie umständlich der Weg ist, bis die einzelne Außenhandelsgesellschaft zu der von ihr laut Plan benötigten Valuta kommt. Der Valutabedarfsplan muß einmal enthalten, wann die Devisen benötigt werden, wobei der Wert der Valuta in Rubel und in der jeweiligen Währung angegeben werden muß. Exportseitig spielt der Valutaaufkommensplan die gleiche große Rolle. An Hand des Warenbewegungsplanes im Export müssen die einzelnen Außenhandelsgesellschaften angeben, welche Valuta sie zu welchem Termin zur Verfügung stellen. Schwierigkeiten bei der Erfüllung des Valutabedarfsplanes ergeben sich daraus, daß sich zum Teil eine Ware zum vorgesehenen Zeitpunkt nicht in dem betreffenden Währungsgebiet absetzen läßt. Da es den Außenhandelsunternehmen aber nicht gestattet ist, die Ware ohne weiteres in einem anderen Währungsgebiet zu verkaufen, so ergibt sich daraus eine ganz besonders große Schwierigkeit für die jeweilige Erfüllung dieses Planes. Auf die Nichterfüllung des Valutaaufkommensplanes reagieren die Funktionäre der Ostblockstaaten sehr empfindlich, da aufgrund der von den Außenhandelsunternehmen erarbeiteten Valutaaufkommenspläne die bereits

genannten Devisenperspektiven erteilt werden. Wenn also der Valutaaufkommensplan in einer Außenhandelsgesellschaft nicht im vorgesehenen Umfang erfüllt wird, so müssen zusätzlich Devisen oder aber andere Waren, die in jedem Falle gegen die eingeplanten Devisen abzusetzen sind, eingeschoben werden. Aus diesen Schwierigkeiten heraus ergibt sich im Export der Ostblockstaaten bei den jeweiligen Außenhandelsgesellschaften die Tendenz, den Valutaaufkommensplan nicht nach dem Maximum, sondern nach dem Minimum aufzustellen, da niemand das Risiko eingehen will, sich für die Untererfüllung gerade dieses Planteiles zur Verantwortung ziehen zu lassen. Es kommt daher nicht selten vor, daß alte geschulte Außenhandelskaufleute in den Ostblockstaaten den Devisenaufkommensplan in jedem Falle übererfüllen, da sie sich bei seiner Ausarbeitung von dem Prinzip des Minimums leiten lassen.
Die Realisierung der genannten Pläne und die Kontrolle derselben erfolgt ebenfalls durch die jeweilige Abteilung Planung in den Außenhandelsgesellschaften und durch das Amt für Statistik.

IV. Die Rolle und Bedeutung des allgemeinen Vertragssystems für den Außenhandel

Die Bedeutung des Vertragssystems für den Import

Auf der Grundlage des bestätigten Außenhandelsplanes verlangen die einzelnen Binnenhandelsorgane den Abschluß von Verträgen mit den Außenhandelsgesellschaften. In den meisten Fällen ist es so, daß die Außenhandelsgesellschaft sich bereits schon zu Beginn des Jahres vertraglich gegenüber dem zuständigen Binnenhandelsorgan verpflichten soll, gemäß einer genau vereinbarten Spezifikation und zu genau festgelegten Terminen die Ware auszuliefern. Bei bestimmten Schwerpunktpositionen wie Stahl, Kohle, Eisen, Kakao, Kaffee, Gewürze, Rohzucker und ähnlichen Waren ist eine derartige Festlegung für die Außenhandelsgesellschaften selbstverständlich ein ganz besonderes schwieriges Problem. Nicht genug damit, daß von der Außenhandelsgesellschaft sowieso schon verlangt wird, daß der Plan termingerecht in jeder Hinsicht erfüllt wird, verlangen darüber hinaus noch die in den Ostblockstaaten gültigen Wirtschaftsgesetze den Abschluß von Verträgen, in denen sich die Außenhandelsgesellschaft zu den vorher genannten Bedingungen verpflichten soll. Wenn man daran denkt, daß die Außenhandelsgesellschaft zu Beginn des Jahres keineswegs durch die Planbestätigung die Gewähr dafür hat, daß sie die im Plan vorgesehenen Devisen durch das jeweilige Außenhandelsministerium erhält, so kann man sich vorstellen, mit welchen gemischten Gefühlen von den einzelnen verantwortlichen Funktionären in den Ostblockstaaten diese Verträge mit dem Binnenhandel unterschrieben werden. Stellt sich z. B. nun im Ablauf des Planjahres heraus, daß das Außenhandelsorgan seine vertraglichen Verpflichtungen gegenüber dem Binnenhandelspartner nicht erfüllen kann, so hat es die Möglichkeit, den Binnenhandelsorganen einen Antrag auf Vertragsänderung zu überreichen. Da der Antrag auf Vertragsänderung sich immer darauf bezieht, die Liefertermine zu verlegen und zum anderen auch eine Qualitätssenkung in den meisten Fällen beabsichtigt, so ist das Binnenhandelsorgan seinerseits meistenteils gezwungen, derartige Anträge auf Vertragsänderung abzulehnen. Stimmt das Binnenhandelsorgan der Vertragsänderung zu, so kommt es zum Abschluß eines Zusatzprotokolls, in dem sich beide Partner mit der Vertragsänderung einverstanden erklären. In den Fällen, wo das jeweilige Binnenhandelsorgan die Änderung des Vertrages ablehnt, bleibt kein anderer Weg mehr übrig, als der, daß das Binnenhandelsorgan zunächst der Außenhandelsgesellschaft Konventionalstrafe berechnet und ein Verfahren beim Staatlichen Vertragsgericht gegen die Außenhandelsgesellschaft anstrebt. Zum Verfahren vor dem Staatlichen Vertragsgericht kommt es jedoch nur dann, wenn die Außenhandelsgesellschaft Einspruch gegen die berechnete Konventionalstrafe erhebt und sich weigert, dieselbe zu zahlen. Da dies in den meisten Fällen zutrifft, kommt es fast immer zur Durchführung eines Verfahrens vor dem Staatlichen Vertragsgericht.

Vor der Eröffnung des Verfahrens wird zwischen dem Staatlichen Vertragsgericht und der Außenhandelsgesellschaft ein langwieriger Papierkrieg entwickelt. Dabei muß man berücksichtigen, daß die Richter beim Staatlichen Vertragsgericht unmöglich in der Lage sein können, die Materie jeder einzelnen Ware zu beherrschen. Sie müssen sich daher immer mit den Gepflogenheiten des Handels, der Preissituation, den Lieferkonditionen, Zahlungsbedingungen, Zollbestimmungen und Ausfuhrbedingungen der einzelnen Länder vertraut machen. Des weiteren verlangt das Staatliche Vertragsgericht von den einzelnen Außenhandelsgesellschaften genaue Unterlagen über den Importplan, den Antrag auf Erteilung einer Devisenperspektive, die Zuteilung der Devisenperspektive bzw. die Gründe für die Ablehnung derselben, den Antrag auf Erteilung einer Devisengenehmigung und die Darlegung der Gründe, die eventuell zu einer Verzögerung der Erteilung einer Devisengenehmigung bzw. zur Ablehnung geführt haben. Die Staatlichen Außenhandelsgesellschaften sind also ihrerseits wiederum gezwungen, lückenlos den Nachweis zu bringen, daß sie alles getan haben, um rechtzeitig in den Besitz der benötigten Devisen zu kommen. Dabei muß man besonders herausstellen, daß es für das Staatliche Vertragsgericht in den Ostblockstaaten kein Grund ist, den Plan nicht zu erfüllen bzw. den mit dem Binnenhandel abgeschlossenen Vertrag, wenn die Außenhandelsgesellschaft durch das Ministerium die erforderlichen Devisen nicht erhalten hat. Aus diesem Tatbestand ergibt sich ein Kuriosum, worüber in den Ostblockstaaten selbst die linientreuesten Funktionäre den Kopf schütteln. Auf der einen Seite werden die Außenhandelsgesellschaften zur Zahlung der berechneten Konventionalstrafe selbst in solchen Fällen verurteilt, in dem sie lückenlos nachweisen können, daß sie alles getan haben, um die erforderlichen Devisen vom Ministerium zu erhalten, auf der anderen Seite dürfen jedoch die Außenhandelsgesellschaften erst dann einen Vertrag abschließen, wenn sie im Besitz der erforderlichen Devisenperspektive sind. Aus diesem Tatbestand ergibt sich ein Kreislauf, mit dem sich bis zum heutigen Tage sämtliche Außenhandelsgesellschaften in den Ostblockstaaten und auch die Staatlichen Vertragsgerichte erfolglos beschäftigen. Von Seiten der Staatlichen Vertragsgerichte werden die Außenhandelsgesellschaften zwar zur Zahlung der Konventionalstrafe verurteilt, aber zu einer Änderung dieses Zustandes konnten sie bisher auch nichts beitragen. Die Verhandlungen vor dem Staatlichen Vertragsgericht sind daher vom volkswirtschaftlichen Standpunkt aus gesehen und vom Standpunkt einer echten kaufmännischen Rentabilität aus, völlig zwecklos. Sie stellen einen bestimmten Zustand fest, verurteilen trotzdem den Unschuldigen und können an den Ursachen so gut wie gar nichts ändern.

Entscheidungen der Staatlichen Vertragsgerichte können nur dann aufgehoben werden, wenn sich die einzelnen Außenhandelsgesellschaften beschwerdeführend an den Ministerpräsidenten wenden. Nur der Ministerpräsident hat das Recht, ein Urteil des Staatlichen Vertragsgerichtes aufzuheben. Da aber die Bürokratie in den Staatlichen Vertragsgerichten bestrebt ist, in jedem Fall nachzuweisen, daß sie richtig geurteilt hat, so kommt es kaum zur Aufhebung eines Urteils der Staatlichen Vertragsgerichte. Da in der Regel immer wieder der gleiche Vorsitzende beim Staatlichen Vertragsgericht die Verhandlung leitet, so muß die Außenhandelsgesellschaft höchstens damit rechnen, wenn sie sich beschwerdeführend an den Ministerpräsidenten wendet, daß sie beim nächsten Verfahren bewußt vom Vorsitzenden benachteiligt wird. Es gibt genügend Beispiele aus der Praxis der Staatlichen Vertragsgerichte der Ostblockstaaten dafür, daß die Vorsitzenden sich freuten, wenn es ihnen endlich mal gelungen ist, eine Außenhandelsgesellschaft ob zu recht oder zu unrecht zu verurteilen. Da sich bei den Außenhandelsgesellschaften alle Waren konzentrieren, die in einer bestimmten Branche importiert werden müssen, so kann man sich vorstellen, mit wieviel Vertragsgerichtsverfahren jede Außenhandelsgesellschaft sich am Ende eines Quartals zu beschäftigen hat. Der Rückstand in der Bearbeitung und Entscheidung der einzelnen Verfahren bei den Vertragsgerichten ist daher enorm. Man wird sich natürlich nun fragen, welche Auswirkung die Zahlung von Konventionalstrafen nach sich zieht, wenn die Staatliche Außenhandelsgesellschaft an ein staatliches Unternehmen im Binnenhandel eine Konventionalstrafe zahlt. In jedem Fall ist es so, daß die Staatliche Außenhandelsgesellschaft die Konventionalstrafe aus ihrem Umlaufmittelfonds zahlen muß, das bedeutet also zunächst eine Kürzung der ihr zur Verfügung stehenden Umlaufmittel. Die Kürzung der Umlaufmittel zieht jedoch eine höhere Inanspruch-

nahme von Kreditmitteln nach sich. Da die Außenhandelsgesellschaft die Inanspruchnahme der Kredite planen muß, die sie zu einem verhältnismäßig niedrigen Zinssatz von 2 % durch die Staatsbank erhält, ist sie gezwungen, einen Sonderkredit in Anspruch zu nehmen, für den sie 8 % Zinsen zu zahlen hat. Die Zahlung von Konventionalstrafen zieht weiterhin nach sich, daß die Belegschaft der Außenhandelsgesellschaft keine Prämien erhalten kann. Sie führt in jeder Hinsicht dazu, daß die Außenhandelsgesellschaft in ihrem gesamten finanziellen Gebaren sich nicht so bewegen kann, wie sie es an und für sich gewohnt ist. Darüber hinaus erhält die Außenhandelsgesellschaft auch keine staatlichen Zuschüsse für die Zahlung von Prämien, die ihr sonst von seiten des Ministeriums zur Verfügung gestellt werden.
Abschließend kann man also feststellen, daß das allgemeine Vertragssystem in den Ostblockstaaten sich insbesondere für die Beziehungen zwischen Außenhandel und Industrie einerseits und zwischen Außenhandel und Binnenhandel andererseits keineswegs positiv auswirkt sondern im Gegenteil die gesamte Volkswirtschaft mit erheblichen Mehrkosten belastet.

Die Bedeutung des Vertragssystems für den Export

Auf der Grundlage des vorliegenden Exportplanes schließt die jeweilige Außenhandelsgesellschaft im Rahmen des allgemeinen Vertragssystems, d. h. auf der Grundlage der Gesetze, Verordnungen und Regierungsbestimmungen, die die Beziehungen zwischen den Außenhandelsgesellschaften und den Betrieben regeln, die Staatseigentum sind, Verträge ab. Diese Verträge enthalten einmal die genaue Bezeichnung der Ware, soweit es sich um Maschinen und technische Anlagen handelt, auch die genaue Spezifikation, den Preis ausgedrückt in der jeweiligen Währung des einzelnen Landes, den Liefertermin und die Verpackungsart. Jeder Vertrag muß darüber hinaus den Zusatz enthalten, daß er abgeschlossen wurde auf der Basis der allgemeinen Bedingungen des staatlichen Vertragssystems.
Die Außenhandelsgesellschaften der Ostblockstaaten sind erklärlicherweise bestrebt, sofort nach Bestätigung des Planes mit der Industrie zum Vertragsabschluß zu kommen. Dabei ergeben sich selbstverständlich Schwierigkeiten in der Form, daß der Plan für bestimmte Betriebe der Maschinenbauindustrie den Exportanteil nur wertmäßig ausweist. Die Spezifikation des Wertanteils für den Export muß daher zwischen der jeweiligen Außenhandelsgesellschaft und dem Betrieb erfolgen. Die

Außenhandelsgesellschaften sind jedoch zum Teil nicht in der Lage, den einzelnen Betrieben bereits am Jahresanfang konkret zu sagen, welche Maschinen für den Export benötigt werden. Da die Betriebe über keinerlei Erfahrungen auf dem internationalen Markt mehr verfügen, sind sie selbst auch nicht in der Lage, einzuschätzen, welche Maschinen verlangt werden könnten. Hinzu kommt noch, daß erst nach Vorlage des Vertrages zwischen Außenhandelsgesellschaft und Produktionsbetrieb der Produktionsbetrieb das für die Herstellung der Exportwaren erforderliche Material erhält.
Jeder Vertrag, der zwischen einer Außenhandelsgesellschaft und einem Industriebetrieb geschlossen wird, bedarf der Zustimmung des jeweiligen Ministeriums, dem der Industriebetrieb untersteht. Das Industrieministerium übernimmt dadurch zugleich mit die Verantwortung, daß der abgeschlossene Vertrag realisiert wird. Da jedoch das Industrieministerium, dem der Betrieb untersteht, nicht über die entsprechenden Rohstoffe selbst verfügt, ist er wiederum auf die Unterstützung des anderen Industrieministeriums angewiesen. In der Praxis sieht das z. B. so aus: das Ministerium für Maschinenbau unterschreibt den Vertrag zwischen einem staatseigenen Betrieb und der jeweiligen Außenhandelsgesellschaft und übernimmt die Garantie somit für die Realisierung dieses Vertrages. Der Betrieb versucht nunmehr von einem anderen Betrieb die erforderlichen Zubehörteile oder Rohstoffe zu erhalten. Da dieser Betrieb aber einem anderen Ministerium untersteht, hat für ihn der abgeschlossene Vertrag zwischen der Außenhandelsgesellschaft und dem Industriebetrieb keine Bedeutung. Die einzelnen Ministerien müssen sich daher nochmals und nicht selten auf der Ebene ihrer Minister über die Bereitstellung der Zubehörteile und der Rohstoffe verständigen. Dadurch wird aber die Unterschrift des Ministeriums unter dem Exportvertrag seines Betriebes mit der Außenhandelsgesellschaft zu einer reinen Formsache degradiert.
Schwierigkeiten ergeben sich aber auch dadurch bei der Durchsetzung des allgemeinen Vertragssystems in den Ostblockstaaten zwischen Außenhandel und Industrie, daß die Industriebetriebe sich z. B. weigern, bestimmte Waren zu produzieren, an denen sie nicht so viel verdienen wie an anderen Waren. In diesen Fällen muß in den einzelnen Ostblockstaaten das jeweils zuständige staatliche Vertragsgericht bei der Regierung um Entscheidung angerufen werden. In einem äußerst langwierigen und umständlichen Verfahren versucht das Vertragsgericht festzustellen, wer der Schuldige ist. Die Untersuchung bezieht sich hierbei nur auf das Vertragsverhältnis zwischen Industriebetrieb und Außenhandelsgesellschaft. Das Verfahren, das in dem geschilderten

Fall von der Außenhandelsgesellschaft angestrebt wurde, wird nur dann niedergeschlagen, wenn der Betrieb nachweisen kann, daß er alles in seinen Kräften stehende getan hat, um das benötigte Material zu erhalten. Kann er diesen Beweis nicht lückenlos antreten, so muß er damit rechnen, zu einer Konventionalstrafe, die die Außenhandelsgesellschaft sofort bei Nichteinhaltung des Liefertermins berechnen muß, verurteilt zu werden. In der letzten Zeit ist man in der Praxis der allgemeinen Vertragsgerichte der Ostblockstaaten dazu übergegangen, die Betriebe zur Zahlung von Konventionalstrafen auch dann zu verurteilen, wenn sie lückenlos den Nachweis vorlegen konnten, daß sie sich intensiv um die Materialbeschaffung bemüht haben. Mit der Anwendung von derartigen Methoden will man in der Praxis erreichen, daß die Betriebe sich in jedem Fall um die Materialbeschaffung intensiv bemühen. Die Durchsetzung dieses Prinzips in der gesamten Volkswirtschaft führt in den einzelnen Ostblockstaaten schließlich dazu, daß unter diesem Druck manches „Unmögliche" möglich wird. Zum anderen hat es aber auch verheerende Auswirkungen auf die Qualität der Exportwaren, da die Betriebe durch derartige Urteile des Staatlichen Vertragsgerichts gezwungen werden, unter allen Umständen zunächst erst einmal die Ware herzustellen und auszuliefern.

V. Die Methoden der Leitung des Außenhandels

Die politische Leitung des Außenhandels

Die politische Leitung des Außenhandels in den Ostblockstaaten liegt ausschließlich in den Händen der kommunistischen Parteien. Im Zentralkomitee der einzelnen kommunistischen Parteien in den Ostblockstaaten existiert eine Abteilung für Außenhandel. Dieser Abteilung für Außenhandel im Zentralkomitee der jeweiligen kommunistischen Partei untersteht sowohl das Ministerium für Außenhandel als auch die einzelnen Außenhandelsgesellschaften. Die politische Leitung von seiten der kommunistischen Partei ist vor allem dadurch gewährleistet, daß die verantwortlichen Funktionäre in den Ministerien für Außenhandel in den Ostblockstaaten mit Mitgliedern der kommunistischen Partei besetzt sind. Soweit andere Parteien in den Ostblockstaaten noch existieren, wird hin und wieder auch ein Mitglied einer anderen Partei als „demokratische Dekoration" in eine verantwortliche Funktion eingesetzt. In jedem Fall bekommen aber derartige Leute von vornherein solche Funktionen, von denen aus sie in keiner Weise die politische Leitung der kommunistischen Parteien im Außenhandel gefährden können. Die jeweiligen Ministerien für Außenhandel erhalten von der Abteilung für Außenhandel im Zentralkomitee der kommunistischen Partei die entscheidenden Direktiven für ihre Arbeit. Diese Direktiven beziehen sich sowohl auf rein politische und handelspolitische sowie auch auf kommerzielle Fragen. Offiziell wird gesagt, daß das Zentralkomitee dem Außenhandel Hilfe und Anleitung geben soll. In Wirklichkeit steht aber die Kontrolle des Außenhandels im Vordergrund. Die politische Leitung der kommunistischen Partei in den einzelnen Außenhandelsministerien wird durch die Parteiorganisation wahrgenommen. Als Parteisekretär wird in den meisten Fällen ein ehemaliger Mitarbeiter des Zentralkomitees oder aber sonst ein treuer Apparatschik eingesetzt. Seine Aufgabe ist es dafür zu sorgen, daß vom Minister bis zum Fahrstuhlführer hinunter jeder innerhalb des Außenhandelsministeriums die vom Zentralkomitee festgelegte Linie einhält. Aufgrund dieses Systems ist in den Außenhandelsministerien gewährleistet, daß keiner der verantwortlichen Leute wagt, seine eigenen Gedanken zu entwickeln, geschweige denn sich traut zu sagen, daß er diese oder jene Maßnahme des Zentralkomitees der kommunistischen Partei für unrichtig hält. Eine derartige Äußerung kostet ihn in jedem Fall seine Funktion und führt darüber hinaus noch zur Eröffnung eines Parteiverfahrens.

Aufgrund der Mitgliedschaft in der kommunistischen Partei hat somit jeder die Möglichkeit festzustellen, ob die von den verantwortlichen Fachleuten in dieser oder jener Hinsicht getroffene Entscheidung richtig oder falsch ist. Jedes Mitglied ist auch jederzeit bereit zu bestätigen, daß sie falsch ist, wenn sie vom Zentralkomitee der kommunistischen Partei als falsch bezeichnet wurde. Wie bereits schon vorher gesagt, ist durch dieses System in jedem Fall die Durchsetzung der politischen Direktiven des Zentralkomitees der kommunistischen Partei gewährleistet.

In den Außenhandelsgesellschaften wird die Durchsetzung der politischen Direktiven besonders stark forciert. Die Außenhandelsgesellschaften werden daher sowohl direkt vom Zentralkomitee der kommunistischen Partei als auch von der Kreisleitung der jeweiligen kommunistischen Partei betreut. Jede Außenhandelsgesellschaft hat zwei Instrukteure, die mindestens zweimal in der Woche erscheinen, um festzustellen, wieweit der Kampf um die Planerfüllung fortgeschritten ist, wie die Stimmung in der Belegschaft ist, wie die letzten Maßnahmen der Sowjetunion beurteilt werden und welche feindlich ideologischen Ansichten aufgetreten sind. Die politische Leitung in den Außenhandelsgesellschaften liegt in den Händen des jeweiligen Parteisekretärs. Da in den Außenhandelsgesellschaften von den wenigen noch vorhandenen Fachleuten niemand bereit ist, diese Funktion zu übernehmen, so werden meistenteils die „richtigen klassenverbundenen Elemente" gewählt. Bei ihnen handelt es sich meistens um solche Leute, die fachlich auch nicht das Geringste vom Außenhandel verstehen, aber sie erscheinen dem System gerade als richtig, da sie ja völlig unbefangen sind und sich nur vom „Klasseninstinkt" bei der Beurteilung der einzelnen Probleme leiten lassen. Die Parteisekretäre in den Außenhandelsgesellschaften werden regelmäßig durch das Zentralkomitee und durch die Kreisleitung der kommunistischen Partei geschult und ständig darauf hingewiesen, daß vor allem mit ausländischen und westdeutschen Besuchern politische Gespräche geführt werden müssen. Diese doppelte politische Kontrolle der Außenhandelsgesellschaften ist für die kommunistischen Parteien dadurch erforderlich, daß die Mitarbeiter in den Außenhandelsgesellschaften ständig „der bürgerlichen Ideologie" ausgesetzt sind, auf gut deutsch heißt das, daß diese Mitarbeiter durch den Kontakt mit westdeutschen

und ausländischen Besuchern im Laufe der Zeit unter Umständen Vergleiche zwischen dem Wirtschaftssystem der Ostblockstaaten und dem der westlichen Länder anstellen könnten. Da man daran nicht interessiert ist und bereits einen Vergleich in Einzelfragen für die äußerst gefährlich und als einen Ausdruck der feindlichen Ideologie hält, müssen die Mitarbeiter im Außenhandel besonders in politischer Hinsicht geschult und überwacht werden.
Die politische Leitung in den Außenhandelsgesellschaften ist noch dadurch gewährleistet, daß der Parteisekretär das Recht hat, alle leitenden Mitarbeiter jederzeit zur Verantwortung zu ziehen. Auf diese Art und Weise ist jeder bestrebt, möglichst nicht groß weder negativ noch positiv aufzufallen. Der Schwerpunkt der politischen Leitung der kommunistischen Parteien gegenüber dem Außenhandel in den Ostblockstaaten wird somit auf die Unterbindung jeglichen persönlichen Kontaktes zwischen Besuchern aus dem westlichen Ausland und den verantwortlichen Mitarbeitern gelegt, wobei hierbei nicht etwa die Abwehr der Korruption im Vordergrund steht, sondern die Verhinderung des geistigen Gedankenaustausches.

Die kommerzielle Leitung des Außenhandels

Obwohl in der Theorie des Außenhandels der Ostblockstaaten keine Trennung zwischen politischer und kommerzieller Aufgabenstellung besteht, existiert sie jedoch in der Praxis. Trotz größter Bemühungen ist es den kommunistischen Parteien bisher nicht gelungen, weder im Außenhandel noch in irgendeinem anderen Wirtschaftszweig die Verschmelzung zwischen politischen und wirtschaftlichen Aufgaben so herbeizuführen, wie man es sich wünscht und wie es die einzelnen Direktiven und Beschlüsse des Zentralkomitees vorsehen. Der Widerspruch zwischen dem, was man politisch will und dem, was kommerziell richtig ist, ist zu groß, um so Verschiedenes miteinander verschmelzen zu können. Die für die kommerzielle Leitung des Außenhandels verantwortlichen Funktionäre der Ostblockstaaten müssen des öfteren feststellen, daß sich die von der kommunistischen Partei festgelegte Zielsetzung nicht verwirklichen läßt. Aufgrund dieser Erkenntnis hat es auch nach dem XX. Parteitag der kommunistischen Partei der Sowjetunion eine Zeitlang eine Entwicklung gegeben, die in allen Ostblockstaaten die Lösung der ökonomischen Aufgaben in den Vordergrund stellte. Die Folge davon war zunächst ein erleichtertes Aufatmen der für die wirtschaftlichen Fragen verantwortlichen Funktionäre. Jedoch bereits nach kurzer Zeit stellte sich heraus, daß unter dem System der absoluten Herrschaft der kommunistischen Partei sich dies nicht verwirklichen läßt, da jeder einzelne politische Funktionär Angst um seine Funktion hatte und ja in irgendeiner Form durch ständiges Störfeuer bei der Lösung der wirtschaftlichen Aufgaben seine Existenzberechtigung nachweisen mußte.

Da der Außenhandel jedoch ein Wirtschaftszweig ist, der mit sehr großer Sachkenntnis geleitet werden muß und vor allem auch eine ausgesprochene fachliche Qualifikation erfordert, findet diese praktische Notwendigkeit ihren Niederschlag in der Existenz der kommerziellen Leitung des Außenhandels. Im Regelfall kann der Minister für Außenhandel in den Ostblockstaaten als zentrale Figur für die politischen und fachlichen Fragen betrachtet werden. Ihm unterstehen meistens 5 bis 6 Stellvertretende Minister, die ausschließlich für die kommerzielle Leitung in ihrem Fachgebiet verantwortlich sind. Die fachliche Gliederung des Außenhandels erfolgt zum überwiegenden Teil nach den einzelnen Branchen. In der Regel sind die einzelnen Aufgabengebiete der Stellv. Minister für Außenhandel wie folgt aufgeteilt: Schwerindustrie, Schwermaschinenbau, Leichtmaschinenbau, Leichtindustrie, Chemische Industrie, Bergbau, Nahrungsmittelindustrie. Den Stellv. Ministern untersteht jeweils eine Hauptverwaltung, an deren Spitze ein Hauptverwaltungsleiter steht. Jede Haupverwaltung untergliedert sich wiederum in 2 Hauptabteilungen. In der Regel gibt es eine Hauptabteilung für den Export und für den Import. Den jeweiligen Stellv. Ministern für Außenhandel unterstehen unmittelbar die Generaldirektoren der einzelnen Außenhandelsgesellschaften. Die Fachdirektoren unterstehen wiederum dem Hauptabteilungsleiter. Innerhalb der einzelnen Hauptabteilungen gibt es in der Regel noch 2 bis 3 Abteilungen, die sich ausschließlich mit den rein kommerziellen Fragen ihres Fachgebietes, die beim Im- oder Export auftreten, beschäftigen. Da es bisher den kommunistischen Parteien der Ostblockstaaten nicht gelungen ist, in den Ministerien den qualifizierten Mitarbeiterstab zu konzentrieren, der den Anforderungen der kommunistischen Partei sowohl in kommerzieller als auch in politischer Hinsicht gerecht wird, so handelt es sich bei den Mitarbeitern in den Ministerien meistenteils um solche von recht geringer fachlicher Qualifikation.

Den Außenhandelsgesellschaften kann aufgrund dieses Tatbestandes nur sehr wenig kommerzielle Anleitung gegeben werden. Es kommt nicht selten vor, daß selbst ein Hauptverwaltungsleiter nicht weiß, wie ein Akkreditiv oder irgendeine andere Art und Weise der Zahlung im Ex- und Import gehandhabt wird. Die kommerzielle Leitung des Au-

ßenhandelsapparates konzentriert sich daher praktisch bei den Fachdirektoren in den Außenhandelsgesellschaften. Jeder Fachdirektor ist für die Rentabilität seines Arbeitsgebietes voll verantwortlich. Auch bei der Erfüllung des Außenhandelsplanes trägt er die größte Verantwortung. Die kommerzielle Anleitung durch die Generaldirektoren der Außenhandelsgesellschaften in den Ostblockstaaten ist zum überwiegenden Teil sehr gering. Bei den Generaldirektoren handelt es sich meistenteils um solche Funktionäre, die aus der politischen Arbeit der kommunistischen Partei kommen. Die kaufmännische Leitung eines Betriebes ist ihnen daher meistens ein völliges Neuland. Trotzdem in der Zwischenzeit einige Jahre vergangen sind, hat aber die kaufmännische Qualifikation dieser Funktionäre keineswegs so zugenommen, daß sie heute in der Lage sind, ihre Außenhandelsgesellschaft nach kaufmännischen Gesichtspunkten einwandfrei zu leiten. Die einzelnen Fachdirektoren, die zum überwiegenden Teil in der Lage sind, ihre Arbeitsgebiete in kaufmännischer Hinsicht einwandfrei zu führen, legen daher auch den größten Wert darauf, daß sich ihre Mitarbeiter in kommerzieller Hinsicht ständig weiter entwickeln. Allerdings stoßen sie hierbei nicht selten auf den Widerstand der politischen Funktionäre in den Außenhandelsgesellschaften, die peinlichst darauf achten, daß in jedem Falle die fachliche Qualifikation eines Mitarbeiters Schritt hält mit seiner „politischen Entwicklung".
Die kommerzielle Leitung des Außenhandels in den Ostblockstaaten wird auch noch dadurch erschwert, daß vernünftige kaufmännische Gesichtspunkte des öfteren politischen völlig widersinnigen Anordnungen Platz machen müssen. Hinzu kommt, daß aufgrund des Druckes der politischen Funktionäre, die Fachdirektoren nicht wagen zu erklären, daß diese oder jene politische Maßnahme, die durchgeführt werden muß, absoluter Unsinn ist.

Die Auswahl der Mitarbeiter für den Außenhandel

In der Personalpolitik, genannt Kaderpolitik, spielt die Auswahl der Mitarbeiter für den Außenhandel in den Ostblockstaaten eine besonders große Rolle. Nach Ansicht der kommunistischen Partei sollen im Außenhandel vor allem solche Mitarbeiter beschäftigt werden, die aus den Kreisen der Arbeiterschaft und der Kleinbauernschaft hervorgegangen sind. Dies geschieht vor allem unter dem Gesichtspunkt, um die im Außenhandelsapparat für die Durchführung der Aufgaben noch notwendigen Mitarbeiter „bürgerlicher Herkunft" kontrollieren zu können und sie auch zum anderen nach und nach zu isolieren. Die Mitarbeiter, die heute und früher in den Außenhandelsgesellschaften der Ostblockstaaten tätig waren und bereits vor Gründung des einzelnen kommunistischen Staates im Außenhandel gearbeitet haben, werden zum überwiegenden Teil nur dazu benutzt, um die „kaderpolitisch einwandfreien Mitarbeiter" einarbeiten zu können. Bei der Auswahl der Mitarbeiter für den Außenhandel der Ostblockstaaten wird besonderes Gewicht darauf gelegt, daß der Mitarbeiter der kommunistischen Partei angehört oder aber ihr zumindestens sympathisierend gegenübersteht. Allergrößter Wert wird insbesondere darauf gelegt, daß der einzelne keinerlei Verbindungen verwandschaftlicher Art zum westlichen Ausland hat. Aus der Sowjetzone Deutschlands sind Fälle bekannt, wo Mitarbeiter aus den Außenhandelsgesellschaften bereits deshalb entlassen wurden, weil sie nach Ansicht der Kaderabteilung der betreffenden Außenhandelsgesellschaften zu starke Bindungen verwandschaftlicher oder persönlicher Art nach Westberlin oder Westdeutschland hatten. Die leitenden Mitarbeiter des Außenhandels der Ostblockstaaten unterliegen darüber hinaus einer systematischen Kontrolle durch die Organe des Staatssicherheitsdienstes. Der Staatssicherheitsdienst interessiert sich dabei insbesondere für das persönliche Leben des Betreffenden. Im Vordergrund stehen hierbei Beobachtungen über einen eventuellen persönlichen Kontakt mit ausländischen Besuchern, wie er sich in der Öffentlichkeit verhält, ob er eventuell „mal einen über den Durst trinkt" und andere persönliche Dinge. Im Laufe der Zeit trägt der Staatssicherheitsdienst so nach und nach alle Einzelheiten zusammen, die genaue Auskunft über das persönliche Leben eines Mitarbeiters im Außenhandel geben. Eine ständige Überwachung und Kontrolle über die politische Tätigkeit der einzelnen Mitarbeiter ist darüber hinaus in vollem Umfang gewährleistet. Von den Mitarbeitern des Außenhandels verlangt die kommunistische Partei eine besonders hohe Aktivität in der Frage der Beteiligung an Aufbau- und Ernteeinsätzen, in der Beteiligung der männlichen Mitarbeiter an den Kampfgruppen und vor allem eine rege Betätigung an allen sogenannten „Agitationseinsätzen". Die Mitarbeiter werden darüber hinaus laufend politisch geschult und müssen sich ihrerseits ebenfalls auf die einzelnen Schulungen intensiv vorbereiten.

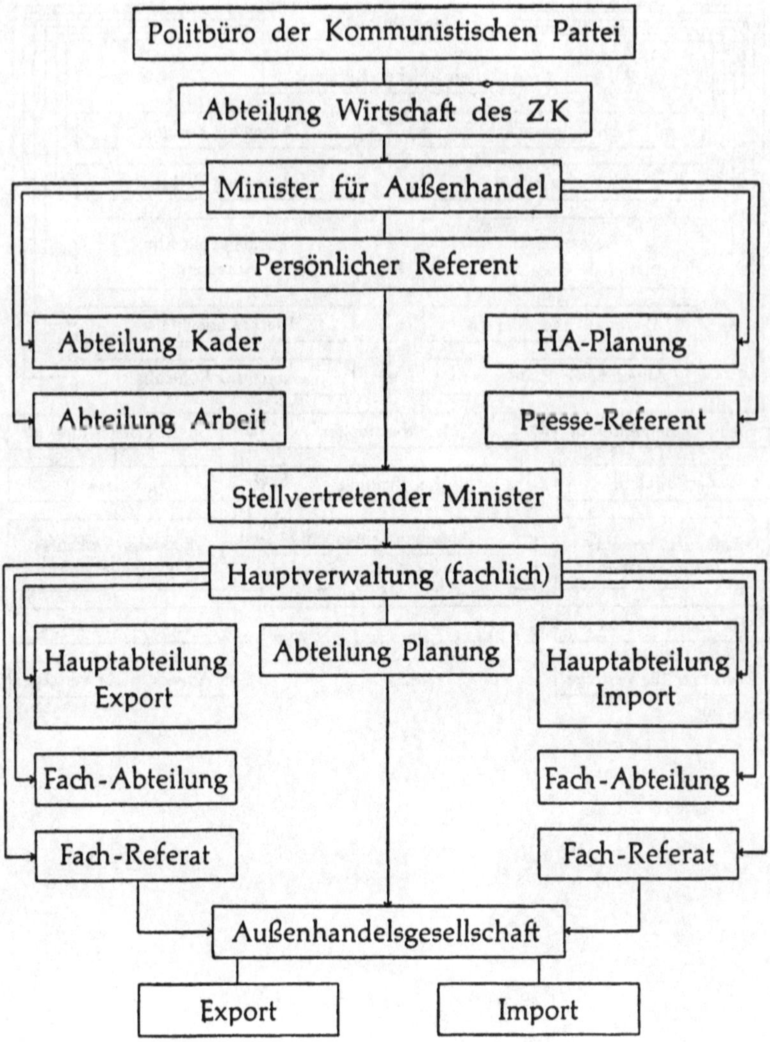

Gliederung des Außenhandels in den Ostblockstaaten

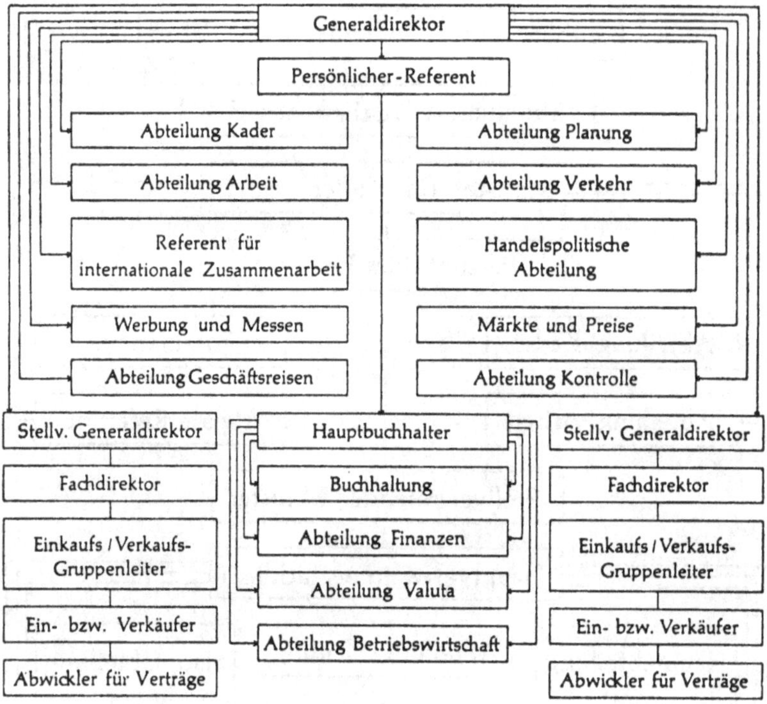

Struktur einer Außenhandelsgesellschaft

VI. Die Finanzierung des Außenhandels

In welcher Form werden den Außenhandelsgesellschaften die erforderlichen Umlaufmittel zur Verfügung gestellt?

Wie bereits schon im Kapitel 3 über die Planung des Außenhandels im Rahmen des Volkswirtschaftsplanes ausgeführt, erhält die einzelne Außenhandelsgesellschaft planmäßig die von ihr benötigten Umlaufmittel. Diese Umlaufmittel der Außenhandelsgesellschaften sind jedoch meistens so begrenzt, daß sie mit diesen keinen großen Warenumschlag ermöglichen können. Wenn man sich z. B. vorstellt, daß eine Außenhandelsgesellschaft, die einen Jahresumsatz von 125 Millionen US-$ hat, Umlaufmittel in Höhe von ca. 1 Millionen US-$ erhält, so kann man sich vorstellen, in welchem Umfang die Außenhandelsgesellschaft gezwungen ist, Kredite in Anspruch zu nehmen. Sinn und Zweck dieser bemessenen Überlassung von Umlaufmitteln ist jedoch, gerade die Außenhandelsgesellschaft zu zwingen, bei der Staatsbank Kredite in Anspruch zu nehmen. Mit Hilfe dieser Kredite hat die Staatsbank jederzeit die Möglichkeit der Kontrolle über die Art und Weise der Geschäftsführung bis ins einzelne.
Die Kredite müssen ebenfalls von der Außenhandelsgesellschaft geplant werden. Ihre Bereitstellung erfolgt durch die Staatsbank aufgrund des bestätigten Kreditplanes. Der Kreditplan wird zuvor vom Ministerium für Außenhandel geprüft, durch die Staatliche Plankommission bestätigt und bevor er endgültig genehmigt wird, überprüft die jeweilige Staatsbank nochmals eingehend, ob die geplanten Kredite zu den vorgesehenen Terminen und in der vorgesehenen Höhe erforderlich sind. Die Planung der Kredite erfolgt dabei nach folgendem Schema: Die Außenhandelsgesellschaft muß genau berücksichtigen für jedes einzelne Land, wieviel Tage sie von der Akkreditiveröffnung bis zum Einzug des Rechnungsbetrages vom Binnenhandelsorgan benötigt. Die Außenhandelsgesellschaft kauft mit dem ihr von der Kreditabteilung der Staatsbank zur Verfügung gestellten inneren Währung bei der Devisenabteilung der Staatsbank die erforderlichen Devisen. Sie muß also im voraus einschätzen, wie lange es dauert, bis sie wieder an die Staatsbank die beanspruchten finanziellen Mittel abführen kann. Die Zeitspanne zwischen Akkreditiveröffnung und Berechnung an den Binnen-

handel bezeichnet man als Richtsatztage. Für jedes Land werden von der Staatsbank bestimmte Richtsatztage vorgeschlagen und die einzelnen Außenhandelsgesellschaften müssen ausführlich begründen, wenn sie mit der Anzahl der vorgesehenen Richtsatztage nicht auskommen können. Diese Methode der Finanzierung durch Kredite gilt selbstverständlich nur zunächst für die Durchführung von Importgeschäften. Im Export müssen die Außenhandelsgesellschaften ebenfalls planen, wieviel Tage sie für jedes einzelne Land benötigen vom Zeitpunkt der Bezahlung der Ware an den Herstellerbetrieb mit Hilfe eines Kredites und bis zum Eingang des Akkreditivs bzw. der Möglichkeit der Einlösung der Dokumente bei der jeweiligen Bank. Durch diese Kreditierung der Außenhandelsgesellschaften mit Richtsatztagen hat die Staatsbank in vollem Umfang die Möglichkeit, genau den Ablauf jedes einzelnen Außenhandelsgeschäftes zu kontrollieren. Ein großer Teil der für die Durchführung von Außenhandelsgeschäften notwendigen Freiheit für die Abwicklung von Finanztransaktionen bei Ex- und Importgeschäften wird den Außenhandelsgesellschaften der Ostblockstaaten somit nicht gewährt. Insbesondere im Export wird dadurch die Durchführung von Geschäften mit dem westlichen Ausland sehr erschwert, da die Außenhandelsgesellschaft von sich aus nicht in der Lage ist, Zahlungsziele dann zu gewähren, wenn die Verkaufssituation für bestimmte Waren die Gewährung von Zahlungszielen in einem bestimmten Land erforderlich macht. In diesem Fall ist die Außenhandelsgesellschaft stets auf die Zustimmung der Staatsbank angewiesen, da die Gewährung von Zahlungszielen gegenüber dem ausländischen Partner verbunden ist mit einer Verlängerung, d. h. praktisch mit einer Verlängerung der Richtsatztage für einen gewährten Kredit. Wird der Kredit nicht innerhalb des vorgesehenen Zeitraumes abgedeckt, so verwandelt er sich automatisch in einen Sonderkredit, für den die Staatsbank 6 % Zinsen mehr erhebt. Auf diese Art und Weise will der kommunistische Staatsapparat den Außenhandel bis in die letzte Kleinigkeit hinein kontrollieren. Die Kontrolle erstreckt sich also nicht nur auf die Devisentransaktion sondern auch auf die Handhabung der eigenen Währung im Innern des Landes. Die aus den einzelnen Geschäften anfallenden Gewinne müssen ebenfalls geplant werden. Der Gewinnplan der Außenhandelsgesellschaften muß unter allen Umständen erfüllt werden. Auch über die Erfüllung des Gewinnplanes übt die Staatsbank eine strenge Kontrolle aus. Erzielte Gewinne werden keineswegs der Außenhandelsgesellschaft in irgendeiner Form gutgebracht, z. B. durch Erhöhung des Umlaufmittelfonds, sondern müssen sofort, nachdem sie erzielt wurden, an den Staatshaushalt abgeführt werden.

Die Rolle des Preisausgleiches

Es ist bekannt, daß bereits von Anfang an die bürgerliche Gesellschaftsordnung in den einzelnen Ländern daran interessiert war, den Export in andere Länder mit allen Mitteln zu fördern. So gab es und gibt es heute noch im englischen Commonwealth das sogenannte System der Vorzugszölle. Dieses System der Vorzugszölle gewährt bekanntlich dem einen Land auf der Basis der Gegenseitigkeit einen niedrigeren Zollsatz für alle Waren, die eingeführt werden. Da im Außenhandel der Ostblockstaaten, wie bereits im vorhergehenden Kapitel über die kommerzielle Leitung dargelegt, die kaufmännischen Gesichtspunkte kein großes Gewicht haben, also auch Fragen der kaufmännischen Rentabilität des Exports nicht die primäre Rolle spielen, die ihr in anderen westlichen Ländern eingeräumt wird, ist der Export für sie vor allem das Mittel, zu den so dringend benötigten Devisen zu kommen. Der überwiegende Teil des Exports wird daher durch die Ostblockstaaten subventioniert. Diese Subventionen im Export werden als „Preisausgleich" bezeichnet. Dadurch, daß für fast alle Exportwaren durch den Staatshaushalt „Preisausgleichsmittel" (Subventionen) gezahlt werden müssen, fehlt überhaupt die Möglichkeit des konkreten Vergleichs für die Herstellungskosten einer Ware im Verhältnis zu den Herstellungskosten, die die Produktion dieser Ware im westlichen Ausland verursacht. Es wird lediglich festgestellt, daß die Ware sich für den und den Preis auf dem Weltmarkt absetzen läßt und die Differenz, die inlandseitig entsteht, muß eben durch den Preisausgleich finanziert werden. Die Notwendigkeit der Anwendung des Preisausgleiches ergibt sich zum anderen auch durch die völlig unrealen staatlich festgelegten Verrechnungskurse zum US-$. Dadurch wird der Preisausgleich, die Kalkulation der Warennebenkosten wie Frachten, Versicherungen, die jeweils in US-$ oder £ kalkuliert werden müssen, unnötig erhöht. Es ist daher, so kurios wie es klingen mag, für die Außenhandelsgesellschaften der Ostblockstaaten vom Gesichtspunkt des Preisausgleiches bedeutend günstiger, eine Ware CIF europäischen Seehafen zu kaufen, als FOB Überseehafen. Dies ist darauf zurückzuführen, daß sämtliche Warennebenkosten wie die Seefracht, der Umschlag im europäischen Ankunftshafen, in einer fremden Währung bezahlt werden müssen. Diese fremde Währung muß umgerechnet werden zu dem völlig unrealen Umrechnungskurs. Jeder Wirtschaftsexperte wird sich nun die Frage stellen, woher die Ostblockstaaten diese immerhin nicht unbedeutenden Mittel nehmen. Da der Außenhandel bekanntlich nicht nur aus dem Export besteht, sondern auf der anderen Seite von den

Außenhandelsgesellschaften auch sehr beachtliche Importe getätigt werden, so ergibt sich hieraus folgendes: Die Außenhandelsgesellschaften kaufen im Import eine Ware zu dem Preis, zu dem diese bestimmte Ware gegenwärtig auf dem internationalen Markt gehandelt wird. Für jede einzelne Ware jedoch, die importiert wird, muß die Außenhandelsgesellschaft bei dem Ministerium für Finanzen den Antrag auf Preisfestsetzung stellen. Der vom Ministerium der Finanzen dem Außenhandelsunternehmen bekanntgegebene Preis gegenüber dem staatlichen Großhandel übersteigt nicht selten den Devisenaufwand um 100 %. Diese Differenz bzw. dieser enorme Gewinn, den der Staat bzw. zunächst die Außenhandelsgesellschaft erzielt, muß restlos an den Staatshaushalt abgeführt werden. Die Frage, die daher vorhin von mir gestellt wurde nach der Finanzierung der Exportpreisausgleiche, ist somit beantwortet. Wenn z. B. eine Ware auf dem Weltmarkt im Preis wesentlich fällt, so wird zwar der Devisenaufwand geringer und auch der Aufwand an inländischer Währung beim Ankauf der Valuta. Da die Außenhandelsgesellschaft jedoch mit weniger Valuta die im Plan vorgesehene Menge importieren kann, erhöht sich aber infolge der staatlichen Preisfestsetzung nunmehr auch der Betrag, der als Preisausgleich an den Staatshaushalt abgeführt werden kann. Dabei muß man noch berücksichtigen, daß der Preisausgleich ebenfalls geplant werden muß. Es gibt für jede Ware einen staatlich bestätigten Preisausgleichsatz. Darüber hinaus verlangt das jeweilige Ministerium für Außenhandel noch die Untergliederung dieses Preisausgleichsatzes auf die einzelnen Länder für jede einzelne Ware. Jedes einzelne Land hat daher intern nochmals einen Preisausgleichsatz. Kompliziert wird die Angelegenheit noch ferner dadurch, daß eine Ware ja in mehreren Qualitäten importiert werden kann und auch für jede einzelne Qualität wiederum ein Preisausgleichsatz errechnet werden muß. Auf diese Art und Weise kann es also vorkommen, daß man für ein Land 6 bis 8 verschiedene Preisausgleichsätze hat. Ein Preisausgleichsatz, der jedoch für eine bestimmte Ware errechnet wurde, kann nur in einem Land Anwendung finden und nicht zugleich in mehreren Ländern, auch dann nicht, wenn es sich um die gleiche Qualität handelt. Dies ergibt sich daraus, daß in der Regel selbst für die gleiche Ware und des öfteren für die gleiche Qualität in den einzelnen Ländern unterschiedliche Preise gezahlt werden müssen und daher auch unterschiedliche Preisausgleichssätze für die Durchführung des Handels mit den einzelnen Ländern errechnet werden müssen. Mit Hilfe des Preisausgleichsplanes hat somit das Außenhandelsministerium die Möglichkeit, die Preisentwicklung für eine Ware auf dem internationalen Markt genau zu verfolgen. Schwierig wird

die Situation natürlich in solchen Fällen, wo für den Export höhere Preisausgleiche aufgewandt werden müssen. Höhere Valutapreise im Import führen zu niedrigeren Preisausgleichen. In solchen Fällen kann der geplante Preisausgleich im vorgesehenen Umfang nicht abgeführt werden oder wird aber andererseits höher in Anspruch genommen. Von den Ministerien für Außenhandel wird jedoch das größte Gewicht darauf gelegt, im Import möglichst höhere Preisausgleiche abzuführen, als dies ursprünglich im Plan vorgesehen war. Die Abführung höherer Preisausgleiche führt zu einer höheren Abschöpfung von Kaufkraft in Gestalt der jeweiligen Währung. An der ständigen Abschöpfung der Kaufkraft sind die kommunistischen Parteien der Ostblockstaaten infolge des ständigen Mangels an Waren immer interessiert oder aber an der zusätzlichen Abführung von Preisausgleichmitteln an den Staatshaushalt als zusätzliche Gewinne, die für andere Aufgaben im Innern des Landes verwandt werden können. Es kommt nicht selten vor, daß auf diese Art und Weise gerade im Import und zum Teil auch durch die Erzielung höherer Exportpreise Millionenbeträge „eingespart" werden.
Da auch der Preisausgleichsplan für das gesamte Jahr von den einzelnen Außenhandelsgesellschaften aufgestellt werden muß, so wird die Methode angewandt, gerade den Preisausgleichplan mit erheblichen Reserven aufzustellen, da niemand Gefahr laufen will, gerade diesen Planteil, auf den besonderer Wert gelegt wird, nicht zu erfüllen. Es kommt daher dazu, daß jeder einzelne Einkäufer und Fachdirektor bestrebt ist, möglichst nicht den maximalen Exporterlös für eine Ware einzuplanen und umgekehrt im Import auch nicht den niedrigsten Aufwand an Devisen, um den Import einer Ware zu ermöglichen. Dadurch läßt man sich die Tür offen, Reserven, die man von vornherein einplant, entweder später als zusätzliche Preisausgleiche abzuführen, wenn sie nicht benötigt werden oder sie aber als Deckung für ein eventuelles Absinken der Preise im Export oder aber für ein Ansteigen der Preise im Import als Rücklage zu verwenden.

Die Aufgaben und Vollmachten des Hauptbuchhalters

Die Industrie- und Wirtschaftsbetriebe in den Ostblockstaaten arbeiten auf finanziellem Gebiet nach dem von dem sowjetischen Wirtschaftswissenschaftler Prof. Djatschenko entwickelten Prinzip der wirtschaftlichen Rechnungsführung. Dieses Prinzip der wirtschaftlichen Rechnungsführung umfaßt im einzelnen die Maßnahmen, mit deren Hilfe der Staat versucht, die einzelnen Betriebe rentabel arbeiten zu lassen. Das Prinzip der wirtschaftlichen Rechnungsführung wird in den Ostblockstaaten als eine Methode zur Führung der sozialistischen Wirtschaft bezeichnet. Verantwortlich für die Durchsetzung dieses sogenannten Prinzips der wirtschaftlichen Rechnungsführung sind in den einzelnen Betrieben die Hauptbuchhalter. Auch die Außenhandelsgesellschaften haben nach dem Prinzip der wirtschaftlichen Rechnungsführung zu arbeiten. Im Rahmen dieses Prinzips sind in den einzelnen Ostblockstaaten sogenannte Hauptbuchhalter-Verordnungen erlassen worden. Diese Hauptbuchhalter-Verordnungen geben den Hauptbuchhaltern Vollmachten, die weit über den Rahmen dessen hinausgehen, wozu ein Hauptbuchhalter in einem großen Konzern im westlichen Ausland bevollmächtigt ist. So hat der Hauptbuchhalter z. B. das Recht, Maßnahmen, die der Generaldirektor einer Außenhandelsgesellschaft anordnet und die in irgendeiner Form für das finanzielle Gebaren des Betriebes von Bedeutung sind, abzulehnen. Der Hauptbuchhalter in den Außenhandelsgesellschaften der Ostblockstaaten untersteht auch nur in disziplinarischer Hinsicht dem Generaldirektor. Über seine Tätigkeit und seine Handlungsweise ist er nur dem Hauptverwaltungsleiter für Finanzen im jeweiligen Außenhandelsministerium rechenschaftspflichtig. Da es sich bei den Hauptbuchhaltern zum überwiegenden Teil um kaufmännische Kräfte handelt, die von der praktischen Seite des Außenhandels fast keine Ahnung haben, so wirken sich nicht selten die von ihnen getroffenen Anweisungen und Maßnahmen hemmend auf die Arbeit der Außenhandelsgesellschaften aus. Der Hauptbuchhalter hat z. B. das Recht, die vereinbarten Preise zu kontrollieren. Mit einer Preiskontrolle könnte man sich dann einverstanden erklären, wenn der Hauptbuchhalter die Marktentwicklung verfolgt und auch dann, wenn er etwas von der Qualität der gekauften Ware bzw. von den Qualitätsunterschieden verstehen würde. Seine Kontrolle erstreckt sich des weiteren auf die vereinbarten Zahlungsbedingungen.

Da der vereinbarte Preis und die vereinbarten Zahlungsbedingungen sehr oft im engen Zusammenhang stehen, so kommt es nicht selten zu Auseinandersetzungen zwischen den Fachdirektoren und den Hauptbuchhaltern in den Außenhandelsgesellschaften. Eine Rolle spielt darüber hinaus bei Preisvereinbarungen und bei Feststellungen der Zahlungsbedingungen, in welcher Währung eine Ware bezahlt wird und welche handelspolitischen Vereinbarungen (Handelsabkommen, Bankenabkommen und dergleichen mehr) dem Abschluß zugrunde liegen. Die Tätigkeit der Hauptbuchhalter in den Außenhandelsgesellschaften der Ostblockstaaten fördert somit zum überwiegenden Teil kaum den

Außenhandel, sondern wirkt als Hemmschuh bei der Durchführung einer ordnungsgemäßen Außenhandelstätigkeit. Die erwähnte Hauptbuchhalter-Verordnung sieht z. B. vor, daß ein Vertrag erst dann rechtsgültig wird, den eine Außenhandelsgesellschaft mit ihrem Partner abgeschlossen hat, wenn der Hauptbuchhalter zum Vertragsabschluß seine Zustimmung gegeben hat. Wer die praktische Seite von Außenhandelsgeschäften kennt, wird wissen, daß eine derartige Handhabung unmöglich ist, da ein Partner sich unbedingt an die Vereinbarungen des anderen halten können muß und daß man Vereinbarungen nicht vorbehaltlich der Zustimmung eines Dritten, der wie in dem geschilderten Fall keine Ahnung von der Materie hat, überlassen kann. Mit diesen fast unumschränkten Vollmachten, die den Hauptbuchhaltern innerhalb der einzelnen Betriebe gegeben werden, versucht der kommunistische Staatsapparat jede einzelne kommerzielle Handlung zu überwachen. Es ist darüber hinaus Absicht, wenn der Hauptbuchhalter kaufmannische Vereinbarungen kontrollieren soll, deren Inhalt und Tragweite er nicht beurteilen kann, da man davon ausgeht, daß der Hauptbuchhalter unvoreingenommen an die Beurteilung der kommerziellen Angelegenheit herangeht. Die ihm gegebenen Weisungen und Direktiven aus dem Staats- und Parteiapparat besagen eindeutig, daß er alle Fragen nur vom Standpunkt der Rentabilität aus zu betrachten hat. Im Außenhandel hat der Hauptbuchhalter vor allem darauf zu achten, daß die im Importplan vorgesehenen Preisausgleiche erzielt werden und im Exportplan die vorgesehenen Preisausgleichmittel nicht überschritten werden. Des weiteren hat er sorgfältigst auf die Erfüllung des Gewinnplanes zu achten und zum anderen dafür zu sorgen, daß der Betrieb mit dem geringsten Aufwand an Finanznebenkosten arbeitet. Seine Aufgabe besteht ferner darin, die aus- und eingehenden Zahlungen an Devisen zu kontrollieren und zu überwachen, insbesondere unter dem Gesichtspunkt, ob der Eingang der Devisen in der vereinbarten Höhe und zum festgesetzten Termin pünktlich erfolgt.
Auf die Position des Hauptbuchhalters wird in den staatlichen Betrieben besonderes Augenmerk gelegt, denn bereits im Jahre 1917 erklärte Lenin in einer seiner theoretischen Arbeiten unter dem Titel „Lieber weniger aber besser", daß die kommunistische Partei nur dann siegen kann, wenn sie vor allem die Wirtschaft mit Hilfe des Geldes kontrolliert und wenn man es lernt, die Wirtschaftsführung mit Hilfe des Geldes zu gewährleisten. Man ist daher peinlichst darauf bedacht, daß sämtliche finanziellen Operationen insbesondere mit der eigenen Währung einer genauen Kontrolle in den einzelnen Außenhandelsgesellschaften unterliegen.

Besonderes Augenmerk richten die Hauptbuchhalter in den Außenhandelsgesellschaften auch auf den finanziellen Verkehr zwischen ihrem Betrieb und den Produktionsbetrieben. Die Produktionsbetriebe berechnen im Export den Außenhandelsgesellschaften sofort nach Auslieferung die betreffende Ware. Der Rechnungsbetrag wird im Rahmen des sogenannten RE-Verfahrens (Rechnungseinzugsverfahren) eingezogen. Die entsprechenden Dokumente, wie Faktura und Versandbescheinigungen des staatlichen Speditionsunternehmens sowie der Duplikatfrachtbrief müssen über die jeweilige Zweigstelle der Staatsbank, die berechtigt ist, Außenhandelsgeschäfte (Außenhandelsbank) abzuwickeln, an die Außenhandelsgesellschaft eingereicht werden. Im Import wird die importierte Ware sofort nach Überschreiten der Landesgrenze an das entsprechende Binnenhandelsorgan berechnet. Die Außenhandelsgesellschaft nimmt auch hier ihrerseits den Einzug des Betrages im RE-Verfahren vor. Eine Weiterentwicklung des RE-Verfahrens ist bei der Abwicklung von Importen das Sofortbezahlungs-Verfahren. Im Rahmen des Sofortbezahlungs-Verfahrens werden dem Außenhandelsunternehmen sofort die Rechnungsbeträge auf dem Konto bei der Staatsbank gutgeschrieben. Dabei hat beim Rechnungseinzugs-Verfahren das Binnenhandelsorgan noch innerhalb von 3 Tagen nach Eingang des RE die Möglichkeit, Protest gegen denselben einzulegen, wenn es mit der Berechnung der Ware in der vorgenommenen Art und Weise nicht einverstanden ist. Dagegen beim Sofortbezahlungs-Verfahren werden die Beträge der Außenhandelsgesellschaft sofort gutgeschrieben, unabhängig von eventuell nachfolgenden Beanstandungen oder Reklamationen. Die Kontrolle dieses Zahlungsverkehrs obliegt ebenfalls im Gesamtumfang dem Hauptbuchhalter.

Abschließend ist noch zu bemerken, daß der Hauptbuchhalter in jedem Fall mit zur Direktion eines Betriebes gehört, daß er aber aufgrund seiner Stellung und seiner Vollmachten, die ihm die Hauptbuchhalter-Verordnung gibt, ein Veto-Recht innerhalb der Direktion hat.

VII. Das Devisensystem des Außenhandels

Die Ausnutzung der devisentechnischen Möglichkeiten im Rahmen der Handelsabkommen mit dem westlichen Ausland

Die Ausnutzung von devisentechnischen Möglichkeiten der Außenhandelsgesellschaften in den Ostblockstaaten kann sich naturgemäß nur auf solche Länder des westlichen Auslandes konzentrieren, die eine frei konvertierbare oder eine teilweise frei konvertierbare Währung haben. Aufgrund des bereits geschilderten ständigen Mangels an frei konvertierbaren finanziellen Mitteln sind die Außenhandelsgesellschaften stets daran interessiert, alle sich bietenden Möglichkeiten auszunutzen. Besonders devisentechnische Möglichkeiten sind beim Abschluß von Handelsabkommen mit solchen Ländern möglich, die Waren liefern können, die auf dem internationalen Markt in jedem Fall mit einer frei konvertierbaren Währung bezahlt werden müssen. Zu solchen Waren gehören Eisen, Buntmetalle, Stahl, Kupfer, Kohle, Kaffee, Kakao, Zucker und andere. Die Ostblockstaaten legen daher beim Abschluß von Handelsabkommen den größten Wert darauf, einen Swing (technischer Zahlungskredit) im Rahmen des Handelsabkommens zu vereinbaren. Angestrebt wird daher von ihnen in jedem Fall, einen Swing in Höhe von 10 % des Gesamtvolumens des Handelsvertrages zu vereinbaren. Obwohl die Gewährung eines beiderseitig ausnutzbaren Swings zwischen Handelspartnern durchaus üblich ist, haben sie jedoch für die Ostblockstaaten ganz besondere Bedeutung. Die Erfahrung beweist, daß die Ostblockstaaten immer bestrebt sind, den Swing im vollen Umfang auszunutzen. Die Ausnutzung des Swings erfolgt einmal aus den bereits vorgenannten Gründen der ständigen Devisenknappheit und zum anderen auch aus dem Grunde, um den Handelspartner zu zwingen, ständig im Handel mit dem betreffenden Ostblockstaat zu bleiben. Die Vereinbarung eines Swing gibt z. B. den Außenhandelsgesellschaften unter Umständen die Möglichkeit, eine Ware, für die man auf dem internationalen Markt in jedem Fall eine frei konvertierbare Währung erhält, zu reexportieren, d. h. über den Swing können die Ostblockstaaten mit Hilfe ihrer Handelspartner zu den so begehrten freien Devisen kommen, ohne ihrerseits sofort ebenfalls eine Gegenlieferung vornehmen zu müssen. Ein besonderes Pro-

blem ist dabei für die Ostblockstaaten ihre im Handel mit einem Weichwährungsland angefallenen Verrechnungsdevisen gegen Verrechnungsdevisen mit einem Hartwährungsland oder aber sogar mit einem Agio-Verlust gegen frei konvertierbare Devisen zu verkaufen. Dieser Agio-Verlust wird von den Außenhandelsgesellschaften der Ostblockstaaten auch dann in Kauf genommen, wenn es ihnen möglich ist, aus dem betreffenden Weichwährungsland Waren zu beziehen, die dieses Land selbst importiert hat, an deren Export es aber selbst nicht interessiert ist. Die Außenhandelsgesellschaften der Ostblockstaaten versuchen des weiteren, Exportgeschäfte mit erheblichen Preisreduzierungen zu machen, wenn es ihnen möglich ist, neben einem bereits bestehenden Handelsabkommen Barzahlungen in harter Währung zu erhalten.
Die Ausnutzung der devisentechnischen Möglichkeiten mit den Ländern des westlichen Auslands konzentriert sich daher von seiten der Außenhandelsgesellschaften vor allem darauf, in den Besitz von frei konvertierbarer Währung zu kommen oder aber solche Waren im Rahmen der Handelsabkommen zu beziehen, die gegen frei konvertierbare Währungen auf dem internationalen Markt gehandelt werden. Eine bestimmte Rolle spielt dabei z. B. auch die Tatsache, daß die Ostblockstaaten sich zum überwiegenden Teil kaum an die vereinbarten Warenlisten halten und vorwiegend auf die Positionen zurückgreifen, die für sie interessant sind. Dies trifft dabei sowohl für die Export- als auch für die Importwarenlisten zu.

Der Zahlungsverkehr zwischen den Ländern der Ostblockstaaten

Den gesamten Zahlungsverkehr wickeln die Länder der Ostblockstaaten im Außenhandel auf der Verrechnungsbasis ab. Sämtliche Ex- und Importe werden auf der Grundlage des Rubels verrechnet. Bereits die Warenlisten werden in Rubel vereinbart und es besteht somit eine Übereinstimmung zwischen dem in Rubel aufgestellten Plan und den einzelnen Handelsabkommen. Die technische Zahlungsabwicklung ist sehr vereinfacht. Die Ostblockstaaten haben zum überwiegenden Teil das Sofortbezahlungs-Verfahren unter sich im Handelsverkehr eingeführt. Die einzelnen Außenhandelsgesellschaften reichen bei ihrer Staatsbank die Fakturen und Versanddokumente sowie Qualitätszertifikate ein und es folgt automatisch die Gutschrift auf ihrem Konto und ebenso automatisch die Lastschrift auf dem Konto der erkannten Außenhandelsgesellschaften bei ihrer Staatsbank. Auf diese Art und Weise ist der Zahlungsverkehr zwischen den einzelnen Außenhandelsgesellschaften der jeweiligen Ostblockstaaten denkbar vereinfacht. Allerdings hat dieses Zahlungssystem auch bedeutende Nachteile, die besonders dann in Erscheinung treten, wenn die Warenlieferungen nicht so ausfallen, wie es die vertraglich vereinbarten Qualitätsbedingungen vorsehen. In solchen Fällen dauert es meistenteils längere Zeit, um überhaupt zu einer Einigung und zu einer Anerkennung des entstandenen Schadens zu kommen. Diese Form des Sofort-Bezahlungsverkehrs besteht heute zwischen fast allen Ländern der Ostblockstaaten einschließlich der Volksrepublik China und der UDSSR.

Die Verwendung von Devisen aus Krediten

Die einzelnen Ostblockstaaten haben gerade in der vergangenen Zeit von der UDSSR beachtliche Kredite erhalten. Charakteristisch für die Gewährung dieser Kredite ist, daß sie nicht nur in Form eines Warenkredites gewährt wurden, sondern daß den einzelnen Ostblockstaaten auch frei konvertierbare Währung zum Einkauf solcher Waren zur Verfügung gestellt wurden, die auf dem internationalen Markt mit frei konvertierbaren Währungen bezahlt werden müssen. Bekanntlich wurden solche Kredite von Seiten der UDSSR an die einzelnen Ostblockstaaten immer dann gewährt, wenn die Wirtschaft der einzelnen Länder vor einem Chaos stand. So war es z. B. bei der deutschen Sowjetzone und auch bei Ungarn und Polen. In allen drei Fällen dienten die gewährten Kredite dazu, um überhaupt der Wirtschaft dieser Länder zu verhelfen, weiter existieren zu können. Charakteristisch ist dabei auch vor allem folgendes, daß anfangs die gewährten Kredite dazu dienten, um Lebens- und Genußmittel zu importieren. Im Laufe der Zeit hat sich jedoch hier auf Betreiben der UDSSR eine grundlegende Wandlung vollzogen. Die Kredite werden heute vor allem dazu benutzt, um Rohstoffe für die Industrie oder aber wichtige Präzisionsmaschinen aus dem westlichen Ausland zu importieren. Die Kredite dienen heute also somit dazu, die industrielle Basis der Ostblockstaaten zu stärken. In der letzten Zeit konnte auch festgestellt werden, daß die UDSSR als Kreditgeber sich eine gewisse Kontrolle über die Verwendung der Kredite vorbehalten hat. Darüber hinaus haben sich die einzelnen Ostblockstaaten auch untereinander Warenkredite gewährt. Diese Warenkredite kann man jedoch keineswegs mit einem echten Kredit gleichsetzen. Sie wurden vor allem für den Bezug solcher Waren aus dem kreditgebenden Land zur Verfügung gestellt, über die das Land in ausreichendem Umfang verfügte oder aber die für seine Produktion typisch waren. So liefert z. B. die deutsche Sowjetzone an Polen im Rahmen des 400-Millionen-Rubel-Kredites ausschließlich Ausrüstungen für die Braunkohlenindustrie. Die CSR hat z. B. Rumänien einen Kredit gewährt, in dessen Rahmen vor allem Ausrüstungen für die Erdöl- und chemische Industrie geliefert werden. Diese Kredite dienen ausschließlich dazu, um den Absatz von Waren zu ermöglichen, die für die Produktion des betreffenden Landes typisch sind. Bei der Gewährung des Kredites wird von vornherein nicht nur festgelegt, welche Warenarten bezogen werden können, sondern auch der Verwendungszweck. Im Rahmen der Industrialisierung der einzelnen Ostblockstaaten kann man bestimmt damit rechnen, daß noch weitere derartige Kredite den industriell weniger entwickelten Ostblockstaaten gewährt werden. Eine gänzlich andere Rolle spielen jedoch die Kredite, die die Ostblockstaaten an die jungen Nationalstaaten wie Indien, Burma und Indonesien gewähren. Diese Kredite werden vor allem unter rein handelspolitischen Gesichtspunkten zur Verfügung gestellt. Entsprechend der handelspolitischen Zielsetzung gegenüber diesen Ländern dienen derartige Kredite vor allem dem Aufbau einer eigenen Industrie und dabei wieder ganz besonders dem Aufbau der Schwerindustrie. Von dem Aufbau einer Schwerindustrie erwartet man zugleich, daß die Arbeiterschaft sich entwickelt und sich auch fest organisiert. Auf diese Art und Weise versucht man, zugleich die zukünftige innenpolitische Gestaltung dieser Länder beeinflussen zu können. Zum anderen wird das betreffende Land durch die Annahme des Kredites auf Jahre hinaus gezwungen, mit dem betreffenden Ostblockstaat zusammenzuarbeiten und auch stets neue Handelsabkommen abzuschließen.

Mit Hilfe des Kredites wird also der Weg in das betreffende Land gebahnt. Nicht zu unterschätzen ist hierbei auch, daß derartige Kredite der jeweiligen kommunistischen Partei eine willkommene Schützenhilfe sind. Bei diesen Krediten handelt es sich allerdings auch in jedem Falle um Warenkredite, die auch in mehr oder weniger versteckter Form dem Absatz von Industrieanlagen dienen, deren Produktion für das betreffende Land typisch ist. Obwohl in den einzelnen Ostblockstaaten immer wieder betont wird, daß die Gewährung eines Kredites unabhängig von irgendwelchen politischen Bedingungen erfolgt, so sind doch in Wirklichkeit die Gründe für die Kreditgewährung und die Ziele, die damit verfolgt werden, ausschließlich politischer Natur. Die Kreditgewährung dient somit der kommunistischen Wirtschaftsoffensive. Jeder Kredit, der durch die Regierung eines Ostblockstaates gewährt wird, bedarf vorher der Zustimmung des Zentralkomitees der kommunistischen Partei.

Die Haltung der Ostblockstaaten zu dem Angebot der westlichen Länder, Kredite zur Verfügung zu stellen

Infolge des ständigen Mangels an freien Devisen haben verschiedene westliche Länder den einzelnen Ostblockstaaten wiederholt offiziell und inoffiziell das Angebot gemacht, ihnen größere Kredite in frei konvertierbarer Währung zur Verfügung zu stellen. Derartige Angebote wurden bisher stets abgelehnt, da sie nach Auffassung der kommunistischen Spitzenfunktionäre zu einer Aufgabe der Souveränität führen. Die Annahme derartiger Angebote wäre darüber hinaus zugleich mit einem nicht unerheblichen Prestige-Verlust für das jeweilige kommunistische Regime verbunden. Der industrielle Aufbau in den einzelnen kommunistischen Staaten geht unter den Bedingungen der wirtschaftlichen Selbstisolierung gegenüber dem westlichen Ausland vor sich. Auch dann, wenn man berücksichtigt, daß in der Vergangenheit Embargo-Listen bestanden und man über die Notwendigkeit solcher Embargo-Listen geteilter Meinung sein kann, so bleibt doch als Tatsache bestehen, daß Lebens- und Genußmittel z. B. davon nicht betroffen wurden. Aber gerade an Lebens- und Genußmitteln hat es immer in den Ostblockstaaten einen ständigen Mangel gegeben. Die Versorgungslage war stets schwierig und kritisch, und dies ist auch heute noch in Polen, Ungarn und der deutschen Sowjetzone der Fall. Die Existenz der Embargo-Listen wird aber von den kommunistischen Parteien in den Ostblockstaaten gerade dazu benutzt, um der Bevölkerung klar zu machen, daß eine Verbesserung der Lebenslage durch den Import von Lebensmitteln gegen Kredite aus dem westlichen Ausland unmöglich ist. Die offizielle Propaganda erwähnt jedoch kein Wort davon, daß nicht selten längere Zahlungsziele beim Import dieser Waren in Anspruch genommen werden müssen. Es wird auch in keiner Form erwähnt, daß man versucht, in jedem Fall den vereinbarten technischen Zahlungskredit in den Handelsabkommen mit dem westlichen Ausland in voller Höhe auszunutzen. Diese Form der versteckten Inanspruchnahme von Krediten treten für die Bevölkerung in den Ostblockstaaten kaum in Erscheinung. Von diesen Vorgängen erfahren nur die eingeweihten Funktionäre in den Außenhandelsministerien und einige wenige in den Außenhandelsgesellschaften. Interessant ist in diesem Zusammenhang auch, daß die Staatsbanken der kommunistischen Staaten von den ihnen angebotenen Bankkrediten fast keinen Gebrauch machen. Dies ist vor allem darauf zurückzuführen, daß die Staatsbanken kein Vertrauen zu den Versicherungen und Erklärungen der leitenden Außenhandelsfunktionäre haben. In der Praxis haben sie es zu oft erlebt, daß die ihnen fest zugesagten Valuta-Erlöse aus Exporten nicht zur Verfügung standen und sie dann selbst zum Schluß Mittel und Wege suchen mußten, um ihre Verpflichtungen erfüllen zu können. Aufgrund dieser ständigen Unsicherheitsfaktoren machen die Staatsbanken der Ostblockstaaten fast keinen Gebrauch von den ihnen angebotenen Bankkrediten. Die Annahme eines derartigen Kredites hätte ebenfalls nur internen Charakter, da ihn ja die eine Bank einer anderen gewährt. Es kommt daher nicht selten zu harten Auseinandersetzungen zwischen den kommunistischen Funktionären über diese Frage. Im Parteiapparat haben sich die Funktionäre der Staatsbanken jedoch bisher stets erfolgreich durchsetzen können, da sie als Argument immer wieder anführen, daß sie unter allen Umständen ihren Ruf als Bank im internationalen Maßstab wahren müssen.

VIII. Die Ziele der Handelspolitik der Ostblockstaaten

Grundsätzliches zur Handelspolitik

Zu der Handelspolitik der Ostblockstaaten muß man vorweg einige Bemerkungen machen, die dazu dienen, dem Leser die Maßnahmen der Ostblockstaaten auf wirtschaftlichem Gebiet, soweit sie den Außenhandel betreffen, besser erläutern zu können.
Die Handelspolitik der einzelnen kommunistischen Länder ergibt sich aus dem Außenhandelsplan. Sie ist in jeder Hinsicht dem Plan untergeordnet und hat seiner Realisierung zu dienen. Allerdings muß man hierbei auch die Wechselwirkungen sehen. Die Handelspolitik schafft zunächst durch den Abschluß von Handelsabkommen die Voraussetzungen für den Handel mit einem Land. Andererseits hat die Handelspolitik den Absatz der im Plan vorgesehenen Waren zu fördern und hilft somit aktiv bei der Planerfüllung mit. Die handelspolitischen Abteilungen in den Ministerien der Ostblockstaaten erhalten ihre Direktiven direkt vom Zentralkomitee der kommunistischen Partei. Im Zentralkomitee wird festgelegt, auf welche Länder besonderer Wert zu legen ist. Es besteht eine genaue Gliederung in Schwerpunktländern, interessanten und völlig uninteressanten Ländern. Die handelspolitischen Maßnahmen werden zwischen den einzelnen kommunistischen Parteien vorher genau festgelegt.
Zum anderen dient die Handelspolitik dazu, mit solchen Ländern diplomatische Beziehungen anzubahnen, mit denen solche Beziehungen noch nicht bestehen. Die Einrichtung von Handelsvertretungen der Ostblockstaaten ist oftmals der erste Schritt auf dem Wege zur Herstellung diplomatischer Beziehungen.
Die kommunistischen Parteien widmen daher der handelspolitischen Arbeit ihre allergrößte Aufmerksamkeit.

Die Handelspolitik der Ostblockstaaten gegenüber den westlichen Ländern

Die Handelspolitik der Ostblockstaaten gliedert die Länder der westlichen Welt in der Regel nach folgendem System:

1. Europa (westliche Länder)
2. Europa (nördliche Länder)
3. Europa (südliche Länder)
4. Nordamerika
5. Südamerika
6. Naher Osten
7. Ferner Osten
8. Schwerpunktländer im Nahen und Fernen Osten
   a) Ägypten
   b) Indien
   c) Syrien
   d) Sudan
   e) Jemen
   f) Indonesien
   g) Burma
   h) Ceylon
   i) Afrika

Die Handelspolitik der Ostblockstaaten ist an den westlichen europäischen Ländern aus folgenden Gründen besonders interessiert:

1) Unterstützung der in diesen Länden existierenden kommunistischen Parteien in politisch-moralischer und auch in materieller Hinsicht. Aus diesem Grunde sind z. B. Frankreich und Italien handelspolitische Schwerpunktländer.
2) Bezug von Waren im Rahmen von Handelsabkommen, für die sonst beim Kauf auf dem internationalen Weltmarkt freie Devisen aufgewandt werden müssen.
   Handelspolitische Schwerpunktländer aus diesem Grunde sind: Großbritannien, Belgien, Österreich, Schweden.
3) Möglichkeiten für die Aufnahme bzw. Festigung diplomatischer Beziehungen.
4) Aus reinen politischen, propagandistischen Gründen.
5) Aufnahme des Kultur-Austausches, Bekanntmachen der Bevölkerung mit der „sozialistischen Kultur".

Besonderer Wert wird darüber hinaus noch auf die Handelsbeziehungen zu den kleinen europäischen Staaten gelegt, um ihnen zu „helfen", ihre wirtschaftlichen Schwierigkeiten zu überwinden. Als Propagandamittel wird hierbei vor allem auf die ausgeglichene Handelsbilanz beim Handel mit den Ostblockstaaten hingewiesen.
Es ist in vielen Fällen ja wirklich so, daß die großen Industrie-Staaten der westlichen Welt an einzelne kleinere europäische Länder zeitweilig mehr Waren liefern, als umgekehrt diese Länder in der Lage sind,

wieder als Ausgleich und zur Bezahlung ihrer Schuld im gleichen Zeitraum zurückzuliefern. Diesen Tatbestand machen sich die Ostblockstaaten in ihrer Handelspolitik nutzbar, indem sie gerade mit Absicht den umgekehrten Weg beschreiten. Sie sind stets bestrebt, bedeutend mehr Waren zu beziehen, als sofort zurückliefern zu müssen. In diesem Zusammenhang möchte ich an die Tendenz der unbedingten Swing-Ausnutzung erinnern. Der ständige Mangel an Waren, ganz gleich welcher Art, zwingt die Ostblockstaaten direkt zu einer derartigen Handelspolitik. Diese Schwäche in ihrer eigenen Wirtschaftspolitik versuchen sie auf diese Art und Weise zu einem Vorteil für den Handel mit ihnen darzustellen.

Im Vordergrund der Bemühungen der Handelspolitik der Ostblockstaaten steht vor allem das Bestreben festzustellen, welche Industriegruppen und Konzerne über die größten Beziehungen zu den staatlichen Institutionen verfügen. Man versucht mit den maßgeblichen Leuten dieser Wirtschaftskreise in Kontakt zu kommen, um sie für den Ost-West-Handel zu interessieren. Nicht selten wird ihnen auch für ihre Bemühungen eine große Beteiligung an dem zu erwartenden eventuellen Geschäft zugesagt. — Darüber hinaus gehen die Bestrebungen dahin, mit politischen Persönlichkeiten, die sich für den Ost-West-Handel ausgesprochen haben, in ein Gespräch zu kommen. Derartige Unterredungen werden von den maßgeblichen kommunistischen Presseorganen an erster Stelle veröffentlicht. Bei der Bevölkerung in den Ostblockstaaten wird damit ein völlig falscher Eindruck hervorgerufen. Die handelspolitischen Abteilungen in den Außenhandelsministerien sind in jedem Falle daran interessiert, ein Handelsabkommen abzuschließen. Es wird daher von ihnen zunächst geprüft, auf welcher Ebene und zu welchen Bedingungen der Abschluß eines Handelsabkommens möglich ist. Sie unterscheiden dabei:

1) *Das Regierungsabkommen*
   Vereinbarungen über den Waren- und Zahlungsverkehr zwischen den Regierungen der einzelnen Länder
2) *Das Bankabkommen*
   a) Vereinbarung über den Zahlungsverkehr zwischen den Staatsbanken
   b) Vereinbarung zwischen einer staatlichen Bank des kommunistischen Partnerlandes mit einer maßgeblichen Bank im westlichen Ausland
3) *Kammerabkommen*
   a) Vereinbarung zwischen den Kammern für Außenhandel oder aber mit einer Wirtschaftskammer

b) Vereinbarung über den Waren- und Zahlungsverkehr zwischen einer Außenhandelsgesellschaft und einer oder mehreren Wirtschaftsvereinigungen.

Es ist selbstverständlich, daß für die Ostblockstaaten der Abschluß eines Regierungsabkommens am interessantesten von allen Abkommen ist, da damit in gewisser Hinsicht eine de jure Anerkennung verbunden ist. Darüber hinaus ist damit auch die Möglichkeit zur Errichtung einer Handelsvertretung gegeben. Auch die Form des Abschlusses eines Handelsabkommens zwischen den Staatsbanken ist für die Ostblockstaaten interessant. Der Abschluß auf dieser Basis gewährleistet doch einen Kontakt zwischen den staatlichen Organen. Die anderen Formen werden von den Ostblockstaaten nur ungern akzeptiert. Interessant ist in diesem Zusammenhang auch die Zusammensetzung der Warenlisten, soweit solche, und das ist meistens der Fall, vereinbart werden. Der Abschluß eines Abkommens erfolgt von seiten der Ostblockstaaten unter dem Gesichtspunkt, welche Waren können ohne einen Aufwand an freien Devisen importiert werden. Die Aufnahme der sogenannten weichen Waren erfolgt meistenteils nur, um überhaupt zu einem Abkommen zu kommen und geschieht aus optischen Erwägungen.

Charakteristisch ist hierbei, daß die Ostblockstaaten durch ihre wirtschaftlichen Schwierigkeiten ständig gezwungen sind, gegen ihre theoretischen Prinzipien zu verstoßen. Die Theorie des Marxismus lehrt z. B., daß mit einem Land der Handel vor allem auf der Basis der typischen Produkte abgewickelt werden soll. Wenn also z. B. die Produktion landwirtschaftlicher Erzeugnisse für ein Land typisch ist, so soll nach den Grundsätzen des Marxismus auch der Handel mit landwirtschaftlichen Produkten im Vordergrund des Warenaustausches mit diesem Land stehen. Tatsache ist jedoch, daß die Ostblockstaaten ihre Bemühungen vor allem darauf konzentrieren, die Warenliste insbesondere in den für sie interessanten Positionen zu erfüllen, die übrigen Positionen bilden nur die Garnierung und werden kaum oder fast gar nicht erfüllt. Durch diese Haltung wird der Handel für die einzelnen westeuropäischen Länder sehr erschwert.

Im Export versuchen die Ostblockstaaten mit den sogenannten harten Waren Politik zu machen. Harte Waren, die die Ostblockstaaten herstellen und die sie für den Export in die westeuropäischen Länder zur Verfügung stellen, benutzen sie stets dazu, um ihre wirtschaftlichen Positionen in diesen Ländern zu festigen. Zum anderen versuchen sie auch durch die Lieferung solcher Waren, die einzelnen Länder zu Zugeständnissen zu bewegen. Die handelspolitischen Abteilungen in den

Außenhandelsministerien schreiben den Außenhandelsgesellschaften über die für sie zuständige Hauptverwaltung vor, in welches Land und zu welchem Zeitpunkt derartige Waren zu verkaufen sind. Dabei spielen oft Preisfragen keine Rolle. Selbst dann nicht, wenn die Außenhandelgesellschaft nachweisen kann, daß sich die betreffende Ware zu einem bedeutend höheren Preis in ein anderes Land verkaufen läßt. In solchen Fällen heißt es nur, daß der Preis aus handelspolitischen Erwägungen heraus für richtig gehalten wird.

Warum mißt die Handelspolitik der Ostblockstaaten dem Handel mit den jungen Nationalstaaten Asiens und der Arabischen Länder besondere Bedeutung zu?

Im Handel mit den jungen Nationalstaaten Asiens und Afrikas versuchen die Ostblockstaaten mit allen Mitteln, sich feste wirtschaftliche Positionen mit Hilfe ihres Außenhandels zu schaffen. Die jungen Nationalstaaten werden von der Handelspolitik der Ostblockstaaten als Schwerpunktländer bezeichnet. Unterstützt werden die Ostblockstaaten vor allem durch die Antipathie, die in diesen Ländern gegenüber den Kolonialherren von Gestern vorhanden ist. Hinzu kommt noch, daß die Handelspolitik der kommunistischen Länder sehr stark die nationalen Gefühle dieser Völker anzusprechen versucht. Das ist jedoch bei diesen Ländern ein sehr einfaches Spiel. Durch teilweise falsche Maßnahmen der Westmächte (Suez-Krise und Ablehnung von Krediten zur Entwicklung dieser Länder) wurde ihnen immer wieder bewiesen, wie günstig der Handel mit den Ostblockstaaten für sie doch ist. Es ist daher in diesem Zusammenhang sehr zu begrüßen, wenn die USA jetzt beabsichtigen, eine elastischere Außenpolitik gegenüber diesen Ländern zu führen und auch großzügiger in den Hilfsmaßnahmen zu sein. In der Vergangenheit hat die falsche Politik einiger Großmächte nicht unwesentlich dazu beigetragen, daß die kommunistischen Staaten fast spielend leicht die größten Wirtschaftspositionen erobern konnten. Die Wirtschaftsoffensive der Ostblockstaaten gegenüber diesen Ländern wird stets einen einheitlichen Charakter tragen, da die Direktiven dazu vom Zentralkomitee der KPdSU den einzelnen kommunistischen Parteiführungen übermittelt werden. Gegenüber den Maßnahmen der Westmächte wird hier stets ein geschlossenes einheitliches Vorgehen festzustellen sein. Die einzelnen Maßnahmen und Hilfsangebote werden vorher genau abgesprochen und man kann sagen, daß diese Methode in der Vergangenheit stets von Erfolg gekrönt war. Dabei greift man unter anderem auch auf bereits bestehende Verbindungen der einzelnen Ostblockstaaten zurück und ist peinlichst bemüht, bestehende Traditionen im Handel besonders mit den arabischen Völkern zu beachten.

Die europäischen Ostblockstaaten werden dabei vor allem durch die Volksrepublik China unterstützt. Die Volksrepublik China verfügt aus der Vergangenheit her über ausgezeichnete Handelsverbindungen, u. a. auch in den arabischen Ländern. Hinzu kommt, daß die Bevölkerung in einigen asiatischen Ländern sehr stark mit Chinesen durchsetzt ist, die zwar keine Kommunisten sind, sich aber mit dem Mutterland China fest verbunden fühlen und die auf die Größe Chinas und seine heutige Stellung in der Weltpolitik stolz sind. Alles das sind wichtige Faktoren für die Handelspolitik der Ostblockstaaten. Die Vertreter der Volksrepublik China bahnen den Weg für die Schaffung von wirtschaftlichen Positionen der Ostblockstaaten in der arabischen und asiatischen Welt. Als Ergebnis des Vorgehens haben heute fast alle Ostblockstaaten einschließlich der deutschen Sowjetzone feste Handelsabkommen auf Regierungsebene mit den wichtigsten asiatischen und arabischen Ländern.

Gegenüber diesen Ländern wird auch in kommerzieller Hinsicht eine sehr großzügige Politik betrieben. Vorgetragene Reklamationen werden von den Außenhandelsgesellschaften der Ostblockstaaten in sehr zuvorkommender Art und Weise erledigt. Auch hinsichtlich der Preisgestaltung im Export ist man außerordentlich entgegenkommend. Für die arabischen und asiatischen Nationalstaaten werden besondere Zahlungserleichterungen gewährt. Auch bei der Auswahl der Mitglieder für Regierungs- und Handelsdelegationen werden die Wünsche der asiatischen und arabischen Länder ganz besonders berücksichtigt. Dieses alles sind Maßnahmen, die von den Ostblockstaaten gegenüber anderen Ländern im Handel keineswegs durchgeführt werden. Die Handelspolitik der Ostblockstaaten gegenüber diesen Ländern hat das Ziel, nicht nur feste wirtschaftliche Positionen zu schaffen, sondern auch zur Herstellung diplomatischer Beziehungen beizutragen. Die Schaffung diplomatischer Beziehungen steht im Vordergrund aller handelspolitischen Maßnahmen. Selbst der deutschen Sowjetzone ist es gelungen, in Ägypten und Indien Handelsvertretungen mit konsularischen Vollmachten zu errichten. Von Fall zu Fall werden die Rechte dieser Handelsvertretungen weiter ausgebaut.

Die Handelsvertretungen der Ostblockstaaten stehen untereinander in sehr engem Kontakt, so daß es möglich ist, an Ort und Stelle be-

stimmte wirtschaftliche Maßnahmen gegenüber und in dem betreffenden Land zu vereinbaren. Ganz besonders möchte ich darauf hinweisen, daß bei den Ostblockstaaten untereinander nationale Belange fast keine Rolle spielen, sondern daß für sie alle die Durchsetzung der gemeinsamen politischen Zielsetzung entscheidend ist.
Ein wichtiges handelspolitisches Prinzip ist des weiteren, auf jeden Fall die Ware direkt in dem betreffenden Land zu kaufen, also auf keinen Fall über ein drittes Land, das früher als hauptsächlicher Bezieher unter Umständen aufgetreten ist, wie z. B. England, Holland und Frankreich. Dieses Prinzip soll dazu dienen, die ehemaligen kolonialen Länder unabhängig zu machen hinsichtlich des Absatzes ihrer Waren. Selbst in solchen Fällen, wo die Durchsetzung dieses Prinzips mit finanziellen Verlusten verbunden ist, wird es konsequent eingehalten. In allen Fällen versucht man die Drittländer auszuschalten selbst dann, wenn der Handel mit einer Ware fast ausschließlich heute noch über sie abgewickelt wird. Der Gegensatz zwischen den jungen Nationalstaaten und den ehemaligen Kolonialstaaten wird mit Hilfe der Handelspolitik der Ostblockstaaten stets wachgehalten und erhält täglich neue Nahrung. Mancher wird sich fragen, welches Interesse die Ostblockstaaten an einer derartigen Handelspolitik haben. Die Theorie von Lenin gibt darauf die Antwort. Lenin sagte, daß die Lösung der nationalen Frage in den kolonialen Ländern auch zur Lösung der sozialen Frage führen wird. Gemäß diesem Leitsatz handeln die Ostblockstaaten gegenüber den jungen Nationalstaaten. Für sie steht fest, daß die Nationalstaaten sich eines Tages völlig ihnen zuwenden werden. Ihre Großzügigkeit gegenüber diesen Ländern ist eine versteckte Hilfe, für die sie hoffen, eines Tages gute Zinsen zu erhalten. Daraus erklärt sich auch, warum sie bereit sind, diesen Ländern bei dem Aufbau von Kern-Reaktoren und bei der Ausrüstung ihrer Armeen mit Waffen und militärischen Ausrüstungen stets zu helfen. Lenin bezeichnete die Kolonien einmal als Reserven des Weltkommunismus. Offenbar wollen heute die kommunistischen Staaten diese bisher passive Reserve zu einer aktiven machen.
Die Ereignisse in Asien haben zum Teil den Behauptungen Lenins recht gegeben. So hat sich z. B. China in ein kommunistisches Land verwandelt. Die kommunistischen Parteien verfügen darüber hinaus in den meisten asiatischen Ländern über außerordentlich gute Positionen. Dank ihrer systematischen Propaganda finden Hilfsangebote aus den Ostblockstaaten bei der Bevölkerung dieser Länder immer offene Ohren. Das Beispiel Indonesien zeigt dieses mit aller Offenheit. Die handelspolitischen Maßnahmen der kommunistischen Länder sind daher von

nicht zu unterschätzender Bedeutung hinsichtlich ihrer Auswirkungen auf die politische Gestaltung des Landes.
Um der sehr offensiven und vor allem auch sehr wendigen Handelspolitik der Ostblockstaaten entgegenwirken zu können, bedarf es der richtigen und geeigneten Maßnahmen der westlichen Länder. Die bisherige Entwicklung hat bewiesen, daß in der Vergangenheit Fehler gemacht worden sind, die in ihrer Auswirkung oftmals dazu führen, daß die Nationalstaaten direkt gezwungen waren, sich um Hilfe an die Ostblockstaaten zu wenden. Eine derartige Politik kann jedoch auf die Dauer dazu führen, daß die Reserven, von denen Lenin gesprochen hat, wirklich zu einer solchen für die kommunistische internationale Bewegung wird. Die Politik der westlichen Staaten gegenüber diesen Ländern müßte mehr deren Mentalität, Wünsche und Eigenarten berücksichtigen. Mit den alten Methoden hilft man, ohne daß man es will, der kommunistischen Bewegung und schadet sich selbst. Dies sollten die Staatsmänner der westlichen Welt bei all ihren Entscheidungen berücksichtigen.

Warum ist für die Handelspolitik der Ostblockstaaten der Handel mit der Bundesrepublik Deutschland besonders interessant?

Sämtliche Ostblockstaaten betreiben gegenüber der Bundesrepublik Deutschland eine ganz besondere Außenhandelspolitik. Auf der einen Seite sind sie daran interessiert, mit der Bundesrepublik einen umfangreichen Warenaustausch zu entwickeln und auf der anderen Seite müssen sie aber Rücksicht auf ihre Beziehungen wirtschaftlicher und politischer Natur zur deutschen Sowjetzone nehmen. Die Regierung der deutschen Sowjetzone sieht es absolut nicht gerne, wenn offizielle Handelsabkommen zwischen der Bundesrepublik Deutschland und den einzelnen Ostblockstaaten abgeschlossen werden. Sie ist vor allem daran interessiert, daß sie beim Zustandekommen derartiger Abkommen die Rolle des Vermittlers übernehmen kann. So hat sie sich in dieser Rolle jahrelang bemüht, ein Handelsabkommen zwischen der Volksrepublik China und der Bundesrepublik zustande zu bringen. Allerdings auch nicht ganz erfolglos.
Die Bundesrepublik ist für die Ostblockstaaten vor allem wegen ihrer großen industriellen Kapazität ein begehrter Handelspartner, andererseits ist sie ein geeigneter Absatzmarkt für die Exportwaren dieser Länder, die zum überwiegenden Teil aus landwirtschaftlichen Produkten bestehen. Im Laufe der letzten Jahre bemühen sich daher die Ost-

blockstaaten ganz bewußt um die Herstellung von festen Handelsbeziehungen. Feste Handelsbeziehungen zur Deutschen Bundesrepublik könnten ihnen wesentlich dabei helfen, einen großen Teil ihrer wirtschaftlichen Schwierigkeiten schnell zu überwinden. Sie pflegen daher auch meistenteils mit ganz besonderer Sorgfalt diese Beziehungen und versuchen stets auf die Wünsche ihres Partners einzugehen. Das beste Beispiel hierfür ist Polen, das sich bemüht, seinen Lieferverpflichtungen pünktlich und gewissenhaft nachzukommen. Das sogar soweit geht, daß es den Lieferungen an die Deutsche Bundesrepublik denen an die anderen Ostblockstaaten den Vorrang gibt. Diese Handlungsweise hat in der Vergangenheit sehr oft zu Auseinandersetzungen mit den anderen Ostblockstaaten geführt. In den vergangenen Jahren hat die sogenannte Regierung der DDR und das Zentralkomitee der SED sehr oft davon gesprochen, „daß die DDR das Vorbild für das zukünftige einheitliche Deutschland sei". Heute spricht man vielmehr von der Existenz zweier deutscher Staaten. Die Anerkennung der ersten Formulierung durch die anderen Ostblockstaaten hätte natürlich dazu geführt, daß diese Länder die Existenz der Deutschen Bundesrepublik nicht anerkannt hätten und somit auch der Handel beträchtlich darunter gelitten hätte. Die Anerkennung zweier deutscher Staaten wird jedoch beiden gerecht. Sie gibt den übrigen Ostblockstaaten die Möglichkeit, mit der Bundesrepublik offizielle Handelsbeziehungen aufzunehmen und auch diplomatische Beziehungen anzuknüpfen. Zum anderen trübt sie auch nicht das Verhältnis zu der kommunistischen Bruderpartei in der deutschen Sowjetzone. Dabei muß man natürlich ganz klar erkennen, daß die These „von der Existenz zweier deutscher Staaten" von der nackten wirtschaftlichen Notwendigkeit diktiert wurde und nicht so sehr aus politischen, vernünftigen Überlegungen heraus. Die wirtschaftliche Notwendigkeit zwingt hier die einzelnen Ostblockstaaten zu einer ganz bestimmten Politik gegenüber der Deutschen Bundesrepublik. An diesem Beispiel kann man erkennen, daß eine konsequente Politik gegenüber den Ostblockstaaten auf die Dauer durchaus erfolgreich ist. Sie führt sogar dazu, daß die kommunistischen Ideologen sich gezwungen sehen, ihre Thesen zu ändern. Die gesamte Handelspolitik der Ostblockstaaten läßt sich daher davon leiten, daß alle Möglichkeiten des Handels mit der Deutschen Bundesrepublik ausgenutzt werden müssen.
Besonders interessiert sind die UDSSR und China am Ausbau ihrer Handelsbeziehungen zur Deutschen Bundesrepublik, da sie in der Lage ist, die gewünschten und erforderlichen Großindustrie-Anlagen zu liefern. Die Deutsche Bundesrepublik ist also ein allerseits begehrter

Handelspartner der westlichen Welt. Ein großer Teil der Wirtschaftsfunktionäre bewundert im stillen den gewaltigen wirtschaftlichen Aufstieg aus den Trümmern des Jahres 1945. Besonders beachtet werden auch die Erfolge der Deutschen Bundesrepublik auf handelspolitischem Gebiet in Nord- und Südamerika, Asien und Afrika. Von den Außenhandelsexperten der Ostblockstaaten wird die Organisation des Außenhandels der maßgeblichen Firmen der Deutschen Bundesrepublik in Übersee als vorbildlich bezeichnet. Alles dieses sind Faktoren, die den Handel mit der Deutschen Bundesrepublik vorteilhaft machen.

Der Handel der Ostblockstaaten mit den Südamerikanischen Ländern

Von besonderem Interesse ist für sämtliche Ostblockstaaten der Handel mit den südamerikanischen Staaten. Diese Länder verfügen zum überwiegenden Teil über Waren, die im Wirtschaftsgebiet der Ostblockstaaten nicht angebaut werden können und die auf dem Weltmarkt als sogenannte harte Waren bekannt sind. Dazu zählen insbesondere Kaffee, Kakao, Edelhölzer und ganz besonders Häute. Die Handelspolitik der Ostblockstaaten versucht, sich bei ihrem Vorgehen gegenüber diesen Ländern die teilweise vorhandenen Absatzschwierigkeiten, inbesondere in den Kaffee produzierenden Ländern, zunutze zu machen. Hinzu kommt in diesen Ländern noch, daß ihre Handelsbilanz mit den meisten großen Staaten ständig passiven Charakter hat. Die Propagierung des Prinzips der ausgeglichenen Handelsbilanz verhallt daher meistenteils nicht ungehört bei den dortigen Wirtschaftskreisen mit ihren teilweise sehr großen Absatzsorgen. Hinzu kommt auch noch, daß die Handelspolitik der Ostblockstaaten hier die Möglichkeit hat, besonderes Schwergewicht auf die Betonung des Nationalismus zu legen. Die teilweise vorhandene Antipathie gegen die USA kommt auch hier den Bestrebungen der Ostblockstaaten sehr weit entgegen. Andererseits sind diese Länder wieder sehr stark auf die USA orientiert, so daß es den Ostblockstaaten in Südamerika schwerfällt, mit der Wirtschaft der USA und ihren Exportmöglichkeiten Schritt zu halten. Trotzdem darf man die Bemühungen der Ostblockstaaten in diesem Wirtschaftsgebiet keineswegs unterschätzen.
Im Handel mit den südamerikanischen Staaten versucht die Handelspolitik der kommunistischen Länder über bestimmte Wirtschaftsgruppen zum Zuge zu kommen. Des weiteren wird systematisch versucht, Parlamentsabgeordnete am Handel mit den Ostblockstaaten zu interessieren. Besonders verlockend ist für die südamerikanischen Länder

auch das Angebot, ihnen beim Aufbau ihrer Industrie zu helfen. Die Ostblockstaaten erklären dabei, daß sie bereit sind, alle Industrieanlagen, die von den einzelnen Ländern gewünscht werden, zu liefern. Alle diese Angebote sind in den Ohren der südamerikanischen Wirtschaftskreise eine gern gehörte Musik. Vom handelspolitischen Standpunkt der gesamten Ostblockstaaten aus gesehen, sind diese Länder jedoch bis zum heutigen Tage noch nicht so interessant in wirtschaftlicher Hinsicht, wie die Länder des Fernen und Nahen Ostens. Da gegenüber diesen Ländern keine einheitlichen Direktiven bestehen und demzufolge auch die Handelspolitik im einzelnen nicht koordiniert wird, ist die Möglichkeit einer relativ selbständigen Handelspolitik der einzelnen Staaten gegenüber diesen Ländern gewährleistet. Die Handelspolitik wird heute noch mehr oder weniger von den wirtschaftlichen Notwendigkeiten der einzelnen Staaten bestimmt. Die handelspolitischen Erfolge gegenüber diesen Ländern sind daher auch längst nicht so groß wie die in den Ländern des Nahen und Fernen Ostens. Es kommt nicht selten vor, daß die Ostblockstaaten in Südamerika große Mißerfolge verbuchen müssen. Abgesehen von der rein handelspolitischen Seite sind sie auch im Export überhaupt noch nicht in der Lage, sich der Mentalität und den Bedingungen des Marktes anzupassen. Sie kennen auch die Wirtschaft dieser Länder viel zu wenig und verfügen über viel zu wenig geeignete Leute in diesen Ländern.

Da zum Teil auch die Einfuhrbedingungen dieser Länder sehr kompliziert sind, haben die handelspolitischen Abteilungen in den Ministerien für Außenhandel der Ostblockstaaten die größte Mühe, die Außenhandelsgesellschaften von den ständigen Veränderungen zu orientieren. Die sich des öfteren bietenden Möglichkeiten für den Abschluß von günstigen Geschäften können infolge der Schwerfälligkeit des gesamten Apparates von den einzelnen kommunistischen Ländern nicht ausgenutzt werden. Hinzu kommt noch, daß der größte Teil der interessanten Exportwaren für den Export in die anderen Ostblockstaaten, in die Sowjetunion und in die „Schwerpunktländer" reserviert werden muß. Auch die gesamte Planung des Außenhandels der Ostblockstaaten berücksichtigt die südamerikanischen Länder nur in sehr geringem Umfang, so daß selbst von der Warenseite aus gesehen die vorhandenen Möglichkeiten für die Entfaltung des Handels sehr gering sind. Andererseits ist der Handel mit den südamerikanischen Ländern politisch betrachtet für die Ostblockstaaten sehr interessant. Aber Wunsch und Möglichkeit lassen sich hier in keinem Falle miteinander vereinigen.

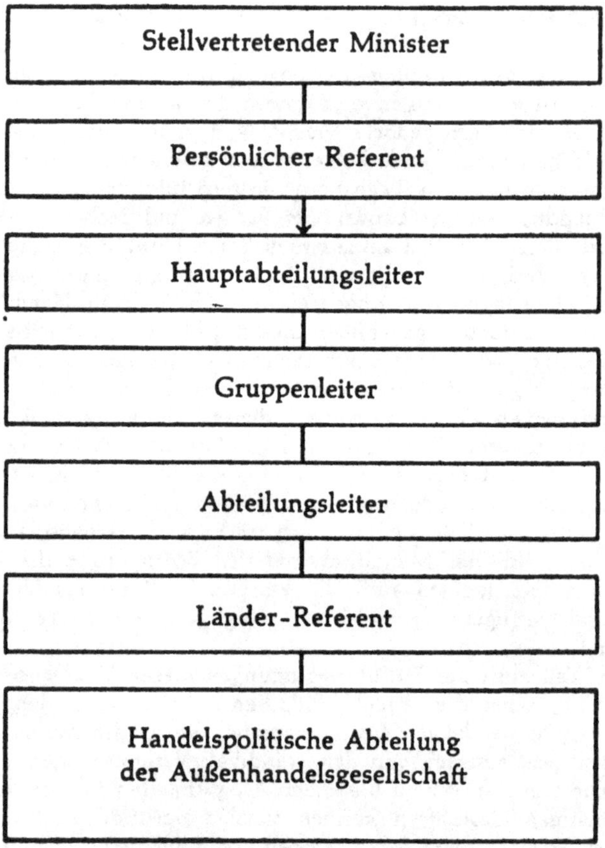

Struktur der Abteilung Handelspolitik „Kapitalistisches Ausland"

IX. Die Taktik und Zielsetzung von Handelsdelegationen der Ostblockstaaten im westlichen Ausland

Die Vorbereitungen vor Entsendung einer Handelsdelegation

Im Prinzip verfahren die Ministerien für Außenhandel in den Ostblockstaaten so, daß sie, nachdem die handelspolitischen Voraussetzungen für den Abschluß eines Handelsabkommens mit einem Land vorhanden sind, eine Handelsdelegation in dieses Land entsenden. Bei der Vorbereitung der Reise der Handelsdelegation in das betreffende Land wird zugleich von vornherein berücksichtigt, auf welcher Ebene die Delegation verhandeln wird. Die Ebene der jeweiligen Handelsdelegation richtet sich im Prinzip danach, von wem in den einzelnen Ländern die Einladung ausgesprochen wurde. Handelt es sich um eine offizielle Einladung des Wirtschaftsministeriums, so entsenden die Ostblockstaaten eine Regierungsdelegation. Handelt es sich um die Einladung durch eine Staatsbank, so tritt die Delegation als Delegation der Staatsbank des betreffenden kommunistischen Staates auf. Die dritte Möglichkeit besteht darin, daß die Einladung ausgesprochen wurde durch eine Handelskammer oder aber durch eine Wirtschaftsorganisation, so daß in diesem Fall auch die Handelsdelegation als Delegation der Kammer für Außenhandel oder aber als eine Delegation der Organe des Außenhandels des betreffenden Ostblockstaates in Erscheinung tritt. Je nach der Ebene, auf der die Delegation verhandeln wird, erfolgt auch ihre Zusammensetzung in persönlicher Hinsicht. Dies kommt vor allem in der Ernennung des Delegationsleiters zum Ausdruck. Bevor eine Handelsdelegation der Ostblockstaaten die Ausreise antritt, erfolgt eine gründliche Vorbereitung. Die einzelnen Delegationsmitglieder haben vor der Reise, soweit es sich um solche Mitglieder handelt, die wichtige kommerzielle Fragen zu lösen haben, eine intensive Vorarbeit zu leisten. Diese Vorarbeit besteht vor allem darin, sich mit den wirtschaftlichen und politischen Verhältnissen des Landes eingehend vertraut zu machen. Weiterhin müssen die einzelnen Mitglieder der Handelsdelegation vorher eingehend über ihr Fachgebiet in dem betreffenden Land Bericht erstatten. Die Berichterstattung der einzelnen Delegationsmitglieder erfolgt anhand der statistischen Unterlagen über den Außenhandel des betreffenden Landes. Es werden vor allen Dingen die Ursachen überprüft, die zu einer Aktivität oder zu einer Passivität der Handelsbilanz geführt haben.

In politischer Hinsicht besteht die Vorbereitung vor allem darin, zu untersuchen, welche diplomatischen Beziehungen das betreffende Land eventuell schon zu anderen Ostblockstaaten unterhält. Des weiteren werden die innenpolitischen Verhältnisse einer genauen Analyse unterzogen.

Darüber hinaus haben die einzelnen Delegationsmitglieder sich mit der historischen Entwicklung des Landes, der Mentalität der Bevölkerung und der Bevölkerungsstruktur, den sozialen Verhältnissen und auch der kulturellen Vergangenheit und Gegenwart des Landes vertraut zu machen.

Diese Vorbereitung der einzelnen Delegationsmitglieder in der geschilderten Form erfolgt nur dann, wenn eine Handelsdelegation eines Ostblockstaates zum erstenmal die Möglichkeit hat, in das betreffende Land zu reisen. Später nachfolgende Delegationen, die zum überwiegenden Teil nur dem Zweck der Intensivierung des Exports der Ostblockstaaten in diese Länder dienen, erhalten nicht die Möglichkeit, sich so intensiv auf ihre Reise, wie geschildert, vorzubereiten.

Die Festlegung der handelspolitischen Direktive in politischer und kommerzieller Hinsicht

Im engen Einvernehmen mit dem Zentralkomitee der kommunistischen Partei in den einzelnen Ostblockstaaten erarbeitet die Handelspolitische Abteilung der Außenhandelsministerien die handelspolitische Direktive. Die Ausarbeitung dieser Direktive erfolgt aufgrund der vorher bereits genannten Analyse in wirtschaftlicher und politischer Hinsicht. Die handelspolitische Direktive beinhaltet an erster Stelle, welche Art eines Handelsabkommens mit dem entsprechenden Land anzustreben ist. Die Durchsetzung der handelspolitischen Direktive gerade in diesem Punkt ist für den Delegationsleiter in den meisten Fällen mit einem Parteiauftrag des Zentralkomitees der kommunistischen Partei verbunden. Sie enthält ferner Angaben darüber, mit welchen Wirtschaftsorganisationen Beziehungen angeknüpft werden sollen, wie die Handelsdelegation sich gegenüber den diplomatischen Vertretungen der anderen Ostblockstaaten, die eventuell vorhanden sind, verhalten muß. In der Regel ist aus ihr auch das Verhalten gegenüber den diplomatischen Vertretungen der westlichen Länder in dem betreffenden Land zu entnehmen. In kommerzieller Hinsicht berücksichtigt die Direktive vor allem solche Fragen, in welcher Form der Zahlungsverkehr am günstigsten mit dem betreffenden Land durchzuführen ist oder aber solche Angaben, an welchen Waren der einzelne Ostblockstaat besonders aus dem betreffenden Land interessiert ist, welche handelspolitische Bedeutung diese Ware für ihn hat und umgekehrt, am Export welcher Waren in dieses Land der einzelne Ostblockstaat interessiert ist. Des weiteren geht aus ihr hervor, ob zu einem eventuellen Abkommen Warenlisten für den Import und Export zu vereinbaren sind und in welcher Form die einzelne Ware unter Umständen zur Erreichung von handelspolitischen Zugeständnissen des betreffenden Landes verwandt werden kann. Die handelspolitische Direktive bestimmt außerdem, in welcher Form die Handelsdelegation im gesellschaftlichen Leben offiziell in Erscheinung zu treten hat, auf welcher Ebene ein eventueller Empfang durchzuführen ist und wer zu diesem Empfang eingeladen werden soll. Alles dies sind Fragen, die ausführlich mit dem Zentralkomitee der kommunistischen Partei in dem jeweiligen Ostblockstaat behandelt werden. Die handelspolitischen Direktiven müssen in jedem Fall durch das Zentralkomitee der kommunistischen Partei gebilligt werden, ganz gleich, auf welcher Ebene die Handelsdelegation verhandelt. Einen besonderen Raum der jeweiligen handelspolitischen Direktive nimmt auch die Frage ein, in welcher Form und auf welcher Ebene die Errichtung einer Handelsvertretung oder möglichst die Errichtung von gegenseitigen Handelsvertretungen anzustreben ist. Der Errichtung von Handelsvertretungen messen die einzelnen Ostblockstaaten ganz besondere Bedeutung bei, da sie dies logischerweise als einen ersten Schritt auf dem Wege zur Anbahnung normaler diplomatischer Beziehungen betrachten. Die handelspolitische Direktive enthält also somit nicht nur Fragen, die sich unmittelbar mit dem Abschluß eines Handelsabkommens, seinem Inhalt und seiner Form beschäftigen, sondern behandelt darüber hinaus bereits die Lösung von Fragen, die von dem jeweiligen Ostblockstaat nach Aufnahme der Handelsbeziehungen angestrebt werden.

Die Gesichtspunkte für die Auswahl von Mitgliedern für die Handelsdelegation

Bei der Auswahl von Mitarbeitern aus den Außenhandelsorganen der Ostblockstaaten als Mitglieder für eine Handelsdelegation steht im Vordergrund deren politische Zuverlässigkeit. Unter politischer Zuverlässigkeit versteht das kommunistische System, daß die betreffenden

Mitglieder einer Handelsdelegation in der Lage sein müssen, auch im westlichen Ausland politische Diskussionen zu führen, möglichst mit der Zielsetzung, den Gesprächspartner von der Richtigkeit des politischen Systems des Kommunismus in dem betreffenden Land zu überzeugen.

An die Spitze einer Handelsdelegation wird zum überwiegenden Teil ein alter Parteifunktionär gestellt, der zwar auch herzlich wenig Ahnung von den Problemen des Außenhandels hat, aber umso besser in der Lage ist, die politischen Direktiven durchzusetzen. Die Leitung einer Handelsdelegation der Ostblockstaaten besteht zum überwiegenden Teil aus rein politischen Funktionären. Diese sogenannten politischen Funktionäre haben die Aufgabe, die offiziellen, d. h. die handelspolitischen Verhandlungen zu führen. Auf der anderen Seite stehen innerhalb einer Delegation die wirklichen Fachleute, die etwas vom internationalen Handel verstehen, den Handel mit dem betreffenden Land sehr genau kennen und auch in der Lage sind zu entscheiden, was vorteilhaft ist und was nach kaufmännischen Gesichtspunkten nicht akzeptiert werden kann. Diese Fachexperten der Handelsdelegation der Ostblockstaaten kommen vorwiegend aus den Außenhandelsgesellschaften. Zwischen den politischen Funktionären und den Mitgliedern einer Handelsdelegation, die rein kommerzielle Aufgaben zu erfüllen haben, gibt es daher nicht selten heftige Reibereien und Streitigkeiten. Während der eine Teil der Mitglieder einer Handelsdelegation versucht, an bereits bestehende kommerzielle Verbindungen anzuknüpfen, bemühen sich die politischen Funktionäre auf der anderen Seite krampfhaft insbesondere den politischen Teil der der Delegation mitgegebenen Direktive zu verwirklichen. Der größte Teil der kommerziellen Arbeit innerhalb einer Handelsdelegation der Ostblockstaaten wird daher von den Außenhandelsfachleuten geleistet. Nicht selten müssen sich die Außenhandelsfachleute dabei gegenüber den politischen Funktionären durchsetzen, um überhaupt die ihnen gestellten kommerziellen Aufgaben erfüllen zu können. Die Aufnahme von Außenhandelsfachleuten in die Handelsdelegation der Ostblockstaaten erfolgt zum überwiegenden Teil unter dem Zwang der Notwendigkeit. Da für die einzelnen Branchen nur eine beschränkte Anzahl von Außenhandelsexperten zur Verfügung steht, so sind die Ministerien für Außenhandel in den Ostblockstaaten nicht selten selbst dazu gezwungen, Außenhandelsexperten nur aus rein fachlichen Erwägungen in die Delegation aufzunehmen, obwohl sie dem betreffenden Mitarbeiter in politischer Hinsicht absolut nicht vertrauen. In der Regel wird jedoch auf jeden Fall dafür gesorgt, daß der überwiegende Teil der Mitglieder

einer Handelsdelegation der kommunistischen Partei angehört. Die Mitglieder der kommunistischen Partei unterliegen selbst im Rahmen einer Handelsdelegation der „Parteidisziplin".
In jeder Handelsdelegation wird vor der Ausreise ins Ausland ein Parteisekretär gewählt. Der Delegationsleiter ist dem Parteisekretär in jeder Hinsicht rechenschaftspflichtig. Er hat das Recht, den Delegationsleiter und sämtliche Parteimitglieder jederzeit zur Verantwortung zu ziehen. Auf diese Art und Weise wird von vornherein gewährleistet, daß die einzelnen Delegationsmitglieder einer politischen Kontrolle unterliegen und zum anderen die offiziellen Gespräche, selbst der einzelnen Delegationsmitglieder unbedingt der handelspolitischen Direktive entsprechen.

X. Die Zusammenarbeit zwischen den einzelnen Ostblockstaaten im Außenhandel

Die Bedeutung des Rates für gegenseitige Wirtschaftshilfe für den Außenhandel der Ostblockstaaten

Sämtliche europäischen Satelliten-Staaten unter Führung der Sowjetunion sind Mitglieder des Rates für gegenseitige Wirtschaftshilfe. Der Rat für gegenseitige Wirtschaftshilfe hat insbesondere für den Außenhandel der Ostblockstaaten eine besonders große Bedeutung. Im Rahmen des Rates für gegenseitige Wirtschaftshilfe wird zunächst festgelegt, auf welche Länder in einer bestimmten Periode in handelspolitischer Hinsicht das Schwergewicht zu legen ist. Zwischen den einzelnen Ostblockstaaten wird dabei von vornherein abgestimmt, mit welchen Waren das einzelne Land besonders leicht und vorteilhaft auf dem betreffenden Markt Fuß fassen kann. Der Rat für gegenseitige Wirtschaftshilfe hat darüber hinaus im Außenhandel die Aufgabe, die bisher vorliegenden Erfahrungen über den Handel mit einem Land an alle Mitgliedstaaten weiterzugeben. Die Zusammenfassung der Erfahrungen bezieht sich hauptsächlich auf handelspolitische Probleme, z. B. wird den Ratsmitgliedern mitgeteilt, welches die maßgeblichen Wirtschaftsorganisationen innerhalb des betreffenden Staates und Landes sind. Es wird weiterhin mitgeteilt, welche Wirtschaftsorganisationen positiv und welche ablehnend dem Ost-West-Handel gegenüberstehen. Diese Informationen beziehen sich dabei u. a. auch auf einzelne maßgebliche politische oder wirtschaftliche Persönlichkeiten in dem betreffenden Land. Die Zusammenarbeit im Rahmen des Rates für gegenseitige Wirtschaftshilfe erfolgt im Außenhandel der Ostblockstaaten stets zweigleisig. Es erfolgt auf der einen Seite eine ständige Zusammenarbeit zwischen den einzelnen Ministerien für Außenhandel. Diese Zusammenarbeit bezieht sich hauptsächlich auf die bereits dargelegten Faktoren. Auf der anderen Seite erfolgt eine Zusammenarbeit zwischen den einzelnen Außenhandelsgesellschaften in den Ostblockstaaten. Im Rahmen der Zusammenarbeit zwischen den einzelnen Außenhandelsgesellschaften der Ostblockstaaten stehen vor allem folgende Fragen im Vordergrund:

1) Welche Bedeutung hat die für den Export vorgesehene Ware für das betreffende Land?
2) Welche Bedeutung haben die Waren, die aus dem betreffenden Land importiert werden sollen?
3) Welches sind die Firmen, die maßgeblich den Handel in den einzelnen Ländern mit den entsprechenden Waren beherrschen und welche Beziehungen haben diese Firmen zur Regierung und zu anderen maßgeblichen Wirtschaftsbehörden?
4) Welche Erfahrungen liegen im Handel mit den einzelnen Firmen vor?
5) Wie schätzen die einzelnen Außenhandelsgesellschaften die Markt- und Preisentwicklung ein?
6) Wie wird der zukünftige Handel mit dem betreffenden Land von der einzelnen Außenhandelsgesellschaft eingeschätzt?

Der Rat für gegenseitige Wirtschaftshilfe hat die Aufgabe, diese Erfahrungen, die die einzelnen Außenhandelsgesellschaften beim Handel sammeln, allen Mitgliedstaaten zugänglich zu machen und vor allem entsprechende Empfehlungen und Schlußfolgerungen an die Mitgliedstaaten zu geben.

Charakteristisch für die Zusammenarbeit ist dabei, daß selbst solche Beschlüsse, die von den Vertretern der Außenhandelsgesellschaften einstimmig gefaßt werden, nochmals der Zustimmung des jeweiligen Ministeriums für Außenhandel bedürfen. Erst dann, wenn sämtliche Ministerien für Außenhandel ihre Zustimmung zu den gefaßten Beschlüssen der Vertreter der Außenhandelsgesellschaften erteilt haben, tritt der Beschluß in Kraft.

Besonders eng ist die Zusammenarbeit im Rat für gegenseitige Wirtschaftshilfe für die sogenannten Schwerpunktwaren. Unter Schwerpunktwaren verstehen die Außenhandelsgesellschaften der Ostblockstaaten vor allem solche Waren, für die sie auf dem internationalen Markt frei konvertierbare Devisen erhalten können. Dazu zählen z. B. Zucker, Düngemittel aller Art, Erze, Kohlen, Zement, Holz und andere. Die Zusammenarbeit zwischen den zuständigen Außenhandelsorganen der Ostblockstaaten vollzieht sich in der Regel so, daß die gefaßten Beschlüsse bestimmte Limitpreise für jedes einzelne Land, in das die betreffende Ware geliefert werden soll, enthalten. Die Beschlüsse sehen zum Teil auch vor, daß vor Vertragsabschluß sämtliche zuständigen Außenhandelsgesellschaften informiert werden müssen. In der Regel muß sogar die Zustimmung zum Abschluß eines Vertrages von seiten der anderen beteiligten Außenhandelsgesellschaften vorliegen. Die Abstimmung in solchen Fällen erfolgt zum überwiegenden Teil tele-

fonisch unter Benutzung eines vereinbarten Codes. Für die sogenannten Schwerpunktwaren erfolgt ferner regelmäßig eine Abstimmung der Preise sowie der Liefer- und Zahlungsbedingungen. Handelt es sich bei den Schwerpunktwaren um saisonbedingte Waren wie z. B. Zucker, so verständigen sich die zuständigen Außenhandelsgesellschaften vorher untereinander davon, in welchem Umfang sie bisher Offerten an die einzelnen Länder herausgegeben haben. Vor Beginn der Verkaufssaison wird darüber hinaus für jede Außenhandelsgesellschaft ein fester Preis festgelegt, der nicht unterschritten werden darf, es sei denn, wie bereits schon vorher erwähnt, es liegt die Zustimmung der anderen beteiligten Außenhandelsgesellschaften vor. Qualitätsunterschiede werden dabei bei der Festlegung des Preises berücksichtigt.
Auch im Import sogenannter Schwerpunktwaren besteht eine ständige Zusammenarbeit. Obwohl sie hier nicht so eng ist wie im Export, so ist immerhin doch erwähnenswert, daß die Außenhandelsgesellschaften der einzelnen Ostblockstaaten monatlich in der Regel folgende Angaben über die getätigten Geschäftsabschlüsse austauschen:

1) Lieferant der Ware
2) Menge
3) Genaue Qualitätsbezeichnung
4) Einzelpreis
5) Gesamtwert des Vertrages in Rubel
6) Lieferbasis
7) Zahlungsbedingungen
8) Verpackungsart

Anhand dieser Angaben erfolgt in den Außenhandelsgesellschaften durch die handelspolitische Abteilung eine eingehende Auswertung, ob die entsprechende Fachabteilung die Ware zu gleichen Bedingungen oder aber ob günstiger oder ungünstiger eingekauft hat. Darüber hinaus tauschen die einzelnen Außenhandelsgesellschaften miteinander Berichte über ihre Erfahrungen im letzten Vierteljahr beim Import der einzelnen Waren aus. Diese Berichte sind zugleich Grundlage für die einmal jährlich stattfindende Konferenz der maßgeblichen Vertreter sämtlicher Außenhandelsgesellschaften der Ostblockstaaten,
Abschließend muß noch erwähnt werden, daß die einzelnen Außenhandelsgesellschaften keine Unterlagen darüber austauschen, wenn sie z. B. aus einem Ostblockstaat eine Ware bezogen haben, die sie zum anderen auch aus dem westlichen Ausland beziehen. Die Handelsbeziehungen zwischen den einzelnen Ostblockstaaten unterliegen in keiner Form den Beschlüssen des Rates für gegenseitige Wirtschaftshilfe. Mitglieder des Rates für gegenseitige Wirtschaftshilfe sind ebenfalls nicht

die Volksrepublik China, Nord-Korea und Nord-Vietnam. Die Außenhandelsgesellschaften der letztgenannten drei Länder sind zum überwiegenden Teil auf den Konferenzen durch Beobachter nur dann vertreten, wenn für sie aus irgendeinem Grunde die zur Diskussion stehenden Waren interessant sind.

Welche handelspolitischen Ziele verfolgen die Ostblockstaaten im Handel untereinander?

Die einzelnen Ostblockstaaten betonen immer wieder, daß sich ihre Handelsbeziehungen untereinander grundsätzlich von denen zum westlichen Ausland unterscheiden. Grundthese ist hierbei, daß sich der Handel auf der Basis der kameradschaftlichen gegenseitigen Hilfe, der Achtung der Souveränität und der Hilfe beim Aufbau des Sozialismus in dem betreffenden Land vollzieht. Die Außenhandelstheorie der Ostblockstaaten schließt von vornherein irgendwelche Widersprüche in den Handelsbeziehungen der einzelnen Ostblockstaaten untereinander aus, da es sich ja hierbei, wie bereits oben schon ausgeführt, um Handelsbeziehungen auf gänzlich anderer Basis handeln soll. Trotz dieser offiziell anerkannten Theorie sieht die Praxis jedoch gänzlich anders aus. Die handelspolitische Zielsetzung der einzelnen Ostblockstaaten untereinander wird zunächst auf der Basis der kommunistischen Parteien abgestimmt. Auf der Parteiebene wird die Höhe des Handelsabkommens vereinbart und des weiteren auch die Höhe der besonders interessanten Waren. Dabei handelt es sich naturgemäß um solche Waren, die der einzelne Ostblockstaat gegen frei konvertierbare Devisen ins westliche Ausland verkaufen kann. Nachdem diese grundsätzliche Abstimmung zwischen den kommunistischen Parteien erfolgt ist, beginnen die offiziellen Verhandlungen zwischen den Außenhandelsministerien der Ostblockstaaten. Interessant ist hierbei, daß erst im Jahre 1956 und im Jahre 1957 verstärkt dazu übergegangen worden ist, die jahrelang gültigen und völlig unrealen Preise für die einzelnen Waren einer Revision zu unterziehen. Ausgelöst wurde diese Entwicklung zunächst dadurch, daß die Ereignisse in Polen dieses Land zwangen, seinen Export in das westliche Ausland auf Kosten der Minderung seines Exportes in die Ostblockstaaten zu erhöhen. Diese Handlungsweise zog in den einzelnen Ländern eine Welle der Empörung nach sich. Dies kam zum Beispiel dadurch zum Ausdruck, daß sich sämtliche Ostblockstaaten nunmehr weigerten, von Polen Waren wie Spirituo-

sen, Gebäck und Süßwaren im alten Umfang weiter abzunehmen. Sie forderten eine Korrektur der bisher gültigen Warenlisten und die Vereinbarung realer Preise. Da das Beweismaterial von den Wirtschaftsfunktionären in den Außenhandelsorganen der Ostblockstaaten in sehr massiver Form den Leitungen der kommunistischen Parteien vorgelegt wurde, erklärte man sich schließlich mit einer Revision der bisher üblichen Handelspolitik in dieser Frage und insbesondere gegenüber Polen einverstanden. Nachdem man jedoch mit Polen begonnen hatte, die vereinbarten Warenlisten und die bisher gültigen Preise einer Revision zu unterziehen, versuchte man zugleich in den einzelnen Ostblockstaaten die bisherigen Handelsbeziehungen der Sowjetunion zu diesen Ländern einer genauen Analyse zu unterziehen. Dabei stellte sich ebenfalls heraus, daß die vereinbarten Warenlisten in keiner Form den volkswirtschaftlichen Belangen und Bedürfnissen der einzelnen Ostblockstaaten entsprachen. Besonders drastisch stellte sich dabei das Preisproblem in den Vordergrund. Die Sowjetunion hatte jahrelang von den einzelnen Satelliten-Staaten für bestimmte Waren Preise gefordert, die in keinem Verhältnis zur tatsächlichen Situation auf dem internationalen Markt standen. Auf der anderen Seite hatte sie es jedoch verstanden, für die von ihr aus den einzelnen Satelliten-Staaten importierten Waren nur solche Preise zu zahlen, die tatsächlich der Marktlage entsprachen. So kurios wie es klingen mag, aber von den verantwortlichen politischen Funktionären der kommunistischen Parteien wurde den maßgeblichen Wirtschaftsfunktionären bei Herausstellung dieses Tatbestandes geantwortet, daß es sich hierbei auch nur um eine Hilfe der Sowjetunion handele, die man nur richtig verstehen müsse. Denn auf diese Art und Weise will uns eben die Sowjetunion zwingen, daß wir uns ständig mit der Marktsituation für die einzelnen Waren vertraut machen. Im Jahre 1957 erfolgte dann bei den Handelsabkommensverhandlungen mit der Sowjetunion und den einzelnen Ostblockstaaten eine grundlegende Überprüfung der bisher gültigen Preise, wobei es sich herausstellte, daß fast alle Preise, die die Sowjetunion bisher gefordert hatte, wesentlich überhöht waren.
Nach den Ereignissen in Ungarn wurden durch den Rat für gegenseitige Wirtschaftshilfe sämtliche Ostblockstaaten aufgefordert, zusätzliche Exporte für Ungarn zu ermöglichen. Bei der Bevölkerung in den Ostblockstaaten wurden größere Sammlungen zur Hilfe für Ungarn durchgeführt. Die gesammelten Beträge wurden dazu verwandt, um die Läger von solchen Waren zu räumen, die bisher weder im Innern des Landes noch im Export abgesetzt werden konnten. Diese Waren wurden im großen Umfang nunmehr für die von der Bevölkerung in

den Ostblockstaaten gesammelten Beträge nach Ungarn geliefert. Auch an Hand dieses Beispiels kann man klar und deutlich erkennen, wie es in Wirklichkeit um die von den Ostblockstaaten im Außenhandel propagierte gegenseitige kameradschaftliche Hilfe aussieht.

Die einzelnen Ostblockstaaten versuchen im Handel untereinander genau so wie jeder andere Handelspartner, nur ihren eigenen Vorteil zu erreichen. Die kommunistischen Parteien und ihre Führung in den einzelnen Ostblockstaaten versuchen zwar hin und wieder regulierend in den Außenhandel einzugreifen mit dem Ziel, solche Warenlieferungen in die einzelnen Ostblockstaaten besonders tatkräftig voranzutreiben, die dort dringend für den „Aufbau des Sozialismus" benötigt werden.

Die wirtschaftliche Situation in den einzelnen Ostblockstaaten zwingt jedoch die Außenhandelsorgane immer wieder dazu, „Seitensprünge ins westliche Ausland" zu machen. Obwohl sich der weitaus größte Warenaustausch zwischen den Ostblockstaaten selbst abwickelt, so darf dies jedoch nicht darüber hinwegtäuschen, daß dieser Warenaustausch nicht von volkswirtschaftlichen Gesichtspunkten, sondern ausschließlich aufgrund der politischen Direktiven der kommunistischen Partei vorgenommen wird. Kein Wirtschaftszweig in den Ostblockstaaten unterliegt einer so intensiven Kontrolle von seiten der leitenden Organe der kommunistischen Partei wie der Außenhandel. Der Realisierung von Exportaufträgen für einen anderen Ostblockstaat wird von seiten der Parteiorganisation in den Produktionsbetrieben größte Aufmerksamkeit gewidmet. Aufträge aus dem westlichen Ausland werden nicht selten zurückgestellt, um die Termine für die Auslieferung einer Ware gegenüber einem anderen Ostblockstaat einzuhalten.

In ihrer Propaganda betonen die einzelnen kommunistischen Parteien immer wieder, daß sie an der Ausweitung der Handelsbeziehungen zum westlichen Ausland interessiert sind.

Die Praxis beweist jedoch, daß bisher lediglich der Umfang des Handelsaustausches zwischen den einzelnen Ostblockstaaten jährlich steigt. Dies ist eben unter anderem darauf zurückzuführen, daß in jedem Falle die Exportaufträge der Ostblockstaaten bevorzugt realisiert werden.

In welcher Form erfolgt die Koordinierung der einzelnen Außenhandelspläne?

Die Zusammenarbeit des Rates für gegenseitige Wirtschaftshilfe wird durch das Sekretariat des Rates, welches seinen Sitz in Moskau hat, angeleitet. Im Sekretariat für gegenseitige Wirtschaftshilfe sind die Außenhandelsexperten der einzelnen kommunistischen Staaten vor allem damit beschäftigt, die Entwicklungspläne der einzelnen Länder und insbesondere die Außenhandelspläne miteinander abzustimmen und zu koordinieren.

Bei den Mitarbeitern des Rates für gegenseitige Wirtschaftshilfe handelt es sich zum überwiegenden Teil um theoretisch gut geschulte marxistisch-leninistische Theoretiker, die sich in ihrer gesamten Arbeit von den grundlegenden Hinweisen von Marx und Lenin über den Aufbau einer sozialistischen Industrie leiten lassen. Die marxistisch-leninistische Theorie geht davon aus, daß vor allem in jedem einzelnen sozialistischen Staat eine eigene Schwerindustrie aufgebaut werden muß. Bekanntlich stand der Aufbau einer eigenen Schwerindustrie auch in der Sowjetunion stets im Mittelpunkt der gesamten Wirtschaftspolitik. Der plötzliche Überfall Hitlers im Jahre 1941 hat die Theorie vom vorrangigen Aufbau einer eigenen Schwerindustrie bestätigt. Es ist daher auch nicht verwunderlich, daß die einzelnen Ostblockstaaten vom ersten Tage ihrer Existenz an besonders großes Schwergewicht auf den Aufbau einer eigenen Schwerindustrie legten. Für die Mitarbeiter im Rat für gegenseitige Wirtschaftshilfe ist dabei von besonderer Bedeutung, inwieweit der Außenhandel den Aufbau dieser eigenen Schwerindustrie in den einzelnen Ländern am zweckmäßigsten fördern kann. Der Aufbau des Eisen- und Hüttenkombinats Stalinstadt in der deutschen Sowjetzone ist vor allem auf die Anregung des Rates für gegenseitige Wirtschaftshilfe zurückzuführen. Die Existenz dieses Kombinats wird einzig und allein durch den Außenhandel mit der Sowjetunion und Polen gewährleistet. Die Sowjetunion liefert an das Kombinat aus Kriwoirog die erforderlichen Erze und Polen hat die Versorgung mit Steinkohlen aus den ehemaligen deutschen Kohlengruben in Schlesien übernommen. Eine derartige Regelung wird bei jedem Wirtschaftsexperten im westlichen Ausland zwar ein Kopfschütteln hervorrufen, da aufgrund dieser Tatsachen das Kombinat keineswegs rentabel arbeiten kann. Der Aufbau dieses Kombinats entspricht aber der Theorie des Marxismus-Leninismus, die besagt, daß jedes Land über eine eigene schwerindustrielle Basis verfügen muß. Auch in anderer Hinsicht greift der Rat für gegenseitige Wirtschaftshilfe unmittelbar in die wirtschaftliche Entwicklung der einzelnen Ostblockstaaten ein. In den osteuropäischen Satelliten-Staaten, insbesondere in Südost-Europa, existierte vor dem 2. Weltkrieg keine nennenswerte eigene chemische Industrie. Aufgrund der Hinweise des Rates für gegenseitige Wirtschaftshilfe haben sich z. B. die deutsche Sowjetzone und die CSR verpflichtet, in Bulgarien, Rumänien und Ungarn chemische Kombinate zu errichten. Die beiden vorgenannten Ostblockstaaten liefern im Rahmen des Außenhandels die erforderlichen maschinellen Ausrüstungen und Anlagen und stellen auch Ingenieure, Chemiker und Techniker zur Verfügung. Andererseits achtet der Rat für gegenseitige Wirtschaftshilfe z. B. darauf, daß Industriezweige, die typisch für die bisherige Entwicklung eines Ostblockstaates waren, in den anderen Ostblockstaaten nicht entwickelt werden. Hierzu kann man z. B. die Entwicklung der Glasindustrie sowie der polygraphischen Industrie in der deutschen Sowjetzone anführen. Durch verschiedene Maßnahmen im Rahmen der Zusammenarbeit im Rat für gegenseitige Wirtschaftshilfe wurde z. B. verhindert, daß Polen eine eigene Glasindustrie aufbaut und andererseits die CSR dazu übergeht, ihre polygraphische Industrie bedeutend zu erweitern. Diese Maßnahmen dienen dazu, daß der Warenaustausch zwischen den einzelnen Ostblockstaaten sich nach und nach immer mehr auf bestimmte Waren konzentriert, insbesondere auf solche Waren, die für die Produktion des betreffenden Staates typisch sind. In jüngster Zeit hat z. B. Bulgarien umfangreiche Maßnahmen ergriffen, um hinsichtlich seiner Exportlieferungen an Obst und Gemüse das „Holland der Ostblockstaaten" zu werden. Es läßt sich keineswegs abstreiten, daß Bulgarien über besonders günstige Bedingungen für den erweiterten Anbau der genannten landwirtschaftlichen Kulturen verfügt. Auf diese Art und Weise nimmt der Rat für gegenseitige Wirtschaftshilfe Einfluß auf die Handelsbeziehungen zwischen Bulgarien und den einzelnen Ostblockstaaten. Dabei konzentriert sich dieser Handel immer mehr auf die traditionellen landwirtschaftlichen Produkte. Es darf aber keineswegs übersehen werden, daß viele positive Faktoren, wie z. B. die Erfahrung der Landbevölkerung, eine große Rolle bei der Verwirklichung derartiger Projekte spielen. Die Koordinierung der Außenhandelspläne erfolgt daher im Rat für gegenseitige Wirtschaftshilfe nicht für ein Jahr, sondern grundsätzlich für fünf Jahre und noch längere Zeiträume. Eine große Rolle spielt bei der Koordinierung der Außenhandelspläne die Kooperation der Industriezweige zwischen den einzelnen Ostblockstaaten. Es kommt nicht selten vor, daß z. B. ein Ostblockstaat Kohle liefert und der andere Ostblockstaat dafür mit seinen Kraftwerken ein bestimmtes Gebiet mit elektrischer Energie versorgt. Für die Kooperation der einzelnen Industriezweige sind vor allem die materiellen, natürlichen und wirtschaftlichen Voraussetzungen ausschlaggebend. Da das kommunistische System grundsätzlich von der Zusammenarbeit im Rahmen des prole-

tarischen Internationalismus spricht, so hat es der Rat für gegenseitige Wirtschaftshilfe verhältnismäßig leicht, derartige Projekte zu verwirklichen, da nationale Gesichtspunkte völlig dem parteipolitischen Denken untergeordnet werden.
Die Kennziffern für die Ausarbeitung des Außenhandelsplanes und der anderen Pläne der Volkswirtschaft werden, bevor sie den einzelnen Betrieben als Planauflage bekanntgegeben werden, im Sekretariat des Rates in Moskau abgestimmt. Die wirtschaftliche Entwicklung und insbesondere das Tempo der Entwicklung der einzelnen Industriezweige wird somit mit Hilfe des Außenhandels vom Rat für gegenseitige Wirtschaftshilfe sehr stark beeinflußt. Die Koordinierung der Außenhandelspläne erfolgt vor allem unter dem Gesichtspunkt, mit welchen Ländern der einzelne Ostblockstaat ganz besonders seinen Handel entwickeln soll. Dabei spielen hauptsächlich solche Gründe eine Rolle, inwieweit die Außenhandelsorgane des betreffenden Staates über Erfahrungen im Handel mit den einzelnen Ländern im westlichen Ausland verfügen. Besonders beliebt ist hierbei die Methode, an bereits bestehende Traditionen im Warenaustausch anzuknüpfen und sie in keinem Fall zu stören. Der Rat für gegenseitige Wirtschaftshilfe ist besonders daran interessiert, daß in den Schwerpunktländern möglichst alle Ostblockstaaten mit Hilfe des Außenhandels auf dem jeweiligen Markt Fuß fassen. Im Einzelfall versucht man dies mit Hilfe von Kopplungsgeschäften oder aber, indem ein Ostblockstaat einen anderen einschaltet, da er allein nicht in der Lage ist, unter Umständen einen erhaltenen Auftrag zu realisieren. Diese Methode wird besonders gern gegenüber den jungen arabischen Nationalstaaten angewandt. Für die Koordinierung der Außenhandelspläne der einzelnen Ostblockstaaten geben somit also auch handelspolitische Erwägungen den Ausschlag.
Obwohl die Volksrepublik China offiziell nicht dem Rat für gegenseitige Wirtschaftshilfe angehört und im Sekretariat des Rates in Moskau nur durch einen Beobachter vertreten ist, erfolgt jedoch auch die Koordinierung des Außenhandels sämtlicher Ostblockstaaten mit der Volksrepublik China und den anderen asiatischen kommunistischen Ländern über den Rat für gegenseitige Wirtschaftshilfe. Auch auf den Außenhandel mit diesen Ländern wird also Einfluß genommen und damit auf die Entwicklung der einzelnen Wirtschaftszweige in den letztgenannten Ländern.
Die Koordinierung der gesamten volkswirtschaftlichen Planung in den einzelnen kommunistischen Ländern durch den Rat für gegenseitige Wirtschaftshilfe ist außerordentlich weitgehend und umfaßt die gesamten zwischenstaatlichen Beziehungen der einzelnen Ostblockländer. Auf

diese Art und Weise ist aber auch die Sowjetunion in der Lage, die Handelsbeziehungen zwischen den einzelnen Ostblockstaaten genau zu kontrollieren und ihrem Willen entsprechend zu gestalten. Die Anerkennung der führenden Rolle der Sowjetunion, die immer wieder von allen leitenden Funktionären der Ostblockstaaten durch die kommunistischen Parteien verlangt wird, ist daher nicht nur rein politischer Natur, sondern der Anerkennung dieses Führungsanspruches liegen sehr ernste wirtschaftliche Faktoren zugrunde.

Theorie und Praxis in der Zusammenarbeit der Ostblockstaaten

Obwohl der Zusammenarbeit zwischen den einzelnen Ostblockstaaten ausreichend ausgearbeitete Theorien zugrunde liegen, muß man jedoch feststellen, daß zwischen Theorie und Praxis insbesondere in der sogenannten internationalen Zusammenarbeit der kommunistischen Länder ein unüberbrückbarer Widerspruch besteht. Die bestehenden Widersprüche zwischen Theorie und Praxis sind in der Vergangenheit immer wieder nur durch den massiven Druck des Sekretariats des Rates für gegenseitige Wirtschaftshilfe behoben worden. Wie bereits geschildert wurde, bestehen für sämtliche Waren, an denen mehrere Ostblockstaaten im Außenhandel interessiert sind, konkrete Beschlüsse, die von den Vertretern der Außenhandelsorgane aller kommunistischen Länder gefaßt wurden. Die Praxis in der Zusammenarbeit der Ostblockstaaten beweist jedoch immer wieder, daß es zwar möglich ist, vorübergehend Beschlüsse zu verwirklichen, die zum Nachteil der eigenen Volkswirtschaft sind, aber auf die Dauer sich völlig als haltlos und ungerechtfertigt erweisen. Es kommt nicht selten vor, daß die einzelnen Ostblockstaaten gezwungen sind, aufgrund der wirtschaftlichen Situation im Innern des Landes bestimmte Waren entgegen den vereinbarten Preisen und sonstigen Bedingungen zu liefern. Solche Warenlieferungen werden selbst dann vorgenommen, wenn die anderen Ostblockstaaaten erklärt haben, daß sie sich mit der Handhabung des anderen Partnerlandes nicht einverstanden erklären können. Die wirtschaftliche Lage im Innern des Landes zwingt die einzelnen Ostblockstaaten systematisch dazu, den Beschlüssen entgegenzuhandeln. Dies ist insbesondere bei solchen Waren der Fall, die nicht unmittelbar der Koordinierung des Rates für gegenseitige Wirtschaftshilfe unterliegen. Obwohl z. B. bestimmte Länder über weitgehende Erfahrungen für die Produktion einer bestimmten Ware verfügen, haben andere Ostblockstaaten im Laufe der Zeit ebenfalls eine eigene Industrie für die Produktion derartiger Waren entwickelt und am Schluß stellte sich heraus, daß der Markt im westlichen Ausland eben nur in der Lage ist, eine ganz bestimmte Menge abzunehmen. In solchen Fällen stehen die Ostblockstaaten vor einem großen wirtschaftlichen Dilemma, da keiner von ihnen bereit ist, freiwillig seine Produktion einzuschränken. Obwohl in solchen Fällen es selbst Proteste auf diplomatischer Ebene gibt, ändert sich jedoch nichts an diesem Tatbestand. Geändert wird in solchen Fällen erst dann etwas, wenn sich dieser Sache die leitenden Organe der kommunistischen Parteien annehmen. Wie allerdings ihre Entscheidung hierbei ist, kann niemand voraussagen, da einzig und allein in solchen Situationen die Empfehlungen des Rates für gegenseitige Wirtschaftshilfe bzw. seines Sekretariats in Moskau ausschlaggebend sind. Es kommt nicht selten vor, daß es in solchen Situationen zu harten Auseinandersetzungen kommt und hierbei starke Meinungsverschiedenheiten zutage treten, die durch die leitenden Organe der kommunistischen Partei mit Hilfe der „Parteidisziplin" geregelt werden können.

XI. Die Rolle der übrigen Institutionen des Außenhandels

Rolle und Bedeutung der Kammern für Außenhandel

In allen Ostblockstaaten existiert eine Kammer für Außenhandel. Zu der Gründung der Kammern für Außenhandel entschlossen sich die Ministerien für Außenhandel und insbesondere auch die kommunistischen Parteiführungen in den Ostblockstaaten, um mit Hilfe dieser Kammern für Außenhandel schneller zur Anbahnung von Handelsbeziehungen selbst mit solchen Ländern zu kommen, deren Regierungen und offizielle Kreise dem Handel mit den Ostblockstaaten ablehnend gegenüberstehen. Nach außenhin tragen die Kammern für Außenhandel in sämtlichen Ostblockstaaten einen relativ privaten Charakter. Die Kammern für Außenhandel werden gebildet durch die einzelnen staatlichen Außenhandelsgesellschaften und in einem Teil der Ostblockstaaten auch durch die größeren Exportbetriebe. Dadurch daß diese staatlichen Gesellschaften und Betriebe Mitglieder und somit auch Träger der Kammern für Außenhandel sind, ist klar und eindeutig bewiesen, daß die Kammern für Außenhandel in keinem Ostblockstaat den privaten Charakter tragen, den sie nach außenhin immer wieder versuchen insbesondere für den Kaufmann aus dem westlichen Ausland vorzutäuschen. Die Kammern für Außenhandel verfügen in der Regel über eine eigene handelspolitische Abteilung. Die handelspolitischen Abteilungen in den Kammern für Außenhandel arbeiten eng mit den zuständigen Funktionären für Handelspolitik in den jeweiligen Außenhandelsministerien zusammen. Die Selbständigkeit der Kammern für Außenhandel in handelspolitischer Hinsicht ist somit in keiner Form gewährleistet. Die handelspolitischen Abteilungen in den Kammern für Außenhandel haben vor allem die Aufgabe, Mittel und Wege zu finden, um mit den Ländern Handelsbeziehungen anzuknüpfen, mit denen es bisher nicht möglich war, auf offiziellem Weg ins Gespräch zu kommen. Da nach außenhin die Kammern für Außenhandel zunächst einen rein privaten Charakter haben, gelingt es ihnen bedeutend leichter, an einflußreiche Wirtschaftsorganisationen in einem Land heranzutreten, um mit diesen über den Abschluß eines Handelsab=

kommens zu verhandeln. In der Regel ist der Erfolg der Verhandlungen der Kammern für Außenhandel der Ostblockstaaten davon abhängig, über welchen Einfluß die angesprochene Wirtschaftsorganisation in dem jeweiligen Land verfügt. Es gibt ausreichende Beispiele dafür, daß es auf diese Art und Weise gelungen ist, selbst in solchen Ländern Handelsvertretungen einzurichten, die an sich ablehnend dem Handel mit den Ostblockstaaten gegenüberstehen. Die so zustande gekommenen Handelsvertretungen in den einzelnen Ländern treten jedoch als Vertretung der Kammer für Außenhandel auf. In Wirklichkeit aber handelt es sich um ganz reguläre Handelsvertretungen, die die Anbahnung und Durchführung von Außenhandelsgeschäften überwachen und vermitteln.

Eine besonders große Rolle spielen die Kammern für Außenhandel bei der Vorbereitung und Durchführung von Messen im westlichen Ausland. Die Organisation und Beteiligung an den Messen im westlichen Ausland liegt in den Händen der jeweiligen Kammer für Außenhandel. Komplikationen, die eventuell dadurch entstehen, daß das betreffende Land keine offiziellen diplomatischen Beziehungen zu dem betreffenden Ostblockstaat unterhält, können dadurch geschickt vermieden werden. Wenn man die bisherigen Ergebnisse der Kammern für Außenhandel einschätzen will, so muß man feststellen, daß die Außenhandelskammern der Ostblockstaaten und nicht zuletzt auch der Sowjetunion völlig die ihnen gestellten Aufgaben erfüllt haben. Sie haben wesentlich dazu beigetragen, daß die einzelnen Ostblockstaaten Handelsbeziehungen mit Ländern aufnehmen konnten, mit denen die Aufnahme von Handelsbeziehungen auf dem üblichen und normalen Wege unmöglich war. Sie haben darüber hinaus, da sie nach außenhin als privates Organ auftreten, es ermöglicht, daß größte Wirtschaftsorganisationen in den Ost-West-Handel eingespannt wurden und somit selbst die Voraussetzungen dafür geschaffen haben, daß die einzelnen Ostblockstaaten auf dem betreffenden Markt festen Fuß fassen konnten. Fest steht jedoch, daß die Kammern für Außenhandel in den einzelnen Ostblockstaaten selbst ihren Statuten nach Institutionen sind, die unmittelbar dem jeweiligen Ministerium für Außenhandel untergeordnet sind. Dies kommt schon dadurch zum Ausdruck, daß laut gesetzlicher Verordnung in den einzelnen Ostblockstaaten der jeweilige Präsident der Kammer für Außenhandel persönlich dem jeweiligen Minister für Außenhandel unterstellt ist. Damit ist aber auch klargestellt, daß die Kammer für Außenhandel nur im Rahmen der Anweisung der kommunistischen Parteiführung und des Ministeriums für Außenhandel tätig sein kann.

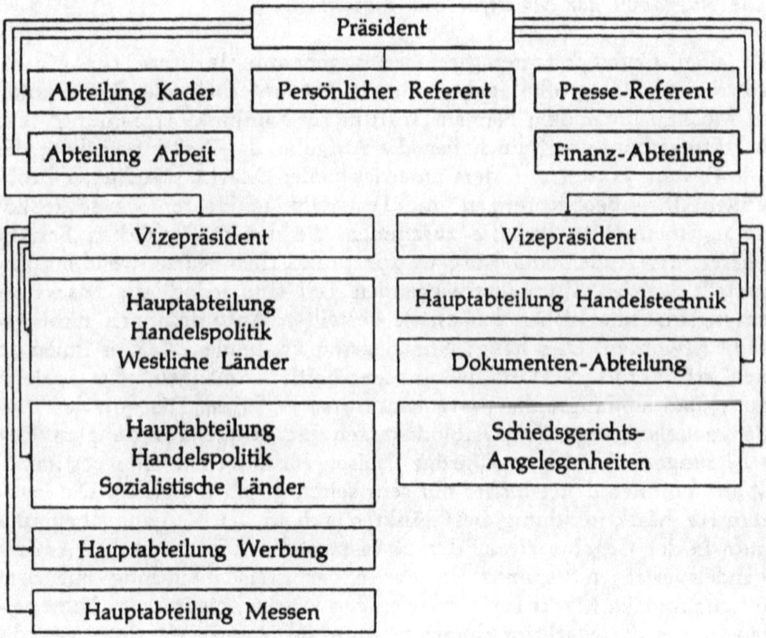

Gliederung einer Kammer für Außenhandel

Die Aufgaben der Marktforschungsinstitute

In allen Ostblockstaaten bestehen sogenannte Institute für Marktforschung. Das größte Institut dieser Art unterhält die Sowjetunion in Moskau unter dem Namen „Institut für Konjunkturforschung". Die Marktforschungsinstitute haben die Aufgabe, die Preisentwicklung der wichtigsten Waren auf dem internationalen Markt ständig zu beobachten. Ihre Beobachtungen und Feststellungen fassen sie schließlich verallgemeinert in Berichte zusammen, die den maßgeblichen Funktionären der Außenhandelsorgane zur praktischen Nutzanwendung zugestellt werden. Zum überwiegenden Teil sind jedoch die Marktforschungsinstitute bisher den an sie gestellten Anforderungen nicht gerecht geworden. Dies hängt einmal damit zusammen, daß es ihnen an den erforderlichen Wirtschaftswissenschaftlern mangelt, die zugleich auch über umfangreiche Warenkenntnisse verfügen. Die von den Außenhandelsorganen der Ostblockstaaten oft dringend verlangten Einschätzungen über die zukünftige Preisentwicklung für eine bestimmte Ware, konnten daher bisher nur sehr selten gegeben werden. Die Institute für Marktforschung beschränkten sich in der Vergangenheit und auch in der Gegenwart nur darauf festzustellen, ob die in den Außenhandelsverträgen vereinbarten Preise der Preisentwicklung auf dem internationalen Markt für die jeweiligen Waren entsprechen. Nicht selten führen die Marktforschungsinstitute auf Anweisung der zuständigen Funktionäre in den Außenhandelsministerien reine Kontrollaufgaben gegenüber den Außenhandelsgesellschaften durch.

In jeder Außenhandelsgesellschaft besteht eine Abteilung oder Gruppe, die sich ständig mit der Marktforschung beschäftigt. Die Aufgabe dieser Abteilungen für Marktforschung in den Außenhandelsgesellschaften ist es, zu überprüfen, ob die in den Außenhandelsverträgen in jedem einzelnen Fall vereinbarten Preise der Markt- und Preisentwicklung zum Zeitpunkt des Abschlusses des Vertrages entsprechen. Die Mitarbeiter in diesen Abteilungen für Marktforschung in den Außenhandelsgesellschaften verfügen ebenso wenig wie die in den Instituten für Marktforschung über die nun einmal erforderlichen Warenkenntnisse. Es ist die Aufgabe der Marktforschungsinstitute, die einzelnen Abteilungen für Marktforschung in den Außenhandelsgesellschaften anzuleiten. Infolge ihres mangelnden Fachwissens sind jedoch die Marktforschungsinstitute überhaupt nicht in der Lage, in dieser Hinsicht eine wirklich positive Arbeit zu leisten. Die Einschätzung der Markt- und Preisentwicklung in den Außenhandelsgesellschaften geschieht in erster Linie praktisch durch die Ein- und Verkäufer und ihre zuständigen Fachdirektoren. Die Abteilung für Marktforschung in den Außenhandelsgesellschaften sind zum überwiegenden Teil auf die ständige Untersuchung durch die vorgenannten Funktionäre angewiesen. Genauso wie die Marktforschungsinstitute größtenteils damit beschäftigt sind, Kontrollaufträge der einzelnen Außenhandelsminister durchzuführen, so sind andererseits die Abteilungen für Marktforschung ständig damit beschäftigt, die ihnen vom Generaldirektor erteilten Aufträge zu realisieren. Zur Durchführung ihrer eigentlichen Aufgaben kommen somit die Marktforschungsinstitute kaum. Diese Tatsache ist auch wiederholt in der Fachpresse der Ostblockstaaten kritisiert und diskutiert worden. Jedoch trotz größter Anstrengungen ist es bisher noch nicht gelungen, die Marktforschungsinstitute wirklich zu solchen Organen des Außenhandels zu entwickeln, die praktische Hilfe beim Abschluß von Außenhandelsverträgen geben können.

Infolge des Mangels an geeigneten Wirtschaftswissenschaftlern sind die einzelnen Außenhandelsministerien in den Ostblockstaaten verschiedentlich schon dazu übergegangen, sich mehr und mehr auf die Börsenwaren zu spezialisieren. Diese Maßnahme stieß jedoch andererseits wiederum auf die berechtigte Kritik derjenigen Außenhandelsgesellschaften, die nicht irgendwelche Börsenwaren handeln. Sie argumentierten teilweise berechtigt so, daß es für alle Börsenwaren genug Material aus dem westlichen Ausland gibt, anhand dessen man sich sehr genau orientieren kann. Es ist aber schon bedeutend schwieriger, z. B. genaue Preisinformationen für Werkzeugmaschinen, polygraphische Maschinen und andere Waren zu beschaffen. Die Außenhandelsexperten der Ostblockstaaten sind sich bis zum heutigen Tage auch keineswegs darüber einig, nach welcher Methode die Marktforschung durchgeführt werden soll. Hinzu kommt noch, daß das Institut für Konjunkturforschung in Moskau sich vor allem damit beschäftigt zu untersuchen, in welchem Tempo sich die Konjunktur bzw. ein Rückgang in einzelnen Industriezweigen in den westlichen Ländern entwickelt. Diese Untersuchungen dienen jedoch auch nicht der praktischen Durchführung des Außenhandels, sondern vor allem für politische Analysen, die das Zentralkomitee der KPdSU in der Sowjetunion verfaßt. Dabei muß man berücksichtigen, daß die Struktur des Außenhandels der Sowjetunion sich grundsätzlich von der der übrigen Ostblockstaaten unterscheidet. Die Sowjetunion selbst mußte gerade im Handel mit den westlichen Ländern in der letzten Zeit vielfach feststellen, daß sie nicht über ausreichende Markt- und Preisinformationen verfügt. Dies bekam sie insbesondere in dem Augenblick zu spüren, wo sie dazu überging, in immer größerem Umfang industrielle Fertigwaren zu ex-

portieren. Bis vor kurzer Zeit exportierte die Sowjetunion hauptsächlich Holz, Getreide, Rohöl, Erze, Kohle, Schwerchemikalien und ähnliche Waren. Für diese Waren gibt es jedoch im westlichen Ausland recht gute Markt- und Preisinformationen. Das Institut für Konjunkturforschung in Moskau verfügt daher in diesem Fall nicht über die so laut und so oft gepriesenen sowjetischen Erfahrungen, die den Ostblockstaaten angeblich zugute kommen.
Abschließend kann man also feststellen, daß die Institute für Marktforschung den ihnen selbst von den Außenhandelsministerien der Ostblockstaaten gestellten Aufgaben kaum gerecht werden.

Welche Aufgaben haben die Zollbehörden in den Ostblockstaaten?

Wenn man die Aufgaben und die Bedeutung der Zollbehörden in den Ostblockstaaten betrachtet, so muß man sich zunächst völlig freimachen von den Vorstellungen über die Aufgaben, die die Zollbehörden im westlichen Ausland zu lösen haben. Die Zollbehörden haben auch eine grundsätzlich andere Bedeutung als in den westlichen Ländern. Da der Außenhandel der Ostblockstaaten sich im Im- und Export im Rahmen des Außenhandelsmonopols vollzieht, so unterbleibt grundsätzlich die Erhebung von irgendwelchen Zollgebühren. Der Staat exportiert und importiert grundsätzlich alle Waren zollfrei. Irgendwelche finanziellen Abgaben beim Import werden, wie bereits eingehend geschildert, durch den Preisausgleich abgeschöpft. Die Aufgabe der Zollbehörden beim Import besteht also lediglich darin zu überprüfen, ob die einzelnen Warensendungen in quantitäts- und qualitätsmäßiger Hinsicht mit dem an der Grenze vorliegenden Importwarenbegleitschein übereinstimmen. Die gesamte zolltechnische Abfertigung beim Import erfolgt anhand des vorliegenden Importwarenbegleitscheines. Liegt für eine Warensendung noch kein Importbegleitschein an der Grenze vor, so wird diese Sendung unter Zollverschluß an das zuständige Binnenzollamt des Empfängers weitergeleitet. Auch wird gegen Vorlage des Importwarenbegleitscheines sofort die Sendung freigegeben. Beim Export haben die Zollbehörden die Aufgabe, anhand der von der Außenhandelsgesellschaft ausgestellten Ausfuhrmeldung zu überprüfen, ob die vom Herstellungsbetrieb für den Export fertiggestellte Ware den Angaben, die in der Ausfuhrmeldung gemacht wurden, entsprechen. Auch bei Ex- und Importen über die Seehäfen der Ostblockstaaten ist im Prinzip das Zollverfahren immer das gleiche. Eine wichtige Aufgabe im Sinne der der-

zeitigen politischen Machthaber haben die Zollbehörden in den einzelnen Ostblockstaaten insbesondere dabei zu lösen, daß durch den an sich schon geringen Reiseverkehr keine Zeitschriften oder sonstige Literatur aus dem westlichen Ausland eingeschmuggelt wird. Sie haben des weiteren die Aufgabe, peinlichst darauf zu achten, welche Wertgegenstände von den Reisenden des eigenen Landes oder den Reisenden, die in das Land einreisen, mitgeführt werden. Fotoapparate, Pelzmäntel, Gold und Silber, Schmuck, ausländische Währungen sind von jedem Reisenden dem Zoll anzugeben. Die Zollbehörden arbeiten sehr eng mit den Polizei- und Sicherheitsorganen zusammen. Durch diese enge Zusammenarbeit wird gewährleistet, daß ausländische Reisende kaum in der Lage sind, Schmuckstücke oder andere Wertgegenstände, die von ihnen bei der Einreise mitgeführt wurden, gegen die Währung des entsprechenden Ostblockstaates zu verkaufen. Eine weitere Aufgabe der Zollbehörden in den Ostblockstaaten besteht darin, eine genaue Kontrolle über alle privaten Paketsendungen, insbesondere aus dem westlichen Ausland auszuüben. Aufgrund dessen, daß der Im- und Export sich auf der Grundlage des Außenhandelsplanes im Rahmen des Außenhandelsmonopols abwickelt, gibt es also in den einzelnen Ostblockstaaten auch keine Schutzzölle und sonstige Zollarten, da von vornherein festgelegt wird im Plan, welche Waren aus den einzelnen Ländern importiert werden. In dem Augenblick, wo der betreffende Ostblockstaat in der Lage ist, seinen Warenbedarf entweder völlig selbst oder aber durch die Einfuhr aus anderen Ostblockstaaten zu decken, unterbleibt grundsätzlich der Import der betreffenden Waren aus dem westlichen Ausland.
Die Hauptaufgabe der Zollbehörden in den Ostblockstaaten besteht somit darin, den privaten Reiseverkehr und private Paketsendungen insbesondere in Richtung westliches Ausland zu kontrollieren und zu überwachen.

XII. Das Interesse der Ostblockstaaten an der Anerkennung internationaler Arbitrage-Entscheidungen und Schiedsgerichtsurteile

Die Arbitrage im westlichen Ausland

Charakteristisch für den Handel der Ostblockstaaten bereits seit den 20er Jahren ist, daß die Sowjetunion stets bemüht war, in ihren Außenhandelsverträgen Schiedsgerichte zu vereinbaren, die im westlichen Ausland ihren Sitz hatten. Die sowjetischen Außenhandelsgesellschaften erklärten sich in jeder Hinsicht mit den Arbitragebestimmungen für die einzelnen Warenarten in den betreffenden Ländern vollinhaltlich einverstanden. Dieser Handlungsweise schlossen sich ebenfalls die Außenhandelsgesellschaften in den einzelnen Ostblockstaaten, wenn auch zunächst noch widerwillig, an. Die Außenhandelsgesellschaften der Sowjetunion und auch der Ostblockstaaten haben festgestellt, daß sie mit der Anerkennung zur Durchführung einer Arbitrage im westlichen Ausland recht gut fahren. Sie machen sich dabei sehr geschickt den Umstand zunutze, daß eine Arbitrage immer an dem Haupthandelsplatz für die betreffenden Waren stattfindet. Es ist eine Tatsache, daß alle größeren Handelsfirmen im westlichen Ausland ständig daran interessiert sind, eine offizielle Arbitrage zu vermeiden, da mit der Durchführung einer Arbitrage auch der Ruf einer Firma leidet. Diesen moralischen Faktor machen sich die Außenhandelsgesellschaften der Sowjetunion und der übrigen Ostblockstaaten in sehr geschickter Art und Weise zunutze. Hinzu kommt noch, daß es die Außenhandelsexperten der Ostblockstaaten mit Genugtuung erfüllt, wenn sie in der Lage sind, dem westlichen Handelspartner nachzuweisen, daß er die Bedingungen, die er selbst mit gutgeheißen hat, nicht eingehalten hat. Darüber hinaus haben die Ostblockstaaten durch die Möglichkeit der Durchführung einer Arbitrage im westlichen Ausland zugleich Voraussetzungen dafür in der Hand, daß ihr Auftreten und die Arbitrage in der gesamten Fachwelt bekannt wird. Allerdings muß man einschränkend zur Anerkennung einer Arbitrage im westlichen Ausland durch die Ostblockstaaten sagen, daß sie wie bereits schon ausgeführt, nur dann bereit sind, sich der Arbitrage im westlichen Ausland anzuschließen, wenn diese an einem wirklich traditionellen Handelsplatz für die betreffende Ware durchgeführt werden kann. So haben die Sowjetunion und die übrigen Ostblockstaaten stets die Bedingungen der Londoner Arbitrage für Rohzucker und für Rohkakao anerkannt. Die Bedingungen für die Durchführung von Arbitragen im westlichen Ausland sind den meisten Außenhandelsfunktionären zum überwiegenden Teil besser bekannt als ihren westlichen Handelspartnern. Die Außenhandelsverträge werden daher in ihrem textlichen Inhalt weitestgehend so formuliert, daß sie in jeder Form den internationalen Usancen und den Arbitrage-Bedingungen entsprechen. Die Entscheidung der Schiedsgerichte im westlichen Ausland werden, soweit es sich um grundsätzliche Entscheidungen handelt, in jedem Fall in der Fachpresse der Ostblockstaaten ausführlich kommentiert. Es wird genau dargelegt, warum das Schiedsgericht zu dieser Schlußfolgerung kam und welche konkreten Schlußfolgerungen aus diesem Schiedsspruch für den Abschluß von zukünftigen Verträgen zu ziehen sind. Die Anerkennung einer Arbitrage im westlichen Ausland sowie ihre gesamten Bedingungen können daher in jedem Fall für die betreffende Außenhandelsgesellschaft nur vorteilhaft sein.

Die Durchführung eines Schiedsgerichtes bei den Kammern für Außenhandel in den Ostblockstaaten

Die einzelnen Ostblockstaaten ziehen es in der Regel vor, in ihren Außenhandelsverträgen insbesondere für ihre Exportwaren die Zuständigkeit des jeweiligen Schiedsgerichtes bei der Kammer für Außenhandel zu vereinbaren. Die einzelnen Partner haben die Möglichkeit, aus der veröffentlichten Mitgliederliste des Schiedsgerichts ihre Vertreter zu wählen. Die von beiden Parteien ernannten Schiedsrichter wählen einen Vorsitzenden des Schiedsgerichts. Kommt keine Einigung zwischen den Vertretern der beiden Parteien über den Vorsitzenden des Schiedsgerichts zustande, so hat gemäß den Bestimmungen über die Durchführung eines Schiedsgerichts bei den Kammern für Außenhandel der jeweilige Präsident der Kammer für Außenhandel das Recht, einen Vorsitzenden zu bestimmen. Die Außenhandelsgesellschaften erhalten von dem jeweiligen Ministerium für Außenhandel genaue Hinweise darüber, in welchen Fällen die Zuständigkeit des Schiedsgerichts bei der Kammer für Außenhandel besonders anzustreben ist. In der Regel handelt es sich, wie bereits schon ausgeführt, zum überwiegenden Teil um Exportverträge, in denen die Zuständigkeit eines Schiedsgerichts der Kammer für Außenhandel vereinbart wird. Die Vereinbarung über die Zuständigkeit eines Schiedsgerichts bei der Kammer für Außenhandel in den Exportverträgen hat für die Außenhandelsgesellschaften der Ostblockstaaten verschiedene Vorteile. Bei den in der Schiedsrichterliste genannten Personen handelt es sich durchweg um solche Leute, die den Außenhandel der Ostblockstaaten aus der Praxis heraus meistenteils sehr gut kennen. Sie wissen also auch darüber Bescheid, wenn z. B. ein Betrieb aus Gründen von Materialschwierigkeiten den vereinbarten Liefertermin oder sonstige Bedingungen des Vertrages in qualitätsmäßiger Hinsicht nicht einhalten konnte. Aus dieser genauen Kenntnis heraus werden also auch die vom Geschäftspartner im westlichen Ausland ernannten Schiedsrichter versuchen, in jedem Fall die wahren Ursachen z. B. für die nicht termingerechte Auslieferung einer Exportware zu verschleiern. Sie können es sich einfach nicht leisten zuzugeben, daß die termingemäße Auslieferung infolge des Materialmangels unmöglich war. Auch die Nichtdurchführung eines Exportauftrages, weil angeblich eine Lizenz versagt wurde, kann nur als äußerst formaler Grund angesehen werden. Den Schiedsrichtern ist bekannt, daß der Außenhandelsplan oberstes Gesetz für den gesamten Außenhandel ist. Ihnen ist darüber hinaus bekannt, daß das Volumen jeder Exportware im Plan genau in jedem Fall wertmäßig und zum überwiegenden Teil auch mengenmäßig festgelegt worden ist. Eine Lizenzerteilung für den Export, wie sie von seiten der zuständigen Behörden in den westlichen Ländern vorgenommen wird, gibt es in den Ostblockstaaten überhaupt nicht. In dem Augenblick, wo der Außenhandelsplan bestätigt wurde, ist auch das Ministerium für Außenhandel verpflichtet, diesen Plan zu erfüllen und alles zu tun, um seine Erfüllung zu gewährleisten. Die Erteilung von irgendwelchen Export- und Importlizenzen entfällt daher völlig. Lieferterminverzögerungen oder ein Rücktritt vom Vertrag sind daher meistenteils auf andere Ursachen zurückzuführen. Wenn man z. B. davon ausgehen will, daß man den Importwarenbegleitschein oder aber die im Export übliche Ausfuhrmeldung anstelle der Lizenz setzen will, so muß man hierbei wiederum bedenken, daß beide Unterlagen von der Außenhandelsgesellschaft selbst ausgestellt und unterzeichnet werden. Aufgrund des bestätigten Außenhandelsplanes durch die angeblichen Volksvertretungen in den Ostblockstaaten ist auch das Ministerium für Außenhandel nicht berechtigt, z. B. der Außenhandelsgesellschaft die Ausstellung eines derartigen Dokumentes zu untersagen. Es gibt jedoch Fälle, wo die Außenhandelsgesellschaften in den Ostblockstaaten sich bei Lieferterminverzögerungen oder aber bei Rücktrittserklärungen vom Vertrag darauf berufen, daß angeblich die Lizenz durch das Außenhandelsministerium nicht erteilt worden ist. Es gibt sogar einige Fälle, wo es aufgrund dieser Tatsache zur Durchführung eines Schiedsgerichts bei den Kammern für Außenhandel in den Ostblockstaaten gekommen ist. Die von beiden Parteien ernannten Schiedsrichter sind sich natürlich völlig darüber im klaren, daß es keine Lizenzerteilung gibt und daß der Import und Export völlig nach dem bestätigten Außenhandelsplan vorgenommen wird. Ihnen ist darüber hinaus auch bekannt, daß das Ministerium für Außenhandel von sich aus nicht berechtigt ist, in irgendeiner Form den Außenhandelsplan so grundsätzlich zu verändern, daß die Realisierung der bereits abgeschlossenen Verträge unmöglich gemacht wird. Es gibt natürlich in der Praxis des Außenhandels der Ostblockstaaten genug Fälle, wo die Außenhandelsministerien die Durchführung von rechtskräftig abgeschlossenen Verträgen aus handelspolitischen Gründen plötzlich untersagten. So stellte z. B. die Sowjetunion während der Suez-Krise plötzlich ihre gesamten Öllieferungen nach Israel ein, obwohl für diese Lieferungen rechtskräftig abgeschlossene Verträge vorlagen. Die zuständige Außenhandelsgesellschaft erklärte gegenüber dem israelischen Handelspartner, daß die Exportlizenz durch das Ministerium für Außenhandel nicht erteilt worden sei und daß es sich demzufolge um einen „typischen Fall von höherer Gewalt" handele. Tatsache ist jedoch, daß diese Erdöllieferungen nicht nur rein mengen- und wertmäßig im Außenhandelsplan der betreffenden Außenhandelsgesellschaft vorgesehen waren, sondern daß darüber hinaus auch der Länderplan im Rahmen des bestätigten Außenhandelsplanes ausdrücklich die Lieferung von Erdöl nach Israel vorsah. Aus handelspolitischen Gründen wurde jedoch der zuständigen Außenhandelsgesellschaft zum Zeitpunkt der Suez-Krise die Realisierung dieser Verträge untersagt, d. h. also, daß eine Verwaltungsdienststelle der Sowjetunion sich anmaßte, den in der vorliegenden Form durch den Obersten Sowjet der UDSSR bestätigten Außenhandelsplan zu verändern. Man kann also in all diesen Fällen keineswegs davon sprechen, daß hier höhere Gewalt die Durchführung einer Exportlieferung verhinderte, sondern daß der staatlichen Außenhandelsgesellschaft von ihren zuständigen staatlichen Organen die Anweisung erteilt wurde, so zu handeln. In dem geschilderten Fall versuchte ebenfalls Israel auf dem Wege eines Schiedsgerichts bei der Kammer für Außenhandel der UDSSR sein Recht zu finden. Die staatliche Außenhandelsgesellschaft berief sich darauf, daß die Lizenz nicht erteilt worden sei und daß sie demzufolge ihren vertraglichen Verpflichtungen nicht habe nachkommen können. Aufgrund der dargelegten Tatsachen kann man nur zu der Schlußfolgerung kommen, daß eine derartige Handhabung eine grobe Verdrehung der Tatsachen darstellt und zum anderen auch den formal festgelegten Rechtsverhältnissen in der UDSSR absolut widerspricht. Der israelische Handelspartner hätte in diesem Fall mit Hilfe der sowjetischen Verfassung und mit Hilfe des Gesetzes über den 5-Jahresplan und des Gesetzes über den jährlich gültigen Volkswirtschaftsplan beweisen können, daß das Ministerium für Außenhandel der UDSSR in diesem Fall eine Anweisung gegeben hat, die im Gegensatz zur sowjetischen Verfassung steht und auch gröblichst den beiden vorgenannten Gesetzen widerspricht und daß an sich ein Gesetzesverstoß von seiten sowjetischer Staatsorgane vorliegt, für dessen Auswirkung man keineswegs den ausländischen Handelspartner verantwortlich machen kann.

Dieses Beispiel zeigt jedoch besonders drastisch, daß die Vereinbarung eines Schiedsgerichts bei der jeweiligen Kammer für Außenhandel für die Ostblockstaaten beim Abschluß von Exportverträgen in jedem Fall äußerst vorteilhaft ist und dadurch die Möglichkeit besteht, den wahren Sachverhalt zu verschleiern und die politischen Faktoren gebührend zu berücksichtigen. Da die Schiedsrichter zum überwiegenden Teil selbst der kommunistischen Partei angehören, unterliegen sie in jedem Falle der Partei-Disziplin. Wenn daher z. B. das Ministerium für Außenhandel aus handelspolitischen Erwägungen eine derartige Anweisung gegeben hat, so ist von vornherein klar, daß diese Anweisung nach Rücksprache mit dem Zentralkomitee der kommunistischen Partei gegeben wurde. Es handelt sich somit um einen Parteibeschluß, der von allen Mitgliedern durchgeführt werden muß. Die Schiedsrichter, die also Mitglieder der kommunistischen Partei sind, können unmöglich auf der einen Seite den Partei-Beschluß vertreten und auf der anderen Seite versuchen, die Interessen des westlichen Partners wahrzunehmen. Selbst dann, wenn die Schiedsrichter nicht Mitglieder der kommunistischen Partei sind, werden sie es jedoch kaum wagen, gegen einen Beschluß der kommunistischen Partei „zum Schaden der Arbeiter- und Bauernmacht" Stellung zu nehmen.

Über diese Zusammenhänge muß sich jeder Kaufmann im westlichen Ausland im klaren sein, wenn er in einem Außenhandelsvertrag einer Außenhandelsgesellschaft in den Ostblockstaaten die Durchführung eines Schiedsgerichts bei der jeweiligen Kammer für Außenhandel vereinbart.

XIII. Die Struktur und Richtung des Im- und Exports der Ostblockstaaten

Die Struktur des Außenhandels der Ostblockstaaten

Der Umfang, den der Handel der einzelnen Ostblockstaaten mit dem westlichen Ausland erreicht hat, läßt sich mit konkretem Zahlenmaterial kaum belegen, da die Ostblockstaaten in ihren statistischen Jahrbüchern und in ihren statistischen Veröffentlichungen über die Erfüllung der Pläne stets nur Prozentzahlen angeben. Es ist daher unmöglich, eine genaue Vorstellung vom Umfang des Handels der einzelnen Ostblockstaaten mit dem westlichen Ausland zu bekommen. Auch dann, wenn einzelne Ostblockstaaten bekanntgeben, daß der Außenhandel mit diesem oder jenem Partnerland im westlichen Ausland die Vorkriegshöhe wieder erreicht hat, so läßt sich selbst mit derartigen Angaben sehr wenig anfangen, da sich in der Zwischenzeit die Struktur des Außenhandels der einzelnen Ostblockstaaten grundlegend verändert hat. Wenn z. B. vor Ausbruch des 2. Weltkrieges das Schwergewicht des polnischen Außenhandels vor allem beim Export von Agrarerzeugnissen und dem Import von Maschinen und industriellen Fertigerzeugnissen lag, so hat sich in den Jahren nach dem 2. Weltkrieg das Bild doch gewaltig geändert. Polen ist heute in der Lage, erstklassige Werkzeugmaschinen zu exportieren. In der Struktur des polnischen Außenhandels ist eine wesentliche Verschiebung eingetreten. Ähnlich verhält es sich mit dem ungarischen Außenhandel. Auch die Zusammensetzung des ungarischen Außenhandels hat sich ebenso wie die des polnischen Außenhandels verändert. Ungarn ist heute ebenfalls in der Lage, maschinelle Ausrüstungen nach dem westlichen Ausland zu exportieren. Alles dies sind Faktoren, die eine Einschätzung des tatsächlichen Umfanges des Außenhandels wesentlich erschweren. So beträgt z. B. der Export von Agrarerzeugnissen heute nur noch $\frac{1}{3}$ des Gesamtexportes. Während früher Ungarn vor allem Kornfrüchte exportierte, spielt heute der Export von Getreide nur noch eine untergeordnete Rolle. Dieser Entwicklung, die auf einen starken Rückgang landwirtschaftlicher Erzeugnisse am Gesamtexport des Landes schließen läßt, steht auf der anderen Seite eine ständige Zunahme der industriellen Ausfuhr gegenüber. Ungarn exportiert heute vor allem

Erzeugnisse der Leichtindustrie und auch Erzeugnisse der fernmeldetechnischen und Instrumentenindustrie.
Auch in der Struktur des tschechoslowakischen Außenhandels sind wesentliche Veränderungen nach dem 2. Weltkrieg vor sich gegangen. Obwohl die CSR bereits vor dem Ausbruch des 2. Weltkrieges ein Industriestaat in Europa war, so hat sich jedoch auch hier der Export insbesondere von Maschinen immer mehr in den Mittelpunkt geschoben. Die CSR erreichte im Jahre 1948 z. B. in der Maschinenbauerzeugung die Vorkriegshöhe. Bis zum Jahre 1955 gelang es ihr, die Maschinenproduktion auf das 3,7fache zu steigern, und der letzte tschechoslowakische 5=Jahresplan sieht eine Steigerung bis zum Jahre 1960 auf das 6,6fache gegenüber dem Jahre 1948 vor. Nach eigenen Angaben der CSR werden im Jahre 1960 27 % des gesamten Exportes aus Industrieerzeugnissen bestehen und die Ausfuhr von Maschinen nahezu 50 % des Gesamtexportes erreichen. Aus den Unterlagen der CSR ist ersichtlich, daß vorgesehen ist, ca. ⅔ des gesamten Maschinenexportes in die übrigen Ostblockländer zu exportieren. ⅓ des Maschinenexportes ist vorgesehen für den Export nach den Ländern des westlichen Auslands. Unabhängig von der Steigerung in den Industriezweigen, über die die CSR bereits schon vor dem 2. Weltkrieg verfügte, macht sich aber auch eine Veränderung in der Struktur des Außenhandels noch dadurch bemerkbar, daß die CSR dazu übergegangen ist, völlig neue Industriezweige zu entwickeln. So produziert die CSR heute auf dem Gebiet des Schwermaschinenbaus Schweißmaschinen und Walzanlagen. Des weiteren hat sie einen beachtlichen Stand in der Erzeugung von Dampf= und Wasserturbinen erreicht. Alles dies hat in der Vergangenheit und wird in Zukunft auch weiterhin noch mit dazu beitragen, die Struktur des Exports wesentlich zu verändern. Nach den letzten Informationen, die aus der CSR vorliegen, ist z. B. beabsichtigt, Breitband=Walzstraßen für 1500 mm breite Bleche zu erzeugen. Für den Tagebau sollen Bagger mit einer Leistung bis 1900 cbm per Stunde erzeugt werden. Die Erzeugung von Diesel=Lokomotiven soll auf das 4,5fache und die Erzeugung von elektrischen Lokomotiven auf das 8fache gesteigert werden. Die Produktion von Einrichtungen für die Chemische Industrie soll um 70 % zunehmen. Desweiteren beabsichtigt die CSR einen großen Teil ihrer Maschinenbaubetriebe zu modernisieren. Gerade in der CSR werden die größten Anstrengungen unternommen, um insbesondere auf dem Gebiet des Maschinenbaus wesentliche Fortschritte zu erzielen. Diese Veränderungen in der Struktur der Industrie in der CSR müssen sich naturgemäß auch auf den Export auswirken.

Auch in Rumänien und Bulgarien sind nach dem 2. Weltkrieg bedeutende Veränderungen eingetreten. Wenn sie sich auch noch nicht so spürbar in der Struktur des Exports dieser Länder bemerkbar machen, so kann man jedoch damit rechnen, daß auch der Export dieser Länder eine wesentliche Änderung erfahren wird. So beabsichtigt z. B. der Rat für gegenseitige Wirtschaftshilfe, Bulgarien zum Holland des Ostblocks zu machen. Das heißt, Bulgarien soll insbesondere auf dem Gebiet der Landwirtschaft die Versorgung sämtlicher Ostblockstaaten mit landwirtschaftlichen Erzeugnissen übernehmen, vornehmlich mit Produkten wie Tomaten, Frühkartoffeln, Gemüse aller Art, Edelobst, Weintrauben und dergleichen mehr. Auch Albanien soll in dieser Hinsicht wesentlich zur Versorgung der übrigen Ostblockländer beitragen. Albanien exportiert schon heute in bedeutendem Umfang insbesondere Frühkartoffeln in die Ostblockstaaten. Alles dies deutet darauf hin, daß in immer stärkerem Umfang auch die Struktur des Exports dieser Länder sich verändern wird.
Besonders interessant ist es, die Veränderungen in der Struktur des Exports der UDSSR zu betrachten. Während in der Zeit nach dem 1. Weltkrieg bis zum Ausbruch des 2. Weltkrieges der Export der UDSSR sich vor allem auf Rohstoffe stützte, geht auch hier eine wesentliche Änderung vor sich. Nach wie vor ist natürlich die UDSSR einer der größten Exporteure von Getreide. Die Gewinnung von Neuland in Sibirien soll vor allem dazu dienen, die Getreideerzeugung um ein Vielfaches zu steigern, um damit noch größere Mengen exportieren zu können. Unabhängig von der Vergrößerung des Exportvolumens von verschiedenen Getreidearten ist die Sowjetunion nach Beendigung des 2. Weltkrieges in immer stärkerem Umfang dazu übergegangen, die Struktur ihres Exports bewußt zu verändern. Die Sowjetunion macht heute bedeutende Anstrengungen, um insbesondere mit industriellen Fertigwaren auf dem Markt in den westlichen Ländern Fuß fassen zu können. Die sowjetischen Außenhandelsgesellschaften stoßen hierbei natürlich in sehr starkem Umfang auf die Abneigung der Käufer im westlichen Ausland, industrielle Fertigwaren aus der UDSSR zu kaufen. Die sowjetischen Außenhandelsgesellschaften haben bisher auch noch zu wenig Erfahrung im Absatz von industriellen Fertigerzeugnissen. Sie verstehen es nicht immer, sich der Mentalität der Käufer und den Bedingungen des Marktes anzupassen. Es ist aber interessant, daß die Sowjetunion insbesondere in Westeuropa größte Anstrengungen unternimmt, um ihre industriellen Fertigerzeugnisse auf den Markt zu bringen. — Auch die Sowjetunion beabsichtigt, ihren Außenhandel in den nächsten Jahren um ein Vielfaches zu steigern.

So ist der Außenhandel der Sowjetunion von 29 Milliarden Rbl. im Jahre 1956 auf 33 Milliarden Rbl. im Jahre 1957 gestiegen, d. h. er ist um ca. 13 % gewachsen. Wenn man den in der Sowjetunion gültigen Umrechnungskurs zugrunde legt, so ergeben 33 Mrd. Rbl. ca. 8 Milliarden $. Wenn man jedoch vergleicht z. B., daß der Umsatz der Staatlichen Binnenhandelsorgane in der Sowjetunion im Jahre 1957 einen Betrag von 616 Mrd. Rbl. d. h. US-$ 145 Mrd. erreicht hat, so zeigt dieses Beispiel, daß dieser Binnenhandelsumsatz in keinem Verhältnis zu dem getätigten Außenhandelsumsatz steht. Einen Binnenhandelsumsatz von insgesamt 145 Mrd. $, steht nur ein Außenhandelsumsatz von 8 Mrd. $ Export- und Import zusammen gegenüber. Hieraus kann man aber zugleich auch erkennen, welche großen Möglichkeiten die Wirtschaft der UDSSR gerade für den Außenhandel mit dem westlichen Ausland in Zukunft hat. Die Struktur des Exports in die Länder Südost-Asiens und des Nahen Ostens zeigte in den Jahren 1955 und 1956 folgendes Bild:

Exporte	1955	1956
Maschinen (Millionen Rbl.)	16	85,7
Walzstahl (1000 t)	80	273
Erdöl und Erdölprodukte (Millionen Rbl.)	66	116
Holz (1000 cbm)	138	217
Zement (1000 t)	156	164
Baumwollgewebe (Millionen m)	91	81
Zucker (1000 t)	82	78
Weizen (1000 t)	10	160

Die Struktur des Imports der Sowjetunion aus den Ländern Südost-Asiens und des Nahen Ostens zeigt demgegenüber folgendes Bild:

Importe	1955	1956
Kautschuk (1000 t)	33,7	123,8
NE-Metallerze	25,9	32,3
Reis	192,4	180,0

Darüberhinaus importiert die Sowjetunion 97 % der gesamten Baumwolle, 20 % der gesamten Wolle und 74 % der gesamten importierten Rosinen aus den Ländern Südost-Asiens und des Nahen Ostens. Einen wesentlichen Anteil am Import aus diesen Ländern nehmen ebenfalls solche Waren wie Zitrusfrüchte und Tee ein. Die UDSSR exportierte demgegenüber in dieses Wirtschaftsgebiet 70 % der für den Export zur Verfügung stehenden Baumwollgewebe, 45 % des Exportzuckers und 33 % Erdöl.

Diese Struktur des Exports und Imports der Sowjetunion in den vergangenen Jahren für ein ganz bestimmtes Wirtschaftsgebiet zeigt deutlich, in welchem Umfang sich hier das Schwergewicht im Außenhandel verlagert hat.

Die Richtung des Außenhandels der Ostblockstaaten

Wie bereits schon ausgeführt über die Struktur des Außenhandels der Ostblockstaaten, so gibt es auch über den Umfang der Umsätze, den die einzelnen Ostblockstaaten mit Partnerländern der westlichen Welt tätigten, nur sehr spärliches Zahlenmaterial.
Der Außenhandelsumsatz Polens mit der Deutschen Bundesrepublik betrug beispielsweise im Jahre 1955 ca. 53 Millionen US-$. Im Jahre 1956 betrug er aber bereits 109 Millionen US-$. Der polnische Export in die Deutsche Bundesrepublik betrug im Jahre 1955 29,5 Millionen US-$ und stieg im Jahre 1956 auf ca. 53 Millionen US-$ an. Der Export der Deutschen Bundesrepublik nach Polen steigerte sich von 23 Millionen US-$ im Jahre 1955 auf 56 Millionen US-$ im Jahre 1957. 7,5 % des gesamten Polnischen Exports in die Länder der westlichen Welt entfielen somit auf die Deutsche Bundesrepublik. Polen importierte im Gegensatz dazu insgesamt 6 % des Imports, den es aus den Ländern der westlichen Welt tätigt, aus der Deutschen Bundesrepublik. Der Anstieg des polnisch-deutschen Handels vom Jahre 1955 bis zum Jahre 1956 ist vor allem auf die starke Beteiligung von Firmen aus der Deutschen Bundesrepublik an der Messe in Posen zurückzuführen. Im Jahre 1955 beteiligten sich 44 westdeutsche Firmen an der Posener Messe. Im Jahre 1956 waren es bereits 70 und im Jahre 1957 beteiligten sich 160 westdeutsche Aussteller an der Messe in Posen, die eine Gesamtfläche von 11 560 qm belegten. Auf der Posener Messe im Jahre 1957 haben die Firmen aus der Deutschen Bundesrepublik unter den westlichen Handelspartnern die erste Stelle bei den Geschäftsabschlüssen erreicht. Die auf der Messe getätigten Abschlüsse beliefen sich auf 14 675 000 US-$. Dieser Betrag entspricht ca. 15 % der gesamten polnischen Messeumsätze. Die westdeutschen Firmen haben mit den polnischen Außenhandelsgesellschaften Import-Abschlüsse im Werte von 9,8 Millionen US-$ getätigt und nahmen somit den ersten Platz unter den westlichen Ausstellerländern ein, soweit es sich vor allem um den Import von Waren aus Polen handelt. Auf dem Gebiet der Exportabschlüsse nahmen die Firmen aus der Bundesrepublik mit 4,8 Millionen US-$ hinter den britischen Handelspartnern bei den polnischen Außenhandelsunternehmungen den zweiten Platz ein.

Diese Entwicklung des polnisch-westdeutschen Handels zeigt also, welche Möglichkeiten für die Ausweitung der Handelsbeziehungen zwischen den einzelnen Ostblockstaaten und den Partnerländern im Westen zweifelsohne vorhanden sind. Aus den letzten Erklärungen polnischer Außenhandelsorgane kann man entnehmen, daß Polen insbesondere am Bezug von Investitionsgütern aus der Deutschen Bundesrepublik interessiert ist. Daß Polen an einer ständigen Vergrößerung des Außenhandels mit der Bundesrepublik interessiert ist, beweist auch die Tatsache, daß sich Polen sowohl an der Industriemesse in Hannover als auch an der Messe in Frankfurt am Main beteiligt hat. Aus den Erklärungen maßgeblicher Repräsentanten des polischen Außenhandels ist auch zu entnehmen, daß Polen ganz besonders daran interessiert ist, die wirtschaftliche Zusammenarbeit insbesondere mit den europäischen Ländern weiter zu entwickeln. Alles dies sind Anhaltspunkte dafür, daß der deutsch-polnische Handel in den kommenden Jahren sich noch weiter steigern läßt.
Nicht uninteressant ist auch eine Betrachtung des deutsch-ungarischen Außenhandels bzw. des Handels Ungarns mit den Ländern der westlichen Welt. Ungarn hat es nach dem Jahre 1946 in verhältnismäßig kurzer Zeit verstanden, seine wirtschaftlichen Beziehungen zu den traditionellen Handelspartnern zu normalisieren. Die westeuropäischen Länder waren im Jahre 1956 an dem Import Ungarns mit 33,2 % beteiligt. Ungarn exportierte in die westeuropäischen Länder im gleichen Zeitabschnitt ca. 29,3 %. Durch die Ereignisse im Oktober des Jahres 1956 in Ungarn, ging der Anteil im Jahre 1957 beim Import auf 22,6 % und beim Export auf 26,4 % zurück. Interessant ist hierbei vor allen Dingen zu betrachten, daß sich aber z. B. im Jahre 1955 der Außenhandel Ungarns mit den westeuropäischen Ländern um ca. 60 % erhöhte. Diese Entwicklung wurde durch die Ereignisse im Oktober 1956 zunächst abgestoppt. Ungarn ist jedoch daran interessiert, ebenso wie Polen, vor allem mit den westeuropäischen Ländern die wirtschaftliche Zusammenarbeit zu pflegen. Darüber hinaus ist Ungarn auch daran interessiert, mit der Deutschen Bundesrepublik ein gutes Verhältnis der Zusammenarbeit zu erreichen. Ungarn verfügt bekanntlich über keinen direkten Ausgang zum Meer und wird dadurch gezwungen, wichtige Dienstleitungen anderer westeuropäischer Länder insbesondere auch der Deutschen Bundesrepublik in Anspruch zu nehmen. Die Deutsche Bundesrepublik ist auch nach dem 2. Weltkrieg der bedeutendste Handelspartner Ungarns. Unabhängig von allen politischen Schwierigkeiten hat sich in den vergangenen Jahren auch der Umsatz zwischen beiden Ländern ständig erhöht. Dies ist vor allem darauf

zurückzuführen, daß Ungarn sehr gern Waren aller Art aus der Deutschen Bundesrepublik bezieht und andererseits die Deutsche Bundesrepublik in der Lage ist, die traditionellen ungarischen Erzeugnisse abzunehmen. Darüber hinaus bietet die Deutsche Bundesrepublik mit ihrem guten Verkehrsnetz und mit ihren erstklassig ausgestatteten Seehäfen dem Ungarischen Außenhandel Vorteile, die nicht übersehen werden können.
Aus der veränderten Struktur des Außenhandels der Tschechoslowakei muß sich selbstverständlich auch eine wesentliche Veränderung der Richtung des Außenhandels ergeben. Im Gegensatz zu Polen, das wie bereits dargelegt nach wie vor daran interessiert ist, seine traditionellen Handelsbeziehungen mit Großbritannien und Deutschland weiter auszudehnen, hat die CSR in den letzten Jahren verstärkt Versuche unternommen, neue Absatzmärkte zu erschließen. Die erhöhte Produktion von Maschinen und Ausrüstungen aller Art führte dazu, daß die CSR sich im Handel vor allem auf die Länder im Nahen Osten und in Asien orientierte. Da der tschechoslowakische Außenhandel im Gegensatz zu den anderen Ostblockstaaten über verhältnismäßig gut qualifizierte Außenhandelsexperten verfügt, war es der CSR leichter möglich, neue Absatzmärkte zu finden. Die CSR ist heute hinter der Sowjetunion der bedeutendste Handelspartner der Ostblockstaaten für die Länder im Nahen Osten und in Asien. Aufgrund der zentral und einheitlich gesteuerten Handelspolitik des Rates für gegenseitige Wirtschaftshilfe konzentrierte sich die CSR vor allem auf den Handel mit Ägypten und Indien. Zwischen Indien und der CSR bestehen heute so starke Handelsbeziehungen, wie sie in der Vergangenheit niemals existiert haben. Auch in Ägypten gelang es der CSR, sich einen festen Markt für ihre Waren zu schaffen. Der Wendigkeit des tschechoslowakischen Außenhandels und seiner Mitarbeiter können es auch die kommunistischen Machthaber in Prag verdanken, daß es der CSR auch während aller politischen Erschütterungen in den vergangenen Jahren stets möglich war, Schritt für Schritt den Handel mit den südamerikanischen Ländern weiter auszubauen. An erster Stelle ist hierbei Brasilien zu nennen. Der Handel zwischen Brasilien und der CSR weist ein ständiges Anwachsen auf. Auch mit den anderen südamerikanischen Staaten bestehen bereits feste Handelsabkommen oder Handelsvereinbarungen. Als letztes Beispiel kann dafür dienen, daß es der CSR im Jahre 1956 gelungen ist, ein neues Handelsabkommen mit Columbien abzuschließen. Die CSR ist heute für die südamerikanischen Staaten ein begehrter Absatzmarkt geworden. Der Blick des Außenhandels der CSR ist daher auch nicht so sehr auf die Entwicklung der Handelsbeziehungen mit

den westeuropäischen Ländern gerichtet. Anhand des Beispieles Polen und CSR kann man aber auch zugleich die konsequente Handelspolitik durch den Rat für gegenseitige Wirtschaftshilfe erkennen.Polen widmet sich vor allem dem Handel mit den westeuropäischen Ländern, hingegen sich die CSR vor allem mit dem Handel nach dem Nahen Osten und den asiatischen Ländern beschäftigt.

Auch innerhalb des Ostblocks kommt der CSR als Handelspartner eine besondere Bedeutung zu. Die Tschechoslowakei nimmt heute die 6. Stelle in der Welt im Maschinenexport ein. Sie ist also durch ihr großes Maschinenbauprogramm in der Lage, die erforderlichen technischen Ausrüstungen an die übrigen Ostblockstaaten zu liefern. Dies trifft insbesondere für die Lieferungen nach Bulgarien und Rumänien, ganz besonders aber für Lieferungen nach China. 70 bis 75 % des gesamten Handels wickelt die CSR ebenfalls wie alle übrigen Ostblockstaaten innerhalb des Ostblocks ab. Darüber hinaus ist die CSR infolge ihrer technischen Entwicklung in der Lage, den anderen Ostblockstaaten im Rahmen des Rates für gegenseitige Wirtschaftshilfe technisch-wissenschaftliche Hilfe zu geben. So ist z. B. die Koordinierung der Volkswirtschaft und die technisch-wissenschaftliche Zusammenarbeit zwischen der CSR und der Deutschen Sowjetzone am weitesten von allen Ostblockstaaten fortgeschritten. Alles das sind Faktoren, die dem Außenhandel der CSR eine andere Richtung gegeben haben als dies vor dem 2. Weltkrieg der Fall gewesen ist.

Der Außenhandel der Sowjetunion, der sich bis zum Ausbruch des 2. Weltkrieges vor allem auf die traditionellen Handelspartner im westlichen Ausland beschränkte, hat in den vergangenen Jahren eine wesentliche Ausweitung erfahren. Obwohl die Sowjetunion heute nach wie vor ihre traditionellen Handelsbeziehungen zu Großbritannien und zu Deutschland in unvermindert starkem Maße pflegt, so hat sie aber auch in der vergangenen Zeit alles in ihren Kräften stehende unternommen, um in den Ländern des Nahen Ostens und in Asien Fuß zu fassen. Seit dem Jahre 1954 entwickelte die Sowjetunion auf dem Gebiet ihres Außenhandels eine regelrechte Offensive. Sie erklärte dabei offen, daß sie beabsichtigt, neue Absatzmärkte für ihre Waren zu gewinnen und daß sie vor allem dabei an die unterentwickelten Länder, die gerade ihre Selbständigkeit erreicht haben, denkt. Unter Leitung von Mikojan wurden in Moskau die Maßnahmen und Direktiven beraten und beschlossen, die diese Handelsoffensive im größten Umfange einleiten. Die Sowjetunion konnte hierbei zunächst daran anknüpfen, daß in den Ländern des Nahen Ostens und Asiens eine sehr starke Abneigung gegen die Kolonialherren von Gestern

vorhanden ist. Sie erklärte wiederholt, daß sie bereit ist, diesen Ländern mit Hilfe von Krediten auf die Beine zu helfen. An zweiter Stelle bot sie im größten Umfange ihre technisch-wissenschaftliche Hilfe an. Die Sowjetunion ist in der Lage, den genannten Ländern zu äußerst günstigen Bedingungen Kredite zu gewähren. In der Regel betragen die Zinsen für die gewährten Kredite 2 % im Jahr. Die Rückzahlungsbedingungen sind meistens auch sehr günstig. Die Sowjetunion verlangt keineswegs die Rückzahlung in Devisen, sondern die Kredite können mit Waren abgedeckt werden. Dabei erklärt sich die Sowjetunion von vornherein damit einverstanden, daß die entsprechenden Länder solche Waren zur Bezahlung des Kredites liefern können, die typisch für die Produktion des Landes sind. Ägypten hat so z. B. die Möglichkeit, die ihm von der Sowjetunion gewährten Kredite mit Baumwolle zu bezahlen. Die Gewährung von Krediten auf dieser Basis ist selbstverständlich für diese Länder äußerst interessant und es ist daher nicht verwunderlich, wenn es der Sowjetunion in verhältnismäßig kurzer Zeit gelungen ist, hier festen Fuß zu fassen.
Erst Ende des Jahres 1957 gewährte z. B. die Sowjetunion im Oktober einen Hilfskredit an Syrien in Höhe von 170 Millionen US-$. Ägypten erhielt im November 1957 einen Kredit in Höhe von 200 Millionen US-$. Insgesamt wird der Umfang der bisherigen Kreditgewährungen an die Länder im Nahen Osten sowie an die in Asien auf 1,9 Milliarden US-$ geschätzt. Dabei muß man noch berücksichtigen, daß in der Regel die Kreditgewährungen durch die Sowjetunion damit verknüpft sind, daß sie sich bereit erklärt, den Ländern beim Aufbau der Fabriken und maschinellen Anlagen zu helfen. Die Sowjetunion hat darüber hinaus z. B. verschiedenen Ländern angeboten, ihnen bei der Errichtung von Atomreaktoren behilflich zu sein. Diese Atomreaktoren werden aufgebaut von sowjetischen Spezialisten und in der gleichen Zeit werden Techniker aus dem eigenen Land im Atomforschungsinstitut in Dubna in der Sowjetunion herangebildet. Nach Beendigung dieser Ausbildungszeit übernehmen die Techniker und Ingenieure, die ihre Ausbildung in der Sowjetunion erhalten haben, die in der Zwischenzeit von sowjetischen Fachleuten erbauten Atomreaktoren oder andere technischen Einrichtungen. Auf diese Art und Weise versucht die Sowjetunion in diesen Ländern wirtschaftlich Fuß zu fassen. Es braucht dabei wohl keineswegs erwähnt zu werden, daß auch politische Gedankengänge Moskaus eine entscheidende Rolle spielen. Die Sowjetunion hat mit 13 Ländern des Nahen Ostens und Südost-Asiens Handelsabkommen abgeschlossen. Es bestehen darüber hinaus enge Handelsbeziehungen zu Thailand, Äthiopien, dem Sudan und Lybien.

Wie bereits schon im ersten Teil des Buches ausführlich dargelegt, ist für die Entwicklungsländer der wertmäßig ausgeglichene Handel mit der UDSSR und auch mit den übrigen Ostblockstaaten ganz besonders interessant. Der Handel der Sowjetunion mit diesen Ländern ist ständig ausgeglichen und wird in der Regel durch Clearing-Verrechnungen geregelt. Sondergeschäfte, die außerhalb der Clearing-Verrechnungen durchgeführt werden, werden zum überwiegenden Teil durch zur Verfügung gestellte Kredite finanziert. Mit Hilfe dieser Methoden ist die UDSSR somit zu einem wichtigen Konkurrenten der westeuropäischen Länder und auch der USA geworden. Das offizielle Organ des Außenhandels der UDSSR veröffentlichte Anfang des Jahres 1958 folgende Übersicht über die bisher getätigten Umsätze des Außenhandels der UDSSR mit den Ländern Südost-Asiens und des Nahen Ostens:

Land	1955	1956
	in Mill. Rbl.	
Afghanistan	98,1	133,5
Ägypten	105,6	355,1
Birma	67,9	66,2
Indien	46,9	234,8
Iran	166,0	137,3

Der Anteil der UDSSR am Außenhandel der genannten Länder beträgt nach sowjetischen Unterlagen in Afghanistan 35 %, in Ägypten 4,1 %, in Indien 2 %, im Iran 8,7 %. Bei Betrachtung dieser Übersicht muß man natürlich berücksichtigen, daß der Anteil der Sowjetunion am Außenhandel dieser Länder auch in Zukunft noch weiter wachsen wird. Darüber hinaus muß man feststellen, daß der Anteil aller Ostblockstaaten am Außenhandel dieser Länder bedeutend größer ist. Zwar ist der wichtigste Handelspartner die Sowjetunion, es wäre aber völlig falsch, den Anteil insbesondere Chinas am Außenhandel der Länder des Nahen Ostens und Asiens zu übersehen. Ganz besonders China durch seine von jeher sehr starken Bindungen zu den genannten Ländern wird wesentlich mit dazu beitragen, den Anteil des Ostblocks am Außenhandel der genannten Länder in den kommenden Jahren noch wesentlich zu erhöhen. China verfügt, wie bereits ausführlich dargelegt, über sehr günstige Bedingungen, um seinen osteuropäischen Gesinnungsgenossen auch in Zukunft tatkräftig helfen zu können, wenn es darum geht, auf dem Markt dieser Länder Fuß zu fassen.

XIV. Die Bedeutung der Handelsabkommen mit dem westlichen Ausland für die praktische Arbeit der Außenhandelsgesellschaften

Planung und Handelsabkommen in der Außenhandelsgesellschaft, die kommerzielle Bedeutung des Handelsabkommens

Die Praxis im Außenhandel mit den Ostblockstaaten hat immer wieder gezeigt, daß infolge der Planung des Außenhandels nur in völlig ungenügendem Maße die Möglichkeit besteht, Handelsabkommen, die Mitte eines Jahres abgeschlossen werden, noch in dem laufenden Jahr voll wirksam werden zu lassen. Da die Planung des Außenhandels immer für ein Jahr vorgenommen wird, können von den Außenhandelsgesellschaften bei ihren Vorschlägen auch nur die Handelsabkommen berücksichtigt werden, die zu Beginn des Planjahres bereits abgeschlossen vorliegen. Es kommt natürlich vor, daß auf Weisung des jeweiligen Ministeriums für Außenhandel bestimmte Planpositionen für das einzelne Land im Plan aufgenommen werden. Eine derartige Weisung an die Fachdirektoren in den Außenhandelsgesellschaften wird jedoch nur dann gegeben, wenn das Ministerium für Außenhandel aufgrund des Standes der bisherigen Handelsabkommensverhandlungen zu der festen Gewißheit gekommen ist, daß unter allen Umständen mit dem Abschluß des Abkommens noch im laufenden Jahr zu rechnen ist. Bemerken muß man hierzu, daß in solchen Fällen stets nur einige Planpositionen berücksichtigt werden können. Es ist völlig unmöglich, in die Außenhandelsplanung sämtliche Warenpositionen eines Abkommens schon im voraus aufzunehmen. Die meisten Ostblockstaaten und insbesondere die Sowjetunion versuchen daher auch nach Möglichkeit, die Handelsabkommen am Ende eines Jahres für das kommende Jahr abzuschließen. Diese Methode erleichtert wesentlich die Planung des Außenhandels in den Ostblockländern, und sie ist an sich auch für den Partner im westlichen Ausland vorteilhaft, denn dadurch hat auch er die Gewißheit, daß das Handelsabkommen im vollen Umfang wirksam wird. — Die einzelnen Außenhandelsgesellschaften erhalten durch das Ministerium für Außenhandel Kenntnis von dem Abschluß eines Handelsabkommens mit einem westlichen Land. Der Abschluß derartiger Handelsabkommen wird von der Handelspolitischen Abteilung entsprechend kommentiert und es werden zugleich Direktiven für die Abwicklung des Handelsabkommens herausgegeben. Es ist eine Tatsache, daß in solchen Fällen, wo die einzelnen Warenpositionen im Abkommen wertmäßig festgelegt wurden, oftmals ihre volle Realisierung im Rahmen des Planes nicht möglich ist, d. h. also, daß in der Praxis des Außenhandels der Ostblockstaaten Plan und Abkommen keineswegs für das betreffende Land übereinstimmen. Es ist daher auch nicht richtig, wenn Geschäftsleute im westlichen Ausland der Meinung sind, daß die Ostblockstaaten in jedem Fall die einzelnen Warenpositionen in voller Höhe, wie sie im Abkommen vereinbart wurden, realisieren. Die Ostblockstaaten ziehen bis zum heutigen Tag vor allem den Abschluß von bilateralen Handelsabkommen vor. Der Abschluß bilateraler Handelsabkommen ermöglicht es z. B. auch, bestimmte Waren zu koppeln. An die Außenhandelsgesellschaften der Ostblockstaaten gehen nicht selten handelspolitische Direktiven, die vorsehen, daß die sogenannten Schwerpunktwaren an das betreffende Land im Rahmen des Handelsabkommens nur dann geliefert werden, wenn andererseits die Lieferung einer anderen Schwerpunktwaren aus dem westlichen Partnerland bereits erfolgt ist, d. h. also, die Realisierung bestimmter Abkommenspositionen wird von den Außenhandelsgesellschaften auf Veranlassung des Ministeriums für Außenhandel von der Realisierung einer anderen Warenposition durch das Partnerland im westlichen Ausland abhängig gemacht. Die Außenhandelsgesellschaften erhalten zugleich Mitteilung darüber, welche Waren als Schwerpunktpositionen aus dem Abkommen vorrangig realisiert werden müssen. Schwerpunktwaren sind, wie bereits schon einmal ausführlich im ersten Teil des Buches dargelegt, solche Waren, die an sich auf dem internationalen Markt gegen freie Devisen verkauft und gekauft werden müssen. Die Außenhandelsgesellschaften erhalten darüber hinaus genaue Hinweise, wie sie sich hinsichtlich der Realisierung der anderen Abkommenspositionen zu verhalten haben. In der Regel ist es so, daß nach Abschluß eines Handelsabkommens zwischen einem Ostblockstaat und einem anderen Land ein Sturm von Interessenten auf die Außenhandelsgesellschaften des Ostblockstaates losgeht. Die einzelnen Interessenten sind natürlich bestrebt, im Rahmen des abgeschlossenen Handelsabkommens vor allem die Waren zu kaufen und zu verkaufen, an denen sie persönlich interessiert sind. Sie müssen dabei nicht selten erfahren, daß hierzu z. Z. keine Möglichkeit besteht. Dies ist eben darauf zurückzuführen, daß das jeweilige Handelsabkommen erst im nächsten Jahr, d. h. im nächsten Planjahr voll wirksam werden kann. Es gibt selbstverständlich Beispiele dafür, daß die Außenhandelsgesellschaften, insbesondere soweit es sich um größere maschinelle Ausrüstungen und Anlagen handelt, Vorverträge abschließen. Aber im allgemeinen kann man jedoch sagen, daß es zwecklos ist, sofort nach Abschluß eines Handelsabkommens die Außenhandelsgesellschaften des betreffenden Landes zu überlaufen. Eine große Rolle spielen für die handelspolitischen Abteilungen der Ostblockstaaten die sogenannten optischen Positionen. Es gibt Warenpositionen in den Handelsabkommen, bei denen von Anfang an für den östlichen Partner feststeht, daß diese Positionen nicht realisiert werden können bzw. daß eine Realisierung nur dann interessant ist, wenn andererseits auch bestimmte Waren durch das westliche Partnerland gekauft werden. Wegen dieser sogenannten optischen Positionen kommt es nicht selten zwischen der Außenhandelsgesellschaft und dem Ministerium für Außenhandel zu heftigen Auseinandersetzungen. Dies erklärt sich vor allem daraus, daß die Mitarbeiter der Außenhandelsgesellschaften den zahlreichen Interessenten aus dem westlichen Ausland immer wieder klar machen müssen, warum denn diese oder jene Ware im Rahmen des Abkommens nicht bezogen wird. Dadurch ist es auch in vielen Fällen nicht möglich, den Gesamtwert, den das Handelsabkommen vorsieht, zu erreichen. Oftmals bleibt daher auch die Erfüllung der Handelsabkommen wesentlich unter der vorgesehenen Höhe des Warenaustausches. Die Ostblockstaaten sind bisher noch nicht dazu übergegangen, in größerem Umfange Handelsabkommen auf multilateraler Basis abzuschließen. Auch wenn es z. B. zu einer multilateralen Handelsvereinbarung zwischen der Deutschen Sowjetzone, Finnland und der UDSSR sowie auch zwischen Polen, Finnland und der UDSSR gekommen ist, so wurden diese Vereinbarungen jedoch nur für bestimmte Waren und nur für einen ganz bestimmten, befristeten Zeitraum abgeschlossen. Es ist völlig falsch, wenn daraus die Schlußfolgerung gezogen wird, daß die Ostblockstaaten grundsätzlich bereit wären, auf multilateraler Basis den Handel mit westlichen Ländern aufzunehmen. Ein Prinzip der Ostblockstaaten ist es, nur auf bilateraler Basis zu handeln. Ausnahmen, wo es zu multilateralen Vereinbarungen gekommen ist, waren in jedem Fall für die Ostblockstaaten, die daran beteiligt waren, äußerst vorteilhaft und wurden nur abgeschlossen unter der Berücksichtigung der Ausnutzung einer günstigen Gelegenheit, die sich bot. Die verschiedensten handelspolitischen Gesichtspunkte der einzelnen Ostblockstaaten führen immer wieder zu einer grundsätzlichen Ablehnung des Abschlusses von multilateralen Handelsvereinbarungen. Aber auch die Staatsbanken in den Ostblockstaaten nehmen entschieden Stellung gegen den Abschluß von multilateralen Handelsabkommen. Sie befürchten vor allem durch einen mehrseitigen Warenaustausch und durch die mehrseitige Verrechnung desselben eine Gefährdung ihrer Währung. Alles dies sind Gründe, die die Ostblockstaaten grundsätzlich zum Abschluß von multilateralen Handelsabkommen nein sagen lassen.

Wie erfolgt der Abschluß und die Abwicklung von Verträgen im Rahmen eines Handelsabkommens durch die Außenhandelsgesellschaften?

Die Abwicklung von Verträgen im Rahmen eines Handelsabkommens erfolgt in organisatorischer und technischer Hinsicht im Prinzip nach den gleichen Grundsätzen, wie sie ausführlich noch von mir im Kapitel XV dargelegt werden. Im Rahmen der anfallenden Devisenerlöse aus Exporten erhalten die Außenhandelsgesellschaften auf Anforderung bestimmte Kontingente an Devisen für die Bezahlung im Rahmen des Handelsabkommens zur Verfügung gestellt. Unter Berücksichtigung der eventuell vereinbarten allgemeinen Lieferbedingungen werden die Verträge realisiert. Durch die Erfassung des Vertrages im Rahmen der Planung hat das Ministerium für Außenhandel und auch jede Außenhandelsgesellschaft eine klare Übersicht darüber, in welcher Höhe bisher das abgeschlossene Handelsabkommen erfüllt worden ist. Verträge im Rahmen eines Handelsabkommens dürfen von den Außenhandelsgesellschaften ebenfalls nur dann abgeschlossen werden, wenn eine Devisenperspektive vorliegt. Es ist keineswegs so, daß die Außenhandelsgesellschaften nunmehr nach Abschluß des Handelsabkommens das Recht haben, Verträge abzuschließen, selbst nicht in der Höhe wie es der Plan vorsieht. Also selbst dann, wenn ein Handelsabkommen mit seinen Positionen im Außenhandelsplan berücksichtigt worden ist, besteht noch immer keine Gewähr dafür, daß das Abkommen nun wirklich in voller Höhe realisiert wird. Diese Garantie besteht nicht einmal für eine einzelne Warenposition, da es nicht selten vorkommt, daß die Außenhandelsministerien nicht in der Lage sind, die erforderlichen Devisen für die Realisierung der Importpositionen zur Verfügung zu stellen. Dies kann u. a. darauf zurückzuführen sein, daß die für den Export nach dem betreffenden Land vorgesehenen Waren nicht zur Verfügung gestellt werden können oder aber daß irgendwelche anderen Schwierigkeiten die Erfüllung unmöglich machen.

Die politische Bedeutung der Handelsabkommen mit dem westlichen Ausland für den jeweiligen Ostblockstaat

In der Regel ist es so, daß in den Ostblockstaaten der Abschluß eines Handelsabkommens mit einem westlichen Land lebhaft in der kommunistischen Presse kommentiert wird. Im allgemeinen versucht das kommunistische Staatssystem den Abschluß eines Handelsabkommens mit einem westlichen Land als einen Erfolg seiner Politik darzustellen. Es wird auch groß propagiert, welche Waren man aus dem betreffenden Land beziehen kann. Im Vordergrund stehen dabei solche Waren wie Kaffee, Kakao, Südfrüchte und einige mehr, vor allem Waren, die das Leben des einzelnen wesentlich verschönern können und für die er sich unmittelbar interessiert. Die Propaganda über die handelspolitischen Erfolge in den einzelnen Ostblockstaaten nimmt des öfteren Formen an, daß darüber selbst die Stellvertretenden Minister mit dem Kopf schütteln. Es wird nicht selten von einer direkten Irreführung der Bevölkerung gesprochen. Alle Hinweise jedoch, eine derartige Propaganda zu unterlassen und anstelle dessen real und nüchtern über die tatsächliche Lage auf dem Gebiet des Außenhandels mit dem westlichen Ausland zu berichten, blieben bisher unberücksichtigt. Der einzelne Interessent im westlichen Ausland darf sich daher auch nicht von derartigen Presseveröffentlichungen in den einzelnen Ostblockstaaten täuschen lassen. Entscheidend sollten für ihn als nüchtern denkenden Kaufmann nur die Tatsachen und der bisherige Umfang der Geschäfte mit den Außenhandelsgesellschaften des betreffenden Landes sein. Für irgendwelche Illusionen über den Handel mit den Ostblockstaaten, insbesondere was seinen Umfang anbetrifft, ist wirklich kein Platz.

Der Bedarf dieser Länder ist natürlich bedeutend höher als der Import. Aber unter den gegenwärtigen Bedingungen besteht keine Möglichkeit, den Export noch weiter zu steigern. 75 % des gesamten Handels der einzelnen Ostblockstaaten werden mit der Sowjetunion und den anderen Ostblockstaaten abgewickelt, d. h. nur ca. 25 % des gesamten Handelsvolumens des Ostblocks entfällt auf die Länder in der westlichen Welt. Wenn auch die Produktion in den einzelnen Ostblockstaaten von Jahr zu Jahr steigt, so kann man jedoch dabei nicht übersehen, daß auch in viel schnellerem Tempo das Volumen des Außenhandels mit den anderen Ostblockstaaten in jedem Land steigt, als auf der anderen Seite das Volumen des Außenhandels mit den westlichen Partnerländern. Es gibt natürlich verschiedentlich Bemühungen kleinerer Ostblockstaaten, den Handel mit dem westlichen Ausland besonders zu forcieren. Wegen ihrer engen Bindung an Moskau aber sind diese Länder trotzdem gezwungen, den größten Teil des Warenaustausches mit der Sowjetunion und den übrigen Ostblockstaaten abzuwickeln.

XV. Hinweise für den Abschluß von Verträgen mit den Außenhandelsgesellschaften der Ostblockstaaten

In welcher Form erfolgt am zweckmäßigsten die Kontaktaufnahme mit dem Partner im Osten?

Die Kontaktaufnahme mit den Außenhandelsgesellschaften der Ostblockstaaten erfolgt am zweckmäßigsten zunächst in der Form, daß die interessierte Firma sich an die betreffende Außenhandelsgesellschaft schriftlich wenden. Es ist zu empfehlen darzulegen, mit welchen Artikeln die Firma handelt, über welche Verbindungen sie im internationalen Handel verfügt, und es ist weiterhin vorteilhaft, darin zum Ausdruck zu bringen, daß man an der Durchführung von Geschäften mit dem betreffenden Ostblockstaat interessiert ist. In der Regel reagieren die Außenhandelsgesellschaften der Ostblockstaaten so, daß sie die betreffenden Firmen bitten, ihnen ständig ihre Offerten und insbesondere auch ihre Marktberichte zu übermitteln. Besonderen Wert legen die Außenhandelsgesellschaften in den Ostblockstaaten darauf, ständig Informationsmaterial über die Marktentwicklung und sonstige Bewegungen auf dem Markt zu erhalten. Soweit die einzelnen Firmen des westlichen Auslandes dazu in der Lage sind, ist es sogar empfehlenswert, individuelle Marktberichte für die Ostblockstaaten zu erarbeiten und im Rahmen dieser Marktberichte besonders auf die Vorgänge einzugehen, von denen man im Laufe der Zeit weiß, daß sie für den betreffenden Ostblockstaat von besonders großem Interesse sind. Die Außenhandelsgesellschaften und ihre leitenden Mitarbeiter legen ganz besonders großen Wert darauf, daß die Firmeninhaber oder aber die leitenden Direktoren in gewissen Abständen der Außenhandelsgesellschaft persönlich einen Besuch abstatten. Die Generaldirektoren und übrigen leitenden Funktionäre machen nicht selten Geschäfte davon abhängig, ob der betreffende Firmeninhaber oder aber ob einer der leitenden Direktoren regelmäßig die Außenhandelsgesellschaft besucht. Sehr zweckmäßig ist es auch, sich soweit wie dies möglich ist, an den in den Ostblockstaaten veranstalteten Messen zu beteiligen. Diejenigen Firmen, die durch persönliche Besuche ihrer leitenden Direktoren und ihrer Inhaber regelmäßig in Erscheinung treten, können auch stets damit rechnen, daß sie bei eventuellen Geschäftsmöglichkeiten in den Kreis derer mit einbezogen werden, die eine Chance haben, das Geschäft zu machen. Ein besonders wichtiger Hinweis dürfte der sein, daß aufgrund der handelspolitischen Zielsetzung die Außenhandelsgesellschaften der Ostblockstaaten es nicht gern sehen, wenn die Firmen im westlichen Ausland sich eines Vertreters bedienen. Es ist daher denjenigen Firmen zu empfehlen, die an einem ständigen und dauerhaften Geschäft interessiert sind, den Kontakt mit der betreffenden Außenhandelsgesellschaft durch einen ihrer Mitarbeiter aufrechtzuerhalten. Die Außenhandelsgesellschaften gehen davon aus, daß nach Möglichkeit alle Zwischenstationen im internationalen Handel ausgeschaltet werden sollen, dazu gehört also auch die Ausschaltung eines Vertreters in jedem Fall. Um die Vertreter völlig zu meiden, ist man in einzelnen Ostblockstaaten sogar dazu übergegangen, staatseigene Vertreterbüros zu gründen. Diese Vertreterbüros werden geleitet durch ehemalige leitende Mitarbeiter der Außenhandelsgesellschaften. Die einzelnen Firmen im westlichen Ausland werden nicht selten an diese staatlich gelenkten und staatseigenen Vertreterbüros verwiesen. Wenn z. B. eine Außenhandelsgesellschaft in einem Ostblockstaat einer Firma im westlichen Ausland den Hinweis gibt, den Kontakt mit ihr über ein derartiges Büro aufrechtzuerhalten, so ist das in jedem Fall zweckmäßig. Wenn auch die Firma mit diesem Büro bzw. mit dem betreffenden Bearbeiter, der ihre Interessen gegenüber der jeweiligen Außenhandelsgesellschaft wahrnimmt, nicht so verkehren kann wie z. B. mit einem Vertreter, der auf privater Basis arbeitet, so hat sie doch durch die Zusammenarbeit mit diesem Vertreterbüro die Gewißheit, daß sie bei Geschäftsmöglichkeiten mit berücksichtigt wird. In den einzelnen Ostblockstaaten ist es darüber hinaus ein offenes Geheimnis, daß diese Vertreterbüros dazu mit geschaffen wurden, um wirklich nur leistungsfähige Firmen einzuschalten. Diese Büros haben also die Aufgabe, in gewisser Hinsicht eine Auslese von den vielen Bewerbern aus dem westlichen Ausland für das Ostgeschäft vorzunehmen. Der Zusammenarbeit mit einem auf privater Basis arbeitenden Vertreter bringen die Außenhandelsgesellschaften der Ostblockstaaten stets Mißtrauen entgegen. Die Ausschaltung eines derartigen Vertreters ist daher in jedem Fall zu empfehlen. – Beim späteren Schriftverkehr mit der betreffenden Außenhandelsgesellschaft ist es zweckmäßig, die Briefe nur an die jeweilige zuständige Abteilung zu adressieren. Keineswegs den Schriftwechsel an den zuständigen Fachdirektor oder Abteilungsleiter persönlich richten! Mit einer derartigen Handhabung kann der Kunde im westlichen Ausland unter Umständen die betreffenden Mitarbeiter in der Außenhandelsgesellschaft zu seinem eigenen Nachteil sehr verärgern, da jeder in dieser Form adressierte Brief an die Kaderabteilung weitergeleitet wird und der betreffende Empfänger diese Briefe im Beisein des Kaderleiters öffnen muß. Man kann sich sehr leicht vorstellen, daß man mit einer derartigen Angelegenheit den betreffenden Mitarbeiter einer Außenhandelsgesellschaft verärgern kann, ohne daß man es selbst weiß.

Vertragstext und Vertragsbedingungen

Der Abschluß eines Vertrages durch die einzelnen Außenhandelsgesellschaften erfolgt in der Regel in folgender Form: Die Außenhandelsgesellschaft bittet die ihr bekannten leistungsfähigen Firmen um Abgabe einer Festofferte. Die eingehenden Offerten werden durch die zuständigen Einkäufer bearbeitet. Sie werden insbesondere betrachtet unter Berücksichtigung des angebotenen Preises, der angebotenen Qualität, der Lieferbasis und vor allem aber auch unter Berücksichtigung der angebotenen Zahlungsbedingungen und des Liefertermins. In der Regel verfahren die Außenhandelsgesellschaften so, daß sie dem Kunden, an dessen Offerte sie interessiert sind, einen Gegenvorschlag unterbreiten. Dieser Gegenvorschlag kann sowohl eine Preisreduzierung als auch eine Änderung der angebotenen Lieferkonditionen enthalten. Es ist auf keinen Fall empfehlenswert, überhöhte Preise in den Offerten zu nennen. Überhöhte Preisforderungen fördern keineswegs ein dauerhaftes Geschäft mit den Ostblockstaaten, sondern sie hinterlassen immer eine schlechte Erinnerung bei der Außenhandelsgesellschaft, auch dann, wenn die betreffende Firma sich später in einer Verhandlung bereit erklärt hat, den Preis wesentlich zu reduzieren. Es ist daher in jedem Fall empfehlenswert, die Preisforderungen der jeweils vorherrschenden Marktlage anzupassen. Die Außenhandelsgesellschaften der Ostblockstaaten erhalten ja nicht nur eine Offerte, sondern sie können in unbeschränkter Anzahl Offerten anfordern und sich auf diese Art und Weise für die günstigste Offerte entscheiden. Dies sollte jeder Kaufmann berücksichtigen, der an einem dauerhaften Geschäft mit den Ostblockstaaten interessiert ist. Wer in der Lage ist, den einzelnen Außenhandelsgesellschaften besonders günstige

Zahlungsbedingungen zu gewähren, wird auch in der Regel die Gewißheit haben können, daß er beim Abschluß der Verträge mit berücksichtigt wird. Die Außenhandelsgesellschaften der Ostblockstaaten sind ganz besonders daran interessiert, nicht nur zu günstigen Preisen, sondern auch zu äußerst günstigen Zahlungsbedingungen ihre Waren zu kaufen.

Nach einer nochmaligen Verhandlung oder aber nach einer Kontaktaufnahme in irgendeiner anderen Form erfolgt dann in der Regel der Abschluß des Geschäftes. Es empfiehlt sich, in jedem Fall das abgeschlossene Geschäft in allen Teilen telegrafisch oder fernschriftlich zu bestätigen. Die Außenhandelsgesellschaften verfahren so, daß sie einen entsprechenden Importvertrag ausstellen. Vom Verkäufer ausgestellte schriftliche Verkaufsbestätigungen haben für die Ostblockstaaten keinerlei vertragliche Gültigkeit. Dies trifft auch zu für die in der Verkaufsbestätigung enthaltenen allgemeinen Lieferbedingungen des Verkäufers. Auch nur der beiderseits geschlossene und der von beiden Partnern unterzeichnete Vertrag ist gültig. Sich darauf zu berufen, daß unter Umständen die Verkaufsbestätigung eine andere Regelung vorsieht, ist zumindest für denjenigen Geschäftsmann nicht zu empfehlen, der an einem dauerhaften Ostgeschäft interessiert ist. Die einzelnen Ostblockstaaten verfahren in der Regel so, daß sie dann diesen Hinweis über die allgemeinen Lieferbedingungen auf der Verkaufsbestätigung widerspruchslos anerkennen, aber in Zukunft diese Firma vom weiteren Geschäft stillschweigend ausschließen. In der Regel kann auch gesagt werden, daß mündlich getroffene Geschäftsvereinbarungen in jedem Fall von den zuständigen Fachdirektoren der Außenhandelsgesellschaften oder aber den Ein- und Verkäufern eingehalten werden. Wie bereits geschildert, fertigt die Außenhandelsgesellschaft in den Ostblockstaaten den Importvertrag aus. Bei diesen Verträgen handelt es sich zum überwiegenden Teil um Textverträge. Die Vertragsbedingungen enthalten in jedem Fall die internationalen Handelsbedingungen, die für sie betreffende Ware gültig sind. Die Außenhandelsgesellschaften der Ostblockstaaten und hierbei insbesondere der Sowjetunion sind peinlichst darauf bedacht, die bestehenden internationalen Handelsbedingungen anzuerkennen. Die Einigung über den Vertragstext und über die Vertragsbedingungen wird daher mit dem östlichen Partner stets keine großen Schwierigkeiten bereiten. Diese dargelegten Prinzipien gelten im allgemeinen für den Abschluß eines Importgeschäftes.

Beim Abschluß eines Exportgeschäftes verfahren die Außenhandelsgesellschaften der Ostblockstaaten zunächst so, daß sie Abschlüsse grundsätzlich nur, soweit dies möglich ist, über ihren Vertreter in dem betreffenden Land tätigen. Die Außenhandelsgesellschaften sind hierbei interessiert, möglichst leistungsfähige Firmen mit ihrer Vertretung zu beauftragen. Dabei ist es keineswegs so, daß eine Firma die Vertretung erhält für das gesamte Exportprogramm einer Außenhandelsgesellschaft. Derartige Fälle dürften äußerst vereinzelt dastehen, da wohl keine Firma im westlichen Ausland so leicht in der Lage sein dürfte, das gesamte Exportprogramm einer Außenhandelsgesellschaft vertreten zu können. Die Außenhandelsgesellschaften in den Ostblockstaaten vergeben daher ihre Vertretung zum überwiegenden Teil nur für eine Ware oder aber für eine zusammengehörende Warengruppe. — Mit dem Vertreter wird ein Vertretervertrag abgeschlossen, der ihm das Alleinverkaufsrecht in einem bestimmten Gebiet zusichert. Der Vertreter erhält für jedes Geschäft, das er tätigt, eine vereinbarte Provision. Allerdings erhält er auch die Provision für solche Geschäfte, die nicht unmittelbar durch seine Tätigkeit zustande gekommen sind, d. h. er erhält also auch eine Provision für einen Verkauf, wenn eine Firma sich direkt an die betreffende Außenhandelsgesellschaft wendet. Die Einschaltung des Vertreters durch die Außenhandelsgesellschaften der Ostblockstaaten bringt keineswegs eine Verteuerung der Ware mit sich. Die Vertreter sind ihrerseits verpflichtet, die Außenhandelsgesellschaft ständig über die Marktentwicklung in ihrem Land oder Gebiet zu informieren. Sie sind vor allen Dingen verpflichtet, die Konkurrenz laufend zu beobachten und darüber hinaus ausführlich Bericht zu erstatten. In der Regel vereinbaren die Außenhandelsgesellschaften der Ostblockstaaten mit der jeweiligen Vertreterfirma auch, daß sie verpflichtet ist, einen bestimmten Mindesumsatz zu tätigen. Die Firmen, die eine Vertretung einer Außenhandelsgesellschaft in einem Ostblockstaat übernommen haben, werden außerdem auch laufend von Außenhandelsexperten in Form von persönlichen Besuchen beraten. Weiterhin übersenden die Außenhandelsgesellschaften, die mit Maschinen handeln, in regelmäßigen Abständen ihre Verkaufsingenieure zu den Vertretern. Unabhängig von der Verkaufstätigkeit des Vertreters setzen die Außenhandelsgesellschaften ihre Bemühungen fort, den Absatz in dem betreffenden Land weiter zu forcieren. Der Vertreter ist des weiteren verpflichtet, eine Werbung für die Außenhandelsgesellschaft ständig durchzuführen und sich unter Umständen an Ausstellungen und Messen zu beteiligen.

Nach Vorliegen eines Auftrages aus dem westlichen Ausland fertigen die Außenhandelsgesellschaften einen Exportauftrag aus. Dieser Exportauftrag ist verbindlicher Vertrag zwischen beiden Partnern. Die

Außenhandelsgesellschaften der Ostblockstaaten schließen aber grundsätzlich, ob im Im- oder Export, nur dann ein Geschäft mit einem Kunden ab, wenn gute Auskünfte über die betreffende Firma vorliegen. Sie messen hierbei den Bankauskünften ganz besondere Bedeutung zu. Firmen, über die sie schlechte Bankauskünfte erhalten, können nicht damit rechnen, jemals von der Außenhandelsgesellschaft ins Geschäft eingeschaltet zu werden. Auch beim Abschluß eines Exportvertrages hält sich die betreffende Außenhandelsgesellschaft streng an eventuelle internationale Handelsbedingungen. Beim Export beurteilt die Außenhandelsgesellschaft die einzelnen Firmen insbesondere danach, wie sie ihren finanziellen Verpflichtungen gegenüber der Außenhandelsgesellschaft nachkommen und ob sie alle Maßnahmen ergreifen, um den Umsatz ständig zu erhöhen. Die Kontrolle der Vertreter erfolgt in der Regel durch den in der Handelsvertretung eines Ostblockstaates tätigen Mitarbeiter, der für die betreffende Außenhandelsgesellschaft zuständig ist. Die Verkaufstätigkeit des Vertreters unterliegt also somit einer ständigen direkten Kontrolle durch die Außenhandelsgesellschaft. — Bei der Auslieferung von Exportverträgen kommt es nicht selten zu Lieferterminschwierigkeiten. Lieferterminschwierigkeiten sind vor allem darauf zurückzuführen, daß die Produktionsbetriebe nicht regelmäßig oder aber in nicht genügendem Umfange das erforderliche Material zur Ausführung des Exportauftrages erhalten haben. Derartige Schwierigkeiten sind bei einem Teil der Ostblockstaaten an der Tagesordnung. Es empfiehlt sich daher beim Abschluß von Exportverträgen für den Partner im westlichen Ausland, möglichst genaue Liefertermine zu vereinbaren. Zur Information sei noch hinzugefügt, daß in der Regel die Außenhandelsexperten in den Ostblockstaaten derartigen Vorkommnissen selbst tatenlos zusehen müssen, da sie auch nicht in der Lage sind, das erforderliche Material heranzuschaffen. Die Außenhandelsgesellschaft hat somit keinerlei Einfluß darauf, ob der vom Lieferwerk zugesagte Termin auch wirklich eingehalten wird oder nicht. Aus diesem Grunde ist es auch zweckmäßig, wenn die Firmen im westlichen Ausland, die die Vertretung einer Ware oder einer Warengruppe für eine Außenhandelsgesellschaft übernommen haben, ständig bestrebt sind, insbesondere zu den Lieferwerken einen guten Kontakt aufrechtzuerhalten. Es ist auch zweckmäßig, den Lieferwerken anläßlich eines persönlichen Besuches Reklamationen und sonstige Schwierigkeiten zu unterbreiten, da all diese Mängel durch die leitenden Außenhandelsexperten in den Außenhandelsgesellschaften selbst nicht beseitigt werden können.

Wie erfolgt die Bearbeitung eines Vertrages nach dem Abschluß in der Außenhandelsgesellschaft?

Nachdem der Vertrag zwischen der Außenhandelsgesellschaft und dem Partner im westlichen Ausland unterzeichnet worden ist, erfolgt die eigentliche Bearbeitung des Vertrages durch die verschiedenen Abteilungen der Außenhandelsgesellschaft. Der Vertrag geht nach seinem Abschluß, unabhängig ob es sich um einen Import oder Export handelt, zur Überprüfung in die Abteilung Märkte und Preise. Der zuständige Mitarbeiter in der Abteilung Märkte und Preise überprüft den vereinbarten Preis und die vereinbarte Lieferbasis. Stellt er fest, daß der vereinbarte Preis den ihm vorliegenden Unterlagen entspricht, so gibt er seine Zustimmung zur Durchführung des Geschäftes in der vorliegenden Form. Ist er jedoch mit dem vereinbarten Preis nicht einverstanden, so nimmt er gewöhnlich mit dem Ein- oder Verkäufer Rücksprache, um sich zu informieren, wie es zu diesem Preis gekommen ist. Kommt es zu keiner Einigung zwischen dem Ein- und Verkäufer und dem Mitarbeiter der Abteilung Märkte und Preise, so wird die Angelegenheit dem zuständigen Fachdirektor vorgetragen. Erklärt sich der Fachdirektor ebenfalls mit dem vereinbarten Preis einverstanden, so hat der Mitarbeiter der Abteilung Märkte und Preise nun noch die Möglichkeit, über seinen Abteilungsleiter beim Generaldirektor der Außenhandelsgesellschaft gegen den vereinbarten Preis Einspruch zu erheben. Es kommt nicht selten vor, daß es zwischen dem Fachdirektor und Ein- oder Verkäufer einerseits und dem Leiter der Abteilung Märkte und Preise und dem betreffenden Bearbeiter andererseits in Gegenwart des Generaldirektors zu lebhaften Auseinandersetzungen kommt. Die Abteilung Märkte und Preise in den Außenhandelsgesellschaften betrachtet zum überwiegenden Teil völlig einseitig den vereinbarten Preis und die vereinbarten Lieferbedingungen. Der Partner im westlichen Ausland kann aber die Gewißheit haben, daß der mit ihm vereinbarte Preis in jedem Fall bestehen bleibt, da der Fachdirektor die Verantwortung für diesen Preis letzten Endes doch trägt. Der Vertrag wird auch dann in der Form, wie er abgeschlossen wurde, realisiert, wenn sich der Generaldirektor der Meinung der Abteilung Märkte und Preise anschließt.

Nach der Bearbeitung des Vertrages durch die Abteilung Märkte und Preise wird derselbe durch die Handelspolitische Abteilung bearbeitet. Die Handelspolitische Abteilung bearbeitet den Vertrag nach rein handelspolitischen Gesichtspunkten, d. h. sie überprüft, ob der Vertrag im Rahmen eines Handelsabkommens abgeschlossen wurde, ob er den

Zusatz enthält, daß Bezahlung und Abwicklung im Rahmen dieses Handelsabkommens erfolgt und daß auch die allgemeinen Lieferbedingungen, die im Handelsabkommen vereinbart wurden, berücksichtigt werden. Die Handelspolitische Abteilung kann im Falle von grundsätzlichen Bedenken ebenfalls ihren Einspruch beim Generaldirektor vorbringen. Sie überprüft u. a. auch, ob es zweckmäßig war, mit der entsprechenden Firma den Vertrag abzuschließen, ob die Firma bisher ihren vertraglichen Verpflichtungen prompt nachgekommen ist oder aber ob sonstige Bedenken einen Vertragsabschluß in Zukunft nicht mehr zulassen.
Im Anschluß daran wird der Vertrag durch die Abteilung Planung bearbeitet. Die Bearbeitung in der Abteilung Planung bezieht sich vor allem darauf zu überprüfen, ob die im Vertrag vereinbarte Ware im Plan enthalten ist. Der Vertrag wird desweiteren in der Abteilung Planung mengen- und wertmäßig gebucht. Die mengenmäßige Buchung erfolgt erklärlicherweise nur bei solchen Waren, die in Mengeneinheiten gehandelt werden. Die Buchung in der Abteilung Planung erfolgt einmal unter dem Gesichtspunkt nach der geplanten Warenposition und zum anderen nach dem betreffenden Land, in dem der Partner im westlichen Ausland sitzt. Es wird ferner unterschieden bei der Buchung, ob die Bezahlung im Rahmen eines Handelsabkommens oder ob sie gegen freie Devisen oder in irgendeiner anderen Form erfolgt.
Der Vertrag wird dann zur Bearbeitung der Abteilung Valuta-Kontrolle übergeben. Die Abteilung Valuta-Kontrolle kontrolliert beim Import-Vertrag, ob die entsprechenden Devisen zum vereinbarten Zahlungstermin auch tatsächlich zur Verfügung stehen. Schwierigkeiten bei der Bearbeitung des Vertrages in der Abteilung Valuta-Kontrolle können sich nur dann ergeben, wenn inzwischen durch die Abteilung Valuta im Ministerium für Außenhandel eine terminliche Verschiebung der Devisen vorgenommen wurde. Diese Fälle sind aber derartig selten, so daß sie bisher kaum wesentlich den Ablauf der Geschäfte gestört haben. — Beim Exportvertrag hält die Abteilung Valuta-Kontrolle genau fest, bis zu welchem Termin die Valuta von dem betreffenden Kunden eingegangen sein muß. Mit Hilfe der Valuta-Buchhaltung kontrolliert sie genau, ob der Betrag von dem betreffenden Vertragspartner pünktlich und ordentlich eingeht. Mahnungen von überfälligen Forderungen im westlichen Ausland erfolgen daher in der Regel auf Veranlassung der Abteilung Valuta-Kontrolle, durch den Verkäufer und den zuständigen Fachdirektor. Die Abteilung Valuta-Kontrolle kann z. B. Einspruch gegen den Abschluß eines Exportgeschäftes erheben, wenn es sich bei dem Partner im westlichen Aus-

land um einen säumigen Kunden handelt. Auch wenn umgekehrt diese Firma ein Importgeschäft mit der Außenhandelsgesellschaft abschließt, kann es vorkommen, daß nunmehr die Abteilung Valuta-Kontrolle es ablehnt, ihre Zustimmung zu dem abgeschlossenen Geschäft zu geben. Wie bereits schon geschildert, achten die Außenhandelsgesellschaften der Ostblockstaaten besonders auf die prompte finanzielle Abwicklung der mit dem Kunden im westlichen Ausland abgeschlossenen Verträge.

Nach der Bearbeitung durch die Abteilung Valuta-Kontrolle, wird der abgeschlossene Vertrag durch den Hauptbuchhalter der Außenhandelsgesellschaft durchgearbeitet. Der Hauptbuchhalter interessiert sich insbesondere für die vereinbarten Zahlungsbedingungen. Beim Importvertrag ist er besonders daran interessiert, die günstigsten Zahlungsbedingungen zu erreichen. Er kontrolliert z. B. bei sofortiger Zahlung, ob sich diese Tatsache auf den Preis der Ware ausgewirkt hat. Er kontrolliert weiterhin, ob bei der Vereinbarung von Akkreditiven es unbedingt notwendig ist, das Akkreditiv telegrafisch eröffnen zu lassen, und ihn interessiert des weiteren, ob der vereinbarte Akkreditivtext tatsächlich den vereinbarten Umfang haben muß, oder aber ob man ihn nicht irgendwie noch kürzer fassen kann. Seine Kontrolle erstreckt sich ferner darauf, ob z. B. bei einem Zielgeschäft die vereinbarten Zinsen, die die Außenhandelsgesellschaft zahlen muß, mit dem in dem betreffenden Land üblichen Diskontsatz in Übereinstimmung zu bringen sind. In diesem Zusammenhang muß allerdings gesagt werden, daß die Hauptbuchhalter in den Außenhandelsgesellschaften der Ostblockstaaten teilweise nicht in der Lage sind, die Aufgaben so wie hier geschildert durchzuführen. Der Hauptbuchhalter kann aber ebenfalls gegen den Abschluß eines Vertrages und seine Realisierung in der vorliegenden Form Einspruch erheben. Er hat dabei sogar das Recht, sich an das Ministerium für Außenhandel zu wenden und eine Untersuchung zu veranlassen, wie es zum Vertragsabschluß kam und worauf die vereinbarten Bedingungen zurückzuführen sind. Aber auch sein Einspruch kann an sich den einmal vereinbarten Vertrag nicht mehr rückgängig machen. Allerdings führt eine derartige Angelegenheit immer zu Verzögerungen, die jeder Kaufmann gern vermeidet.

Nach der Durcharbeitung des Vertrages durch den Hauptbuchhalter wird derselbe der Abteilung Verkehr übergeben. Die Abteilung Verkehr überprüft den Vertrag danach, ob die vereinbarten Lieferkonditionen mit den vorliegenden handelspolitischen Richtlinien übereinstimmen. Die Außenhandelsgesellschaften der Ostblockstaaten sind z. B. daran interessiert, ständig FOB Ursprungsland bzw. Herstellungs-

land zu kaufen und CIF Empfangsland zu verkaufen. In der Regel ist es so, daß die Fachdirektoren und die Ein- und Verkäufer diese vorliegende handelspolitische Direktive kaum umgehen können. Die Außenhandelsexperten in den Außenhandelsgesellschaften der Ostblockstaaten werden daher auch stets in den Verhandlungen hartnäckig bestrebt sein, diesen Grundsatz durchzusetzen. Sie gehen dabei davon aus, daß wenn sie FOB kaufen, sie die Möglichkeit haben, viel früher in den Besitz der Ware zu gelangen, als wenn sie die Ware CIF Empfangshafen kaufen. Des weiteren haben die Außenhandelsgesellschaften der Ostblockstaaten dadurch die Möglichkeit, auf die Reeder im westlichen Ausland einen bestimmten Einfluß hinsichtlich der geforderten Preise für die Fracht auszuüben. Ein Teil der Ostblockstaaten spart auch auf diese Art und Weise einen großen Teil von Devisen, wie z. B. die Sowjetunion, Rumänien, Bulgarien und Polen sowie China, indem sie ihren eigenen Frachtraum verwenden.
Beim Verkauf auf der Basis CIF sparen die einzelnen Ostblockstaaten wiederum Devisen. Auf der anderen Seite können sie den Transport und den Umschlag der Ware in viel größerem Umfang beeinflussen, als wenn sie die Ware FOB Verschiffungshafen verkaufen. Der Verkauf CIF ermöglicht ihnen aber andererseits wiederum, wenn sie keinen eigenen Frachtraum zur Verfügung haben, einen Einfluß auf die internationalen Reedereien im westlichen Ausland auszuüben und für sie günstigere Bedingungen zu erreichen. Bei der Verwendung von eigenem Frachtraum sind sie des weiteren in der Lage, ihre Kalkulation so rationell wie eben möglich vorzunehmen. Die Abteilung Verkehr überprüft sehr genau alle Abweichungen von der gegebenen handelspolitischen Direktive. Die Fachdirektoren sowie die Ein- und Verkäufer sind auch angewiesen, sich vor Vertragsabschluß mit der Abteilung Verkehr in Zweifelsfällen in Verbindung zu setzen. Einen weiteren Punkt, den die Außenhandelsgesellschaften der Ostblockstaaten fast immer zur Bedingung in ihren Verträgen machen, ist die Einschaltung ihrer Vertrauensspediteure. Wenn die Außenhandelsgesellschaften die Einschaltung ihrer Vertrauensspediteure fordern, so ist es für den Partner im westlichen Ausland zweckmäßig, sich dieser Forderung anzuschließen, da die Außenhandelsgesellschaften von der Erfüllung dieser Forderung unter Umständen das Zustandekommen eines Vertrages insbesondere bei Importgeschäften abhängig machen. Die Abteilung Verkehr überprüft daher auch, ob die entsprechenden Vertrauensspediteure eingeschaltet worden sind. Diese Vertrauensspediteure gewähren zum überwiegenden Teil den Außenhandelsgesellschaften der Ostblockstaaten ganz besondere Vergünstigungen.

Nachdem der Vertrag von den genannten Abteilungen und leitenden Mitarbeitern bearbeitet worden ist, wird er zur Unterzeichnung dem Fachdirektor vorgelegt. Da jetzt sämtliche der angeführten Personen und Abteilungen ihre Zustimmung zum Vertrag gegeben haben, unterzeichnet der Fachdirektor oder aber der Stellv. Generaldirektor im Rahmen ihrer Unterschriftsvollmacht den Vertrag. Die Fachdirektoren der Außenhandelsgesellschaften in den Ostblockstaaten haben in der Regel die Vollmacht, Verträge bis zu 500 000 US-$ links zu unterzeichnen. In diesem Fall unterzeichnet rechts der Ein- oder Verkäufer. Übersteigt der Betrag die Summe von 500 000 US-$, so hat der Fachdirektor das Recht, rechts zu unterzeichnen und links unterzeichnet in jedem Fall der Stellv. Generaldirektor. Auf Auslandsreisen erhalten die Fachdirektoren das Recht, auch links oder allein einen Vertrag auch über 500 000 US-$ zu unterzeichnen. Allerdings muß dann intern nachträglich zu dem Vertrag und seiner Unterzeichnung durch den Fachdirektor entgegen der allgemein üblichen Unterschriftsvollmacht die Zustimmung des Generaldirektors eingeholt werden. Diese Unterschriftsregelung hat Gültigkeit für alle Außenhandelsgesellschaften bis auf die Außenhandelsgesellschaften der Sowjetunion. In der Sowjetunion können Verträge mit den einzelnen Ländern im westlichen Ausland nur von denjenigen leitenden Mitarbeitern unterzeichnet werden, die für das betreffende Land Unterschriftsvollmacht haben. Die Unterschriftsvollmachten werden in der Sowjetunion durch das Organ des Ministeriums für Außenhandel der UDSSR öffentlich bekanntgegeben. Diese Regelung bedeutet also praktisch, daß ein leitender Mitarbeiter einer Außenhandelsgesellschaft der UDSSR z. B. nur die Vollmacht hat, Verträge mit Großbritannien zu unterzeichnen. Er kann also keineswegs einen Vertrag mit der Bundesrepublik unterschreiben. Diese Unterschriftsregelung gilt jedoch wohlgemerkt nur für die Außenhandelsgesellschaften der UDSSR.
Nachdem der Vertrag von den leitenden Direktoren unterzeichnet wurde, wird er gesiegelt. Durch die Siegelung wird der Vertrag rechtskräftig. Erst nachdem der Vertrag gesiegelt worden ist, darf er dem Partner im westlichen Ausland übergeben werden. Bei der Siegelung überprüft der betreffende Mitarbeiter nochmals, ob der Vertrag durch alle zuständigen Abteilungen und leitenden Mitarbeiter bearbeitet worden ist. Nach der Aushändigung des Vertrages an den Kunden übergibt der Ein- oder Verkäufer den Vertrag dem an sich zuständigen Bearbeiter. Der Vertragsabwickler veranlaßt nach Übernahme des Vertrages die erforderlichen Maßnahmen. Beim Importvertrag stellt er zunächst die Genehmigung für die Einfuhr der Ware aus. Diese Geneh-

migung hinterlegt er beim zuständigen Grenzzollamt. Des weiteren ist er dafür verantwortlich, daß rechtzeitig die Devisengenehmigung, d. h. die Genehmigung zum Ankauf der Valuta bei der Staatsbank durch das Ministerium für Außenhandel erteilt wird. Nach Vorliegen der Devisengenehmigung veranlaßt er gemäß den vereinbarten Zahlungsbedingungen die Bezahlung der Ware, d. h. er veranlaßt bei Vereinbarung eines Akkreditivs die Eröffnung desselben nach den vereinbarten Bedingungen und er veranlaßt bei Vereinbarung Überweisung nach Erhalt der Ware die Überweisung nach ordnungsgemäßer Überprüfung sämtlicher vorliegenden Dokumente. Des weiteren ist er zuständig für die Anforderung des eventuell erforderlichen Binnenschiffsraums und Waggonraums. Ihm obliegt auch, dafür zu sorgen, daß die Ware entsprechend den Weisungen der Empfänger im Inland verladen wird. Er stellt des weiteren die Rechnungen an die Empfänger im Inland aus und überwacht den ordnungsgemäßen Eingang der Zahlung.

Beim Exportvertrag gibt der Abwickler zunächst dem Lieferbetrieb von den vereinbarten Bedingungen Kenntnis. Er veranlaßt die Ausstellung der Genehmigung zur Ausfuhr der Ware und übersendet dieselbe dem Lieferbetrieb zur Vorlage beim Binnenzollamt. Wenn der Vertrag z. B. die Eröffnung eines Akkreditivs vorsieht von seiten des Empfängers im westlichen Ausland, so veranlaßt er die Verladung der Ware durch den Lieferbetrieb nach Vorliegen der Mitteilung von seiten der Akkreditivabteilung der Staatsbank, daß das Akkreditiv vorliegt. Nach Eingang der vereinbarten Dokumente löst er das Akkreditiv mit Hilfe der Dokumente ein. Er stellt auch die Rechnung an den Kunden im westlichen Ausland für die einzelnen Lieferungen aus. Des weiteren überwacht er die ordnungsgemäße Bezahlung der durch den Lieferbetrieb ausgelieferten Waren durch die Außenhandelsgesellschaft. Irgendwelche Schwierigkeiten, die bei der Abwicklung des Vertrages auftreten, hat der Abwickler sofort dem Ein- oder Verkäufer mitzuteilen. Anhand der vom Abwickler geführten Unterlagen läßt sich somit einwandfrei die Vertragsabwicklung auch von seiten des Partners im westlichen Ausland kontrollieren. Das Urteil des Abwicklers über einen Kunden ist daher des öfteren nicht ohne Bedeutung für die Aufrechterhaltung dauerhafter Geschäftsbeziehungen. Es ist vor allem zweckmäßig, die vereinbarten Dokumente ordnungsgemäß den Außenhandelsgesellschaften über die jeweiligen Banken zuzustellen.

Allerdings verfügen die Außenhandelsgesellschaften der Ostblockstaaten noch nicht über eine ausreichende Anzahl versierter Abwickler. Insbesondere im Export ist die Abwicklung eines Vertrages sehr schwierig, da der Abwickler u. a. auch die verschiedenen Zollsysteme und Zollsätze in den einzelnen Ländern kennen und somit eine gewisse Außenhandelserfahrung auf jeden Fall besitzen muß.

Abschluß von Verträgen durch die Ostblockstaaten auf internationalen Messen und Ausstellungen

Die Außenhandelsgesellschaften der Ostblockstaaten verfahren in der Regel auf Anweisung des Ministeriums für Außenhandel so, daß ein großer Teil der laut Plan vorgesehenen Geschäfte während der einzelnen Messen, die in den verschiedenen Ostblockstaaten stattfinden, abgeschlossen werden. Mit dieser Methode versuchen die Außenhandelsgesellschaften, einen möglichst großen Teil von Firmen für die Teilnahme an einer derartigen Messe zu gewinnen. Darüber hinaus geben einige Ostblockstaaten dem Aussteller aus dem westlichen Ausland die Garantie dafür, daß er im Rahmen eines Messestandskontingentes einen gewissen Abschluß mit der jeweils zuständigen Außenhandelsgesellschaft tätigen kann. Die Messestandskontingente werden errechnet auf der Grundlage der von der jeweiligen Firma gemieteten Ausstellungsfläche. So z. B. kann ein Aussteller pro qm mit einem Umsatz von 500 Rbl. rechnen. Die Messestandskontingente sollen also dazu dienen, einmal die Möglichkeit zu schaffen, daß die Messeexponate von den zuständigen Außenhandelsgesellschaften direkt übernommen werden können und auch daß der betreffende Aussteller nicht gänzlich umsonst an der Messe teilgenommen hat. Da jedoch in letzter Zeit in immer stärkerem Maße das Interesse für das Ostgeschäft in den einzelnen westlichen Ländern wächst, tragen sich die Ministerien für Außenhandel in den Ostblockstaaten schon bereits seit längerer Zeit mit der Absicht, die Messestandskontingente aufzuheben. Die vertragliche Bindung der Messestandskontingente ist des öfteren mit einer Reihe von Schwierigkeiten verbunden, da das Messestandskontingent selbstverständlich nur dann von der jeweiligen Außenhandelsgesellschaft vertraglich gebunden wird, wenn zwischen Aussteller und den Einkäufern der Außenhandelsgesellschaft eine Einigung über Preis und Qualität erzielt worden ist.

Unabhängig hiervon arbeiten die einzelnen Außenhandelsgesellschaften auf der Grundlage des Planes einen Messeeinkaufs- und Messeverkaufsplan aus. Der Messeeinkaufsplan enthält in der Regel die Mengen, die für die Versorgung im nächsten Halbjahr erforderlich sind.

Die einzelnen Ein- und Verkäufer wissen also bereits schon lange vor Beginn der Messe, ob eine Möglichkeit besteht, Geschäfte in ihrem Arbeitsgebiet zu tätigen und welchen Umfang die Geschäfte haben werden. Berücksichtigt beim Geschäftsabschluß werden vor allem solche Firmen, die auf der Messe als Aussteller vertreten sind oder aber die zumindest einen ihrer leitenden Herren für die Dauer der Messe entsandt haben. Firmen, die nicht auf der Messe vertreten sind, können auch in keinem Fall damit rechnen, Geschäfte mit der Außenhandelsgesellschaft zu tätigen. Von seiten der Ostblockstaaten und insbesondere von seiten der Ministerien für Außenhandel wird der allergrößte Wert darauf gelegt, daß der Handel sich auf die Firmen konzentriert, die regelmäßig auf den Messen in den Ostblockländern ausstellen. Die Teilnahme an der Messe als Aussteller oder aber zumindest die Entsendung eines verantwortlichen Repräsentanten der jeweiligen Firma ist für die Firmen, die an einem dauerhaften Geschäft mit den Ostblockstaaten interessiert sind, in jedem Fall empfehlenswert. Während der Messe verfahren die Außenhandelsgesellschaften so, daß sie sich von den ausstellenden Firmen und den anwesenden Repräsentanten täglich Offerten und Marktberichte übergeben lassen. Die Ein- und Verkäufer der Außenhandelsgesellschaften unterbreiten dann in den täglich während der Messe stattfindenden Arbeitsbesprechungen ihren Fachdirektoren die Vorschläge, welche Firmen ihrer Meinung nach beim Vertragsabschluß berücksichtigt werden sollten. Der Fachdirektor verfährt in der Regel dann so, da er sich ebenfalls über das Angebot der einzelnen Firmen bereits vorher informiert hat, indem er die Ausstellungsstände aufsucht und sich dabei über Marktpreise und Marktentwicklung berichten läßt. Aufgrund der ihm bekannten handelspolitischen Richtlinien teilt er dem Einkäufer mit, in welchem Umfang die einzelnen Firmen beim Vertragsabschluß zu berücksichtigen sind.

Beim Export sind die Außenhandelsgesellschaften ganz besonders daran interessiert, daß während des Ablaufs einer Messe ihre Vertreter anwesend sind. Während der Messe besteht dann auch die Möglichkeit, mit den Exportleitern der Produktionsbetriebe zu verhandeln. Da sämtliche Produktionsbetriebe, die am Export beteiligt sind, auf der Messe vertreten sind, besteht also somit auch für den Interessenten aus dem westlichen Ausland die Möglichkeit, sich den besten Überblick über das Angebot des betreffenden Ostblockstaates in seiner Branche zu verschaffen. Die Außenhandelsgesellschaften der Ostblockstaaten versuchen darüber hinaus Repräsentanten der wichtigsten Firmen für den Besuch der Messe zu interessieren, um mit ihnen während der Messe über Verkaufsabschlüsse zu verhandeln. Es ist keineswegs so, daß die am Export beteiligten Firmen in unbeschränktem Maße in der Lage sind, Exportaufträge durchzuführen. Außer dem fast ständigen Materialmangel ist aber auch der Auftragsbestand dieser Werke so groß, daß sie sich wirklich überlegen müssen, ob sie in der Lage sind, vom kapazitätsmäßigen Gesichtspunkt aus die einzelnen Exportaufträge durchzuführen. Es mag in einzelnen Industriezweigen durchaus so sein, daß noch freie Kapazitäten für den Export vorhanden sind. Dies kann aber keineswegs als typisch angesehen werden. Aber trotz aller Schwierigkeiten haben es die Ostblockstaaten in den vergangenen Jahren verstanden, sich einen festen Stamm von Kunden zu schaffen. Es kann daher durchaus vorkommen, daß der Interessent aus dem westlichen Ausland feststellen muß, daß die betreffende Außenhandelsgesellschaft gar nicht so sehr daran interessiert ist, seinen Auftrag durchzuführen. Dies trifft insbesondere zu, wenn es sich bei der Firma aus dem westlichen Ausland um einen völlig neuen Kunden handelt. In dieser Hinsicht werden nicht nur die Firmen, die etwas an die Ostblockstaaten verkaufen wollen, mit Schwierigkeiten zu kämpfen haben, sondern auch umgekehrt diejenigen, die etwas kaufen wollen. Die Verkaufsabschlüsse erfolgen ebenfalls im Rahmen eines Messeverkaufsplanes. Da die Verkäufer eine ziemlich genaue Übersicht darüber haben, welche Vertreter und welche größeren Interessenten während der Messe anwesend sind, ist es für sie verhältnismäßig leicht, den ungefähren Umfang der Verkaufsabschlüsse während der Messe einzuschätzen. Die Teilnahme an der Messe für den Kaufmann aus dem westlichen Ausland, unabhängig davon, ob es sich um ein Import- oder Exportgeschäft handelt, räumt daher viele Schwierigkeiten aus dem Weg, die sonst bei der Kontaktaufnahme außerhalb einer Messe bestehen. Es ist auch durchaus empfehlenswert, während der Messe in Poznan z. B. nicht nur mit den polnischen Außenhandelsgesellschaften Kontakt aufzunehmen, sondern auch mit den anwesenden Repräsentanten der Außenhandelsgesellschaften aus den übrigen Ostblockstaaten.

Wenn es z. B. zu einem Vertragsabschluß zwischen der Außenhandelsgesellschaft und dem Partner aus dem westlichen Ausland kommt, so ist der organisatorische und technische Ablauf genau der gleiche wie bereits geschildert. Der Vertrag wird während der Messe genauso bearbeitet, als wenn er außerhalb der Messe abgeschlossen worden wäre. Die einzelnen Abteilungen, die die Vertragsbearbeitung vornehmen, sind ebenfalls auf der Messe vertreten. Allerdings werden auf der Messe sämtliche Vertragsabschlüsse in bedeutend schnellerem Tempo und in viel zügigerer Form bearbeitet, als dieses normalerweise

der Fall ist. Auch aus diesem Grund der Abkürzung der Bearbeitungszeit ist daher der Vertragsabschluß auf der Messe in jedem Fall empfehlenswert. Für den Interessenten aus dem westlichen Ausland wird des weiteren nicht uninteressant sein, daß Messeverträge auch nach der Messe mit besonderem Vorrang bearbeitet werden. Auf die schnellste Realisierung und Einhaltung der vereinbarten Bedingungen legen die Außenhandelsministerien der Ostblockstaaten allergrößten Wert. Auch unter diesem Gesichtspunkt ist der Abschluß von Verträgen für den Kaufmann aus dem westlichen Ausland in jedem Fall ratsam.
Während der Messe ist es keineswegs empfehlenswert, daß Repräsentanten von Firmen aus dem westlichen Ausland ohne besondere Aufforderung hierzu mit Vertretern des jeweiligen Ministeriums verhandeln. Die Außenhandelsgesellschaften und die betreffenden leitenden Direktoren fühlen sich in diesen Fällen oftmals übergangen. Auch bestehen ganz konkrete Anweisungen während des Messeablaufes darüber, daß keine Kunden mit Mitarbeitern des Ministeriums für Außenhandel zu verhandeln haben, es sei denn, daß dies auf ausdrücklichen Wunsch und Veranlassung der betreffenden Mitarbeiter des Ministeriums selbst geschieht. Wenn die maßgeblichen Repräsentanten der einzelnen Firmen aus dem westlichen Ausland eine Unterredung mit einem Mitarbeiter des Ministeriums für Außenhandel für zweckmäßig halten, so ist es ratsam so zu verfahren, daß man sich anläßlich eines der zahlreichen Empfänge durch einen Mitarbeiter der Außenhandelsgesellschaft dem Betreffenden vorstellen läßt. Es ist in keinem Fall empfehlenswert, den betreffenden Mitarbeiter aus dem Ministerium selbst aufzusuchen. Dabei wird der Kaufmann aus dem westlichen Ausland immer wieder die Feststellung machen, daß es nur zweckmäßig ist, auch den dargelegten richtigen Weg zu beschreiten, wenn es sich um grundsätzliche Fragen handelt. Es hat keineswegs irgend einen Sinn und Zweck, an das Ministerium für Außenhandel mit Fragen der Vertragsabwicklung oder der Vertragsanbahnung heranzutreten, die in irgendeinem Zusammenhang mit einem konkreten Geschäft stehen. In diesen Fällen wird der Kaufmann aus dem westlichen Ausland immer wieder die Antwort erhalten, daß die Regelung derartiger Dinge ausschließlich Aufgabe der jeweiligen Außenhandelsgesellschaft ist. Er wird sogar zur Kenntnis nehmen müssen, daß die betreffenden Mitarbeiter des Ministeriums ihm erklären, daß sie keinerlei Einfluß auf die Handhabung der Geschäfte in den Außenhandelsgesellschaften nehmen können. Es ist daher bedeutend günstiger, wenn die Außenhandelsgesellschaft bzw. einer ihrer leitenden Direktoren aufgrund des Umfanges der bisherigen Geschäfte es für zweck-

mäßig hält, den betreffenden Kaufmann aus dem westlichen Ausland z. B. dem Hauptverwaltungsleiter oder aber dem Stellv. Minister vorzustellen. Dieser Weg sollte für ein reibungsloses dauerhaftes Geschäft der bedeutend richtigere sein, da gerade in diesen Fragen die Mitarbeiter des Außenhandelsapparates in den Ostblockstaaten sehr empfindlich sind.

Rolle und Aufgaben der Warenkontrollgesellschaften in den Ostblockstaaten

Die Außenhandelsgesellschaften der Ostblockstaaten bedienen sich für die Qualitätskontrolle fast immer der im eigenen Land bestehenden Kontrollgesellschaften. Bei diesen Kontrollgesellschaften handelt es sich genauso wie bei den Außenhandelsgesellschaften um staatliche Gesellschaften, die nach außenhin ebenfalls als G.m.b.H. oder aber als A.G. in Erscheinung treten. Diese Kontrollgesellschaften unterstehen zum überwiegenden Teil der Kammer für Außenhandel in den einzelnen Ostblockstaaten. Bei Vertragsabschlüssen, unabhängig davon, ob es sich um Import- oder Exportverträge handelt, wird daher die betreffende Außenhandelsgesellschaft nach Möglichkeit versuchen, die eigene Kontrollgesellschaft einzuschalten. Die Einschaltung der eigenen Kontrollgesellschaften ist in vielen Fällen ausschlaggebend, ob ein Geschäft zustande kommt oder nicht. Die Ministerien für Außenhandel sind daran interessiert, möglichst die im westlichen Ausland existierenden Kontrollgesellschaften soweit wie eben möglich auszuschalten. Sie arbeiten daher rege an dem Ausbau ihrer Niederlassungen im gesamten westlichen Ausland. Die Kontrollgesellschaften der Ostblockstaaten gehen nicht selten dazu über, Verträge mit kleineren und mittleren bereits existierenden Kontrollgesellschaften abzuschließen, um sie ausschließlich für ihre Aufgaben gewinnen zu können. Die Warenkontrollgesellschaften der Ostblockstaaten arbeiten nach genau den gleichen Bedingungen wie die Kontrollgesellschaften im westlichen Ausland. Für die von ihnen vorgenommenen Qualitätskontrollen stellen sie ordnungsgemäß Qualitätszertifikate aus, die als Dokumente bei der Zahlungsabwicklung dann eine wichtige Rolle spielen. Da es sich bei den Kontrollgesellschaften um Betriebe handelt, die dem Staat gehören, so spielt ihr Urteil auch eine gewisse Rolle für den zukünftigen Ablauf des Geschäftes mit dem Partner im westlichen Ausland. Wenn die Kontrollgesellschaft z. B. des öfteren feststellt, daß die von dem Partner im westlichen Ausland gelieferte Ware nur noch so eben den vereinbarten Qualitätsbedingungen gerecht wird, so kann dies zwar nicht im Zertifikat vermerkt werden, aber der zuständige Fachdirektor in der Kontrollgesellschaft gibt diese Feststellung seiner Mitarbeiter sofort an die Außenhandelsgesellschaft weiter. Die Warenkontrollgesellschaften der Ostblockstaaten sind somit in jeder Hinsicht der Treuhänder der Außenhandelsgesellschaften.

Im Export versuchen natürlich die Warenkontrollgesellschaften ebenfalls tätig zu werden. Hier allerdings muß die Beauftragung durch den Käufer im westlichen Ausland erfolgen. In den meisten Fällen ist es so, daß der Partner im westlichen Ausland sich mit der Einschaltung der jeweiligen Kontrollgesellschaft einverstanden erklärt, oder aber es gibt Fälle, wo die Kontrolle vorgenommen wird von einem Vertreter der Kontrollgesellschaft des Ostblockstaates und einem Vertreter der Kontrollgesellschaft im westlichen Ausland. Zu diesen Kompromissen ist die jeweilige Außenhandelsgesellschaft jedoch nur dann bereit, wenn es sich um Exportlieferungen handelt. Beim Abschluß von Importverträgen wird sie stets auf die restlose Einschaltung der eigenen Kontrollgesellschaft bestehen.

XVI. Erläuterungen zur Struktur des Außenhandelsapparates in den Ostblockstaaten

Die fachliche Gliederung des Außenhandels

An der Spitze des gesamten Außenhandels in den Ostblockstaaten steht vom fachlichen Gesichtspunkt aus gesehen der Minister für Außenhandel. Obwohl es sich bei der Person des Ministers für Außenhandel in der Regel um einen prominenten Funktionär der kommunistischen Partei handelt, so laufen jedoch auch bei ihm sämtliche Fäden der fachlichen Leitung des Außenhandels zusammen. Der Minister für Außenhandel leitet den Außenhandel insbesondere über die ihm unterstehenden Stellv. Minister. Einer der Stellv. Minister hat gewöhnlich den Rang eines Staatssekretärs und ihm unterstehen in der Regel die Kammer für Außenhandel, das Institut für Marktforschung, die Zollbehörden und etwaige nachgeordnete Institutionen des Außenhandels, die nicht unmittelbar etwas mit der praktischen Durchführung des Handels zu tun haben. Bei den Stellv. Ministern muß man unterscheiden zwischen denjenigen, denen ein Fachgebiet untersteht und denjenigen, denen die handelspolitische Arbeit obliegt. Aufgabe der Stellv. Minister, die ein Fachgebiet anleiten, ist es, vor allem die Verhandlungen mit den Ministern der Fach- und Produktionsministerien zu führen. Aus der Praxis des Außenhandels der Ostblockstaaten hat sich in den vergangenen Jahren ergeben, daß die Ziele des Außenhandels nur dann erreicht werden können, wenn diese auch vorher mit dem jeweiligen Minister eines Produktions- bzw. Fachministeriums abgesprochen worden sind. Den Stellv. Ministern für Außenhandel obliegt daher nicht so sehr die Aufgabe der Anleitung der ihnen unterstehenden Fachgebiete, sondern mehr die Aufgabe, die Ziele des Außenhandels gegenüber den anderen Fachministern durchzusetzen. Sie sind sozusagen die Verbindungsleute auf der Ebene eines Ministers, um bei auftretenden Schwierigkeiten im Außenhandel die Planerfüllung des Außenhandels zu gewährleisten. Aus der Struktur des Außenhandels der Ostblockstaaten ist auch ersichtlich, daß die einzelnen Fachbereiche so zusammengefaßt worden sind, daß sie jeweils das Arbeitsgebiet von drei bis vier Produktions- bzw. Fachministerien umfassen. Die Stellv. Minister sind zum überwiegenden Teil Außenhandelsexperten oder aber Fachleute, die aus den einzelnen Wirtschaftszweigen hervorgegangen sind. Sie spielen daher im politischen Leben auch nicht so eine Rolle, wie man allgemein im westlichen Ausland aufgrund ihrer Stellung annimmt. Zwar müssen sie auch Mitglied der kommunistischen Partei sein, aber ihr politischer Einfluß ist doch wiederum sehr beschränkt.

Dem Stellv. Minister untersteht eine Hauptverwaltung. Die Hauptverwaltung wird geleitet durch einen Hauptverwaltungsleiter, dem ausschließlich die fachliche und organisatorische Leitung der ihm unterstellten Fachgebiete obliegt. Er kann also z. B. nicht Verhandlungen mit dem Minister eines Produktions- bzw. Fachministeriums führen. Derartige Verhandlungen muß er durch den Stellv. Minister, dem er untersteht, durchführen lassen. Der Hauptverwaltungsleiter ist auch zuständig für die Anleitung der seinem Fachbereich unterstehenden Außenhandelsgesellschaften. Die Hauptverwaltung gliedert sich in zwei Abteilungen. Die erste beschäftigt sich mit den Fragen des Exports, die zweite mit denen des Imports der entsprechenden Branchen. Beide unterstehen je einem Hauptabteilungsleiter.

Der Hauptverwaltungsleiter hat also demzufolge hauptsächlich die Aufgabe, die Export- und Importaufgaben in seinem Fachbereich zu koordinieren und zu kontrollieren. Die Kontrolle übt der Hauptverwaltungsleiter vor allem aus durch die ihm unmittelbar unterstehende Abteilung Planung. Die Abteilung Planung berichtet dem Hauptverwaltungsleiter täglich über den Stand der Planerfüllung und über etwaige Schwierigkeiten, die bei der Planerfüllung aufgetreten sind. Es liegt nunmehr in der Hand des Hauptverwaltungsleiters zu entscheiden, ob er selbst in der Lage ist, die aufgetretenen Schwierigkeiten zu beseitigen oder aber ob sie nur mit dem zuständigen Produktionsministerium auf der Ebene der Minister geregelt werden können.

Die Hauptabteilungsleiter für Export und Import haben die Aufgabe, sich vor allem mit den rein fachlichen und speziellen Problemen ihres Aufgabenbereiches zu beschäftigen. Ihnen unterstehen zunächst mehrere Abteilungsleiter, die als Fachleute die Arbeiten in den einzelnen Branchen erledigen. Eine Hauptverwaltung wie bereits geschildert, umfaßt in der Regel drei bis vier Fachgebiete. Wenn also z. B. die Hauptverwaltung vier Fachgebiete umfaßt, so ergibt sich daraus, daß außer den beiden Hauptabteilungen für Import und Export noch je vier Fachabteilungen existieren. Diese Fachabteilungen sind dafür zuständig, in Zusammenarbeit mit den jeweilig zuständigen Mitarbeitern in den Fach- und Produktionsministerien die Ziele des Außenhandels zu verwirklichen und sind aber zugleich für die rein fachliche Anleitung der ihnen unterstehenden Außenhandelsgesellschaft ebenfalls verantwortlich. Wenn es z. B. eine Abteilung Metall gibt, so untersteht dieser Abteilung Metall auch die nachgeordnete Außenhandelsgesellschaft, d. h. diese Fachabteilung ist unmittelbar für die fachliche Anleitung der betreffenden Außenhandelsgesellschaft voll verantwortlich. Die Fachabteilung wird wiederum angeleitet durch den über ihr stehenden Hauptabteilungsleiter und die Koordinierung sämtlicher Aufgaben und Kontrollen erfolgt, wie bereits geschildert, durch den Hauptverwaltungsleiter. Innerhalb der Fachabteilung ist ein Mitarbeiter nur verantwortlich für die direkte Anleitung der Außenhandelsgesellschaft. Er überwacht und kontrolliert zum überwiegenden Teil in der Außenhandelsgesellschaft die Erfüllung des Planes, die Einhaltung der Direktiven, die vom Ministerium gegeben werden, und kontrolliert den gesamten Ablauf der fachlichen Arbeit, wohlgemerkt soweit er dazu fachlich genug qualifiziert ist. Auf diese Art und Weise ist jedenfalls zunächst theoretisch gewährleistet, daß die Direktiven des Ministeriums eingehalten werden. Wenn z. B. festgestellt wird, daß eine Außenhandelsgesellschaft den Plan in irgendeiner bestimmten Warenposition nicht erfüllt, so erteilt der Hauptverwaltungsleiter dem Hauptabteilungsleiter den Auftrag, die Dinge zu überprüfen. Der Hauptabteilungsleiter überprüft dann zunächst seine Fachabteilung, und lassen sich die Schwierigkeiten, was meistenteils der Fall ist, nicht innerhalb der Fachabteilung klären, so erhält der zuständige Bearbeiter der betreffenden Außenhandelsgesellschaft den Auftrag, an Ort und Stelle diese Angelegenheit zu überprüfen. Anhand dieser fachlichen Struktur kann jeder erkennen, wie bürokratisch und daher auch wie kompliziert der fachliche Apparat des Außenhandels in den Ostblockstaaten aufgebaut ist. Die Anleitung, die der zuständige Bearbeiter im Ministerium der Außenhandelsgesellschaft gibt, erstreckt sich zum überwiegenden Teil auf die Anleitung und Information der Fachdirektoren in der Außenhandelsgesellschaft. Die Fachdirektoren sind wiederum dafür verantwortlich, daß ihre Ein- und Verkäufer die vom Ministerium angeordneten Maßnahmen durchführen. Aus dieser Struktur und aus dieser Methode der Anleitung des Außenhandels ist es auch klar ersichtlich, daß die Kontrolle über die Erfüllung der gestellten Aufgaben im Vordergrund steht. Man muß natürlich berücksichtigen, daß neben dieser Vielzahl von Funktionären, die eine fachliche Kontrolle über die Lösung der Außenhandelsaufgaben ausübt, es auch noch eine Vielzahl von Funktionären der Querschnittsabteilungen gibt, die ebenfalls völlig einseitig nach ihren Gesichtspunkten kontrollieren.

Die gleiche Rolle, die im Ministerium für Außenhandel in den Ostblockstaaten der Hauptverwaltungsleiter spielt, übt auch der General-

direktor in einer Außenhandelsgesellschaft aus. Er ist derjenige, der vor allem die gesamten Aufgaben der Außenhandelsgesellschaft koordiniert und kontrolliert. Die Erfüllung der Aufgabenstellung der Außenhandelsgesellschaft kontrolliert er mit Hilfe einer Vielzahl von Querschnittsabteilungen. Zunächst ist da die Abteilung Planung zu nennen. Die Abt. Planung ermittelt tagtäglich aufgrund der ausgehenden Exporte bzw. aufgrund der eingehenden Importe den genauen Stand der Planerfüllung. Sie soll darüber hinaus täglich die Planerfüllung analysieren und dem Generaldirektor Hinweise darüber geben, wenn es zu Stockungen in der Planerfüllug kommt. Man muß allerdings an dieser Stelle hervorheben, daß so theoretisch der Ablauf innerhalb des Außenhandels der Ostblockstaaten erfolgen soll. In der Praxis jedoch sind die jeweiligen Planungsleiter überhaupt nicht in der Lage, diese Aufgaben durchzuführen, da es ihnen dazu an der notwendigen fachlichen Qualifikation fehlt. Es kommt daher nicht selten vor, daß Schwierigkeiten bei der Erfüllung einer Warenposition im Rahmen des Planes vom Hauptverwaltungsleiter im Ministerium eher bemerkt werden als vom Planungsleiter einer Außenhandelsgesellschaft. Dies ist darauf zurückzuführen, daß der Hauptverwaltungsleiter sofort von dem betreffenden Produktionsministerium angesprochen wird, wenn z. B. die vorgesehenen Importe nicht termingerecht erfolgen oder aber daß er bemerkt, daß Exporte nicht herausgegangen sind und ihm damit die vorgesehenen Deviseneingänge fehlen.
Neben der Abteilung Planung untersteht dem Generaldirektor einer Außenhandelsgesellschaft die Abteilung Kader (Personalabteilung). Diese Abteilung hat, wie bereits schon ausführlich geschildert, ausdrücklich die Aufgabe dafür zu sorgen, daß eine ständige politische Überwachung der Mitarbeiter gewährleistet ist. Daneben gibt es die sogenannte Abteilung Arbeit. Sie soll sich vor allem mit Fragen des Arbeitsrechts, der Betriebsorganisation, Sozialversicherungsfragen und mit den Fragen des innerbetrieblichen Wettbewerbs beschäftigen. Sie ist u. a. auch zuständig für politische und fachliche Schulungen. Man muß hierzu bemerken, daß es sich hierbei ebenfalls um eine Abteilung mit ausschließlich politischen Aufgaben handelt.
Eine wichtige Rolle bei der Kontrolle der Fachdirektoren und der Ein- und Verkäufer spielt für den Generaldirektor auch die Abteilung Märkte und Preise. An dieser Stelle muß man allerdings auch sagen, könnte sie spielen, da in dieser Abteilung Mitarbeiter zum überwiegenden Teil beschäftigt werden, die von Marktforschung und Marktanalyse nicht die geringste Kenntnis haben. Trotzdem spielt diese Abteilung im Einzelfall eine Rolle, da der jeweilige Generaldirektor

sie dazu verwenden kann, kontrollieren zu lassen, ob die erzielten Ex- oder Importpreise der Marktlage entsprochen haben.

Die Durchsetzung der handelspolitischen Direktiven des Ministeriums gewährleistet die dem Generaldirektor unterstehende handelspolitische Abteilung. Die Abteilung hat die Aufgabe, die Erfüllung der Handelsabkommen zu kontrollieren sowie die Verbindung der Fachdirektoren und Ein- bzw. Verkäufer mit den Handelsvertretungen im Ausland zu überwachen. Auch der gesamte Schriftwechsel wird durch die handelspolitische Abteilung überwacht. Es erübrigt sich wohl in diesem Zusammenhang darauf hinzuweisen, daß es sich bei den Mitarbeitern dieser handelspolitischen Abteilung nicht so sehr um Fachleute als vielmehr um politische Funktionäre handelt. Die handelspolitischen Abteilungen achten peinlichst darauf, daß die Direktiven des Ministeriums eingehalten werden. Zwischen den Fachdirektoren und den Funktionären der handelspolitischen Abteilung sind daher Auseinandersetzungen an der Tagesordnung. Wenn z. B. der Fachdirektor einer Außenhandelsgesellschaft einen Vertrag abgeschlossen hat mit einem Kunden in England und er sich beim Vertragsabschluß ausschließlich von rein kaufmännischen Gesichtspunkten leiten ließ, d. h. er erzielte kommerziell gesehen die günstigsten Vertragsbedingungen und den seiner Meinung nach günstigsten Preis, so kann es vorkommen, daß die Handelspolitische Abteilung gegen diesen Abschluß Einspruch erhebt. Sie erhebt zum überwiegenden Teil dann Einspruch, wenn ihrer Meinung nach diese Ware in einen anderen Ostblockstaat exportiert werden kann auch dann, wenn dieser Ostblockstaat nicht bereit ist, einen so hohen Preis wie im geschilderten Fall der englische Kunde zu zahlen. Einsprüche der Handelspolitischen Abteilung sind auch dann an der Tagesordnung, wenn ihrer Meinung nach die Möglichkeit besteht, die Ware in die sogenannten Schwerpunktländer des Nahen und des Fernen Ostens zu exportieren.

Für den Partner im westlichen Ausland wird natürlich interessant sein, ob derartige interne Auseinandersetzungen seinen bereits abgeschlossenen Vertrag ernsthaft gefährden können.

Aufgrund der bereits geschilderten ständigen wirtschaftlichen Schwierigkeiten wendet sich in solchen Fällen der Fachdirektor an seine Fachabteilung im Ministerium. Zum überwiegenden Teil teilt die Fachabteilung die Meinung des Fachdirektors, da sie mit dafür verantwortlich ist, daß die vorgesehenen Importe oder aber wie im vorhergehenden Fall geschildert, der höhere Devisenerlös aus dem abgeschlossenen Exportvertrag eingeht. Aus der Praxis kann ich bestätigen, daß mir auch nicht ein Fall bekannt ist, bei dem ein Vertragsabschluß aus diesen

Gründen rückgängig gemacht worden ist. Die Fachdirektoren in den Außenhandelsgesellschaften setzen sich zum überwiegenden Teil in solchen Fragen durch auch gegenüber ihrem eigenen Generaldirektor. An solche internen Schwierigkeiten sind die Fachdirektoren durch ihre jahrelange Tätigkeit langsam gewöhnt, und sie haben sich bereits in der Mehrzahl damit abgefunden, daß Leute oder besser gesagt, die mit marxistischer Weisheit geschulten Funktionäre in ihre Arbeit hineinreden. Die handelspolitische Abteilung versucht darüber hinaus z. B. bei Schwierigkeiten im Export mit ihren Mitarbeitern an den Verkaufsverhandlungen teilzunehmen. Diese Teilnahme der handelspolitischen Funktionäre an der Verhandlung ist jedoch weiter nichts als eine Kontrolle der Ein- und Verkäufer oder aber des jeweiligen Fachdirektors. Zu den rein fachlichen Problemen, seien es nun warentechnische Fragen oder Finanzierungsfragen, Verkehrsfragen oder Fragen des Vertragstextes, können diese Leute meistens überhaupt nichts sagen. Unter diesen Bedingungen wird sich jeder Leser im westlichen Ausland vorstellen können, daß Auseinandersetzungen zwischen den Fachexperten und den politischen Funtionären im Außenhandel der Ostblockstaaten an der Tagesordnung sind.
Mit Hilfe der vorgenannten Abteilungen kontrolliert und leitet der Generaldirektor die Außenhandelsgesellschaft. In der Regel unterstehen ihm noch zwei bis drei Stellv. Generaldirektoren, die die Aufgabe haben, die Fachdirektoren zu kontrollieren. Bei den Stellv. Generaldirektoren handelt es sich vorwiegend jedoch um alte kommunistische Funktionäre, die im eigentlichen Sinn nur Repräsentationsaufgaben zu erfüllen haben.
Neben den Stellv. Ministern in den Ministerien für Außenhandel der Ostblockstaaten, die rein fachliche Aufgaben zu erfüllen haben, gibt es noch jeweils zwei Stellv. Minister, denen die handelspolitischen Ressorts unterstehen. Die Handelspolitik der Ostblockstaaten unterteilt sich in der Regel so, daß einmal einem Stellv. Minister die gesamte Handelspolitik mit dem westlichen Ausland untersteht und dem anderen die gesamte Handelspolitik mit den Ostblockstaaten. Die Stellv. Minister für Handelspolitik spielen im Rahmen des gesamten Außenhandels eines Ostblockstaates eine bedeutend größere Rolle als ihre Kollegen, denen die fachlichen Ressorts unterstehen. Aufgrund der ihnen anvertrauten handelspolitischen Arbeit spielen sie auch im politischen Leben des jeweiligen Ostblockstaates eine viel größere Rolle.
Den Stellv. Ministern für Handelspolitik unterstehen in der Regel zwei bis drei Hauptabteilungsleiter. Die Hauptabteilung untergliedert sich

wiederum in zwei Gruppen. Eine Gruppe umfaßt wiederum mehrere Abteilungen, und die Abteilungen unterteilen sich in Länderreferate. So gibt es z. B. die Hauptabteilung westliches Europa. Die Hauptabteilung westliches Europa untergliedert sich in drei Gruppen, nämlich in die Gruppen westliche europäische Länder, nördliche europäische Länder und südliche europäische Länder. Je nach der Bedeutung, die das einzelne Land in der handelspolitischen Konzeption des Ostblockstaates einnimmt, drückt sich dieses auch in der Struktur der Handelspolitik aus. Z. B. gibt es für Frankreich eine Länderabteilung. Dagegen aber für Portugal nur ein Länderreferat. Die Länderabteilungen bzw. Länderreferate haben die Aufgabe, alles das genau zu registrieren und festzuhalten, was in den einzelnen Ländern vor sich geht sowohl auf wirtschaftlichem als auch auf politischem Gebiet, um es soweit wie dies möglich ist, für die Beziehungen zu diesem Land auswerten zu können.

Die bereits ausführlich geschilderten handelspolitischen Abteilungen in den Außenhandelsgesellschaften unterstehen daher auch in ihrer Anleitung der Handelspolitik im Ministerium für Außenhandel. In den handelspolitischen Abteilungen der Außenhandelsgesellschaften ist jeweils ein Mitarbeiter für die Bearbeitung einer Reihe von Ländern zuständig. Auf diese Art und Weise gewährleistet die Struktur des Außenhandels der Ostblockstaaten nicht nur die Durchsetzung der rein fachlichen Aufgaben sondern auch die Durchsetzung der politischen Zielsetzung. In der Praxis sieht das so aus: Die Außenhandelsgesellschaft erhält den Auftrag, den Export einer bestimmten Ware z. B. während einer Messe ganz besonders zu forcieren. Diese Anweisung enthält zunächst nur rein fachliche Merkmale. Eine handelspolitische Direktive kann jetzt vorschreiben, in welche Länder, z. B. angenommen nach Dänemark und nach Schweden, diese Ware nicht verkauft werden darf, auch dann nicht, wenn die Kunden aus diesen Ländern bereit sind, freie Devisen dafür zu bezahlen. Aus derart kuriosen und keineswegs davon Zeugnis ablegenden Anweisungen, daß sie der Praxis des Außenhandels entsprechen, kann z. B. entstehen, daß ein schwedischer Geschäftsmann von einem englischen Geschäftsfreund hört, daß dieser eine bestimmte Ware von der Außenhandelsgesellschaft gekauft hat. Wenn nunmehr am nächsten Tag unser schwedischer Geschäftsmann die gleiche Ware kaufen will, so kann er es erleben, daß er als Auskunft erhält, daß diese Ware nicht lieferbar sei.

Vielleicht nach einer Stunde schon kann er wiederum erfahren, daß gerade ein Geschäftsfreund aus Frankreich einen bedeutenden Abschluß in dieser Ware getätigt hat. Er wird sich über ein derartiges Verhalten der Außenhandelsgesellschaft natürlich wundern, zumal dann, wenn er den Fachdirektor bereits schon jahrelang kennt und auch glaubt, zu diesem ein bestimmtes persönliches Verhältnis zu haben. Die ablehnende Auskunft des Fachdirektors in solchen Fällen ist immer auf das Vorliegen einer handelspolitischen Direktive zurückzuführen.

Die Auseinandersetzungen zwischen den Außenhandelsexperten und den handelspolitischen Funktionären haben in den Ostblockstaaten bereits solche Formen angenommen, daß heute eine derartige Direktive vom Hauptverwaltungsleiter der Fachsäule mit unterzeichnet sein muß. Die Fachexperten im Außenhandel haben es geschafft, die Wirksamkeit der handelspolitischen Direktiven verhältnismäßig weit einzuschränken, da man die Unsinnigkeit derartiger Direktiven des öfteren später selbst einsehen mußte. Es kam nämlich nicht selten vor, daß der Geschäftsfreund aus England seinem Geschäftsfreund in Schweden den Gefallen tat und für ihn den Vertrag abschloß. Er verkaufte ihm im gleichen Atemzug die Ware, die an sich gemäß handelspolitischer Direktive nicht nach Schweden geliefert werden sollte. Auf diese Art und Weise mußten sich die handelspolitischen Besserwisser von den Experten davon überzeugen lassen, wie unsinnig viele ihrer Maßnahmen sind. Trotzdem darf man nicht übersehen, daß die handelspolitischen, einschneidenden Maßnahmen des öfteren den Außenhandelsexperten der Ostblockstaaten Kopfzerbrechen bereiten und diese oft nicht wissen, was sie ihren Kunden für eine Auskunft nun geben sollen. Der Kunde aus dem westlichen Ausland kann in solchen Fällen immer die Gewißheit haben, daß hier politische Dinge eine Rolle spielen und es gar nicht so sehr um seine eigene Firma geht.

Außer den Stellv. Ministern untersteht dem Minister für Außenhandel noch unmittelbar der Hauptabteilungsleiter für Planung im Ministerium. Der Hauptabteilungsleiter für Planung ist für die gesamte Planaufstellung und Planrealisierung dem Minister gegenüber verantwortlich. Er hat vor allem die Kontrolle über den Stand der Planerfüllung im gesamten Maßstab des Außenhandels auszuüben. Innerhalb der Hauptabteilung Planung ist jeweils ein Referent für die Planung in einer Außenhandelsgesellschaft verantwortlich, d. h. der betreffende Referent muß gemeinsam mit dem Abteilungsleiter der Hauptverwaltung die Abteilung Planung in der Außenhandelsgesellschaft kontrollieren und anleiten. Obwohl die in den Hauptverwaltungen bestehende Abteilung Planung zur Hauptverwaltung gehört, untersteht sie jedoch weisungsgemäß nicht dem Hauptverwaltungsleiter sondern dem Hauptabteilungsleiter für Planung. Durch diese Struktur und Organisation der Planung soll ausgedrückt werden, daß

die Abteilung Planung innerhalb einer Hauptverwaltung sozusagen der Vorposten der Hauptabteilung Planung ist. Die Abteilung Planung der Hauptverwaltung ist zuständig für die gesamten Außenhandelsgesellschaften, die der Hauptverwaltung unterstehen. Dagegen ist in der Hauptabteilung jeweils ein Referent verantwortlich für eine Außenhandelsgesellschaft. Seine Aufgabe ist es, vor allem die bisherige Planerfüllung zu analysieren und gemeinsam mit der Planungsabteilung der Außenhandelsgesellschaft die Perspektiv-Pläne zu erarbeiten. Seine Aufgabe ist somit mehr die administrative Planungsarbeit, im Gegensatz dazu soll die Abteilung Planung innerhalb einer Hauptverwaltung vor allem die operative Arbeit bewältigen. Mit der Abteilung Planung kommt der Kunde aus dem westlichen Ausland nicht in Berührung. Eventuell auftretende Schwierigkeiten sind in jedem Fall interner Natur und betreffen auch kaum die Abwicklung oder den Abschluß eines ganz bestimmten Vertrages, da diese Abteilung innerhalb der Außenhandelsgesellschaft sich nur mit den grundsätzlichen Problemen der Planausarbeitung, Kontrolle der Planerfüllung und Analyse der Planerfüllung beschäftigt.
Eine ganz besondere Rolle im Rahmen der Organisation des Außenhandels der Ostblockstaaten spielt das gesamte Finanzsystem. Dem Minister für Außenhandel untersteht jeweils der Hauptbuchhalter des Ministeriums. Der Hauptbuchhalter des Ministeriums ist für die gesamte Finanzierung verantwortlich. Ihm untersteht die Hauptabteilung Finanzen und Valuta. Die Hauptabteilung Finanzen und Valuta gliedert sich in der Regel in Abteilung Buchhaltung, Abteilung Devisen, Abteilung Preisausgleich, Abteilung Betriebsanalyse und Kostenrechnung und in die Abteilung Finanzen. Die Struktur des Außenhandels in den Ostblockstaaten ist so geschaffen, daß der Hauptbuchhalter einer Außenhandelsgesellschaft nicht dem Generaldirektor dieser Außenhandelsgesellschaft untersteht sondern unmittelbar dem Hauptbuchhalter des Ministeriums. Nur in Disziplinarfragen untersteht der Hauptbuchhalter der Außenhandelsgesellschaft dem Generaldirektor. Angesichts der großen Bedeutung, die man in den Ostblockstaaten der Abschöpfung von Gewinnen, die durch den Außenhandel erzielt werden, beimißt, ist diese Struktur des Finanzierungssystems keineswegs verwunderlich. Der Hauptbuchhalter in den Außenhandelsgesellschaften ist persönlich dafür verantwortlich, daß die vorgesehenen Gewinnabschöpfungen in der vorgesehenen Höhe erfolgen. Zum anderen ist er dafür verantwortlich, daß die geplanten Subventionen beim Export nicht überschritten werden. Des weiteren hat der Hauptbuchhalter das Recht, die erzielten Preise zu überprüfen, und er kann unter Umständen

sogar seinen Einspruch gegen einen vereinbarten Preis geltend machen. Einer ganz besonderen Kontrolle von seiner Seite unterliegen weiterhin die vereinbarten Zahlungsbedingungen. Da die Hauptbuchhalter in den Außenhandelsgesellschaften der Ostblockstaaten von ihren Vorgesetzten im Ministerium ständig darauf hingewiesen werden, gemäß den herausgegebenen Arbeitsanweisungen zu handeln, so versuchen sie diese durchzusetzen, unabhängig davon, ob die Praxis des Außenhandels diese Durchsetzung zuläßt oder nicht. Es kommt daher nicht selten vor, daß die Hauptbuchhalter der Außenhandelsgesellschaften bei den Fachdirektoren Einspruch gegen getätigte Vertragsabschlüsse erheben. In diesen Fällen kann unter Umständen sogar die Realisierung eines Vertrages hinsichtlich des Termins in Frage gestellt sein, wenn nicht der Generaldirektor entscheidet, daß der Vertrag in der abgeschlossenen Form zu realisieren ist. In der Praxis kann es z. B. vorkommen, daß der vereinbarte Preis und die vereinbarten Zahlungs- und Lieferungsbedingungen im engen Zusammenhang stehen. Da der Hauptbuchhalter sich aber lediglich dafür interessiert, wie sich der vereinbarte Preis auf den eingeplanten Gewinn auswirkt, kann er unter Umständen Einspruch gegen den abgeschlossenen Vertrag erheben. Nachdem jedoch der Kontrahent aus dem westlichen Ausland den Vertrag unterzeichnet hat und er ein Exemplar bereits in seinem Besitz hat, ist derselbe auch für die Außenhandelsgesellschaft rechtskräftig. Bei solchen Einsprüchen des Hauptbuchhalters kann es aber durchaus sein, daß er nochmals mit dem Kunden aus dem westlichen Ausland persönlich verhandelt, um festzustellen, ob der vereinbarte Preis wirklich die letzte Bereitschaft des Kunden zu Preiskonzessionen darstellt. Der Einspruch des Hauptbuchhalters kann aber in Bezug auf die Realisierung eines Vertrages keineswegs dazu führen, daß dieser storniert wird. Es ist lediglich möglich, daß die Vertragsrealisierung verzögert wird.

Aus dieser Schilderung der gesamten Struktur des Außenhandels der Ostblockstaaten kann der Partner im westlichen Ausland so richtig erkennen, mit wieviel Schwierigkeiten der Außenhandelsexperte noch intern unter Umständen zu kämpfen hat, nachdem er mit ihm bereits den Vertrag abgeschlossen hat. Die gesamte Struktur und Organisation des Außenhandels dient nur dem Zweck der äußersten und schärfsten Kontrolle, und sie wird diktiert nicht nur vom Mißtrauen gegenüber dem Partner im westlichen Ausland, sondern vor allem vom Mißtrauen gegenüber den eigenen Mitarbeitern.

In der letzten Zeit und insbesondere nach dem XX. Parteitag der KPdSU hat es verschiedentlich Anregungen gegeben, die Struktur und

Organisation des Außenhandels in den Ostblockländern zu vereinfachen. Alle diese Versuche und geplanten Vereinfachungen wurden jedoch Zug um Zug wieder rückgängig gemacht. So forderten die Außenhandelsexperten der Außenhandelsgesellschaften z. B. die Aufhebung der starken Bevormundung durch das Ministerium für Außenhandel. In sämtlichen Ostblockstaaten wurde aufgrund dieser Forderung auf zahlreichen Aktivistentagungen beraten, wie man die Arbeitsmethoden und die Struktur des Außenhandels vereinfachen kann. Jedoch alle wirklichen Versuche, diese bürokratischen Wasserköpfe irgendwie einzuschränken, schlugen bisher fehl und stießen auf den Widerstand der kommunistischen Parteifunktionäre. Es ist auch kaum mit einer wesentlichen Änderung der Struktur des Außenhandels in den Ostblockstaaten in absehbarer Zeit zu rechnen. Es mag sein, daß Reorganisationen noch vorgenommen werden mit dem Ziel der Zusammenlegung oder Gründung neuer Außenhandelsgesellschaften. Diese Maßnahmen ändern jedoch nichts an der hier dargelegten Struktur, die für sämtliche Ostblockstaaten verbindlich ist.

Die persönliche Unterstellung der Funktionäre im Rahmen der Struktur

Eine besondere Rolle in der Struktur der Organisation des Außenhandels der Ostblockstaaten spielt die Unterstellung der einzelnen Funktionäre. Der Minister für Außenhandel untersteht zwar formal in den Ostblockstaaten dem Ministerpräsidenten, in Wirklichkeit jedoch ist er über alle seine Handlungen in erster Linie dem Zentralkomitee der Kommunistischen Partei gegenüber rechenschaftspflichtig. Er erhält auch unmittelbar vom Zentralkomitee der Kommunistischen Partei seine Anweisungen, für deren Durchsetzung er im gesamten Apparat des Außenhandels verantwortlich ist. Dem Minister für Außenhandel unterstehen sein 1. Stellvertreter im Range eines Staatssekretärs, die Stellv. Minister sowie der Leiter der Hauptabteilung Planung, der Hauptbuchhalter und die Abteilungsleiter für Kader (Personalpolitik) sowie die Abteilung Arbeit. Die Hauptverwaltungsleiter unterstehen wiederum unmittelbar dem Stellv. Minister. Dem Hauptverwaltungsleiter unterstehen jeweils zwei Hauptabteilungsleiter für Im- und Export und das gesamte Personal der Hauptverwaltung. Ähnlich ist die Unterteilung in der Abteilung Handelspolitik. Der Hauptabteilungsleiter untersteht auch hier unmittelbar seinem Stellv.

Minister und ihm unterstehen die Gruppenleiter und das gesamte Personal der Hauptabteilung.
Dem Minister für Außenhandel unterstehen des weiteren unmittelbar sämtliche Direktoren der Außenhandelsgesellschaften, auch in disziplinarmäßiger Hinsicht, sie werden durch ihn ernannt und abberufen. Unmittelbar untersteht dem Minister auch der jeweilige Präsident der Kammer für Außenhandel, des weiteren die Leiter der Marktforschungsinstitute und der Leiter der Zollbehörde. In den einzelnen Ländern ist es unterschiedlich, inwieweit der Minister für Außenhandel die ihm unterstellten Personen oder Institute unmittelbar an seinen ersten Stellvertreter im Range eines Staatssekretärs abtritt.
Dem Generaldirektor einer Außenhandelsgesellschaft unterstehen die Stellv. Generaldirektoren und sämtliche Fachdirektoren sowie die Leiter sämtlicher selbständigen Abteilungen. Das Personal in den einzelnen Fachgebieten untersteht dem jeweiligen Fachdirektor oder aber in den selbständigen Abteilungen dem jeweiligen Abteilungsleiter. Die persönliche Unterstellung der einzelnen Funktionäre entspricht somit voll der Struktur des Außenhandels der Ostblockstaaten. Besonders interessant ist hierbei, daß auf der einen Seite zwar die Außenhandelsgesellschaften selbständige Betriebe sein sollen, daß aber auf der anderen Seite die Generaldirektoren dieser Betriebe direkt sowohl fachlich als auch disziplinarmäßig dem Minister für Außenhandel unterstehen. Diese direkte Unterstellung der Generaldirektoren hebt somit auch den nach außen hin gezeigten anonymen Charakter der Außenhandelsgesellschaften völlig auf. Der Generaldirektor in den Außenhandelsgesellschaften ist somit in seinen Entscheidungen keineswegs unabhängig sondern von den Entscheidungen seines Ministers in jedem Fall abhängig.

Die juristische Form der Außenhandelsgesellschaften

Als nach der Errichtung des kommunistischen Systems in den einzelnen Ostblockstaaten dazu übergegangen wurde, Organisationen zu schaffen, die sich mit der praktischen Durchführung des Außenhandels beschäftigten, gab man diesen Außenhandelsorganisationen zunächst den Status eines Volkseigenen Betriebes. Dabei ließ man sich leiten vom sowjetischen Vorbild. In der Sowjetunion sind bekanntlich alle Außenhandelsorganisationen trotz ihrer verschiedenen Bezeichnungen sozialistische Betriebe, d. h. es sind Betriebe, die dem Staat gehören.

Ebenso verfuhr man zunächst in den einzelnen Ostblockstaaten. Nach kurzer Zeit jedoch mußten die einzelnen Ostblockstaaten feststellen, daß dieser Status, den sie ihren Außenhandelsorganisationen gegeben hatten, sich in der Praxis schädlich auswirkte. Wenn z. B. eine Außenhandelsorganisation ihren Lieferverpflichtungen oder ihren Abnahmeverpflichtungen nicht nachkam, so strebte der Partner im westlichen Ausland zwar einen Prozeß gegen die jeweilige Handelsorganisation an, aber in Wirklichkeit prozessierte er mit dem Staat. Bei Prozessen im westlichen Ausland wurden fast immer die Außenhandelsgesellschaften der Ostblockstaaten verurteilt, da sie sich in keinem Fall auf die Verweigerung von Lizenzen durch staatliche Behörden oder aber auf sonstige Maßnahmen der Behörden, die als Fälle von höherer Gewalt bezeichnet werden können, berufen konnten. Man erkannte des weiteren sehr bald, daß diese offensichtlich staatliche Form der Außenhandelsgesellschaften die Anbahnung von Handelsbeziehungen mit dem westlichen Ausland bedeutend erschwerte. Jeder Partner im westlichen Ausland schreckte zunächst davor zurück, unmittelbar mit einer Außenhandelsorganisation einen Vertrag abzuschließen, die staatlichen Charakter hatte. Die juristischen Experten des Außenhandels der Ostblockstaaten kamen daher zu der Schlußfolgerung, daß man den Außenhandelsorganisationen einen anderen Status geben muß. So kam es im Jahre 1950 zur Bildung von Außenhandelsgesellschaften. Diese Außenhandelsgesellschaften treten nach außen hin als G.m.b.H. oder aber auch als Aktiengesellschaften in Erscheinung. Bei dem Partner im westlichen Ausland wird damit zunächst die Ansicht unterstützt, daß es sich bei der jeweiligen Außenhandelsgesellschaft, die sein Partner ist, um eine private oder aber doch nur um eine halbstaatliche Firma handelt. Die Ausnutzung dieser ursprünglich aus der privaten Wirtschaft kommenden Gesellschaftsform erleichtert somit auch nach außen hin den Außenhandelsorganisationen die Anbahnung von Geschäften mit dem westlichen Ausland. Darüber hinaus mußten jetzt juristische Streitigkeiten im Ausland gegen die jeweiligen Außenhandelsgesellschaften als A.G. oder aber auch G.m.b.H. angestrebt werden. Auch hierbei boten sich jetzt für die Außenhandelsorganisationen der Ostblockstaaten erhebliche Vorteile. Als Aktionäre oder aber als Gesellschafter tritt jetzt auch nicht mehr unmittelbar der Staat in Erscheinung, sondern nur noch auf dem Umweg über die volkseigenen Betriebe, d. h. die wichtigsten Export-Produktionsbetriebe und die größten Abnehmer von Importen einer Außenhandelsgesellschaft sind zugleich deren Gesellschafter und formal die Besitzer der Gesellschaft. Der Formalismus geht sogar soweit, daß den einzelnen Staatsbetrieben die finanziellen Mittel für ihre Beteiligung als Gesellschafter durch das jeweilige Finanzministerium der Ostblockstaaten zur Verfügung gestellt wurden. Die Gesellschafter haben jedoch keinerlei Rechte und können auch nicht den Ablauf der Geschäfte in irgendeiner Form beeinflussen, da die Außenhandelsgesellschaften nur nach außen hin die Rechtsform einer G.m.b.H. oder aber einer A.G. haben und der gesamte Geschäftsbetrieb nach der Weisung des Ministeriums für Außenhandel erfolgt. Die Gesellschafter haben auch kein Recht, über die Person des Generaldirektors zu bestimmen, sondern wie bereits geschildert, entscheidet darüber ausschließlich der Minister für Außenhandel. Die juristische Form der einzelnen Außenhandelsgesellschaften in den Ostblockstaaten ist somit nur der Versuch, nach außen hin gegenüber dem westlichen Partner einen möglichst privaten und anonymen Charakter zu wahren.

XVII. Außenhandelsgesellschaften der UdSSR

Außenhandelsgesellschaften der UdSSR

Vsesojuznoje Objedinenije „Maschinoexport"
V/O „Maschinoexport" exportiert:
Hochspannungs- und Niederspannungs-Ausrüstungen, elektrische Ausrüstungen für Zugförder- und Krananlagen, elektrische Maschinen, Ausrüstungen für Kabelfabriken, elektrothermische Ausrüstungen und elektrische Schweißanlagen, Kompressoren und Ventilatoren, Ausrüstungen für die Chemie-Industrie und zur Flammenbearbeitung von Metallen, Ausrüstungen für Hütten- und Bergwerke, industrielle Rohrleitungsarmaturen, Hebe- und Förderanlagen, Ausrüstungen für die Bauindustrie sowie zur Erzeugung von Baumaterialien und Glas, Ausrüstungen für Kraftanlagen, für die Textil-, Leder-, Schuh- und Konfektionsindustrie, für die Nahrungsmittelindustrie, Ausrüstungen für die Zellstoff- und Papierindustrie, für Sägewerke und die Holzbearbeitungs-Industrie, Ausrüstungen für die polygraphische Industrie.
Anschrift: Moskau — 200, Smolenskaja-Sennaja, 32/34
Drahtanschrift: Moskau, Maschinoexport
Fernsprecher: G 4-45-13

Vsesojuznoje Objedinenije „Maschinoimport"
V/O „Maschinoimport" importiert:
Elektrotechnische Ausrüstungen, Ausrüstungen für Kraftanlagen, Ausrüstungen für die Erdöl- und Bergwerksindustrie, Ausrüstungen für Pumpen- und Kompressoranlagen sowie für Hebe- und Förderanlagen, industrielle Armaturen.
Rollendes Eisenbahnmaterial.
Anschrift: Moskau — 200, Smolenskaja-Sennaja, 32/34
Drahtanschrift: Moskau, Maschinoimport
Fernsprecher: G 4-33-09

Vsesojuznoje Exportno-Importnoje Objedinenije „Stankoimport"
V/O „Stankoimport" exportiert und importiert:
Werkzeugmaschinen, Holzbearbeitungsmaschinen, Schmiede- und Preßausrüstungen, Ausrüstungen für Walzwerke (Import), Meßgeräte und Meßwerkzeuge, Metallprüfgeräte und -maschinen, optische Geräte und Instrumente, elektrische und pneumatische Handwerkzeuge und Spannfutter, Hartmetallerzeugnisse, Schleifmittel, Kugel- und Rollenlager, metallographische, biologische und medizinische Mikroskope, Kinoausrüstungen und Kinoapparaturen, geodätische Geräte und Instrumente, Photoapparate, Ferngläser, Lupen und Linsen.
Fernsprecher: G 4-21-32
Drahtanschrift: Moskau, Stankoimport
Anschrift: Moskau — 200, Smolenskaja-Sennaja, 32/34

Vsesojuznoje Objedinenije „Technopromexport"

V/O „Technopromexport" (Organisation für technische Hilfe) führt folgende Arbeiten aus:

Arbeiten zur Ermittlung von Ausgangsdaten für die Projektierung von Betrieben und Bauten, geologische Aufschlußarbeiten, Luftaufnahmen und Forschungsarbeiten, Projektierungsarbeiten für im Ausland zu errichtende Betriebe und Anlagen, Beaufsichtigung von Bau- und Montagearbeiten zwecks Gewährleistung ihrer Übereinstimmung mit den Projektzeichnungen usw., Ausrüstungsmontageleitung und Inbetriebsetzung von industriellen und anderen Anlagen.

Fernsprecher: D 0-97-47

Drahtanschrift: Moskau, Technopromexport

Anschrift: Moskau K-I, B. Kosichinski, 32

Vsesojuznoje Objedinenije „Technopromimport"

V/O „Technopromimport" importiert:

Ausrüstungen für die Chemie- und Nahrungsmittel-Industrie, die Baustoff-Industrie, die Papier- und polygraphische Industrie, die Gummiindustrie, die Textil-, Leder- und Schuhindustrie, Maschinen zur Glaserzeugung usw.

Fernsprecher: G 4-32-52

Drahtanschrift: Moskau, Technopromimport

Anschrift: Moskau — 200, Smolenskaja-Sennaja, 32/34

Vsesojuznoje Objedinenije „Avtoexport"

V/O „Avtoexport" exportiert:

Personenkraftwagen sowie Lastkraftwagen verschiedener Typen und Tragfähigkeit, Autobusse und Trollybusse, Feuerwehrautos, Schlepper und Autoanhänger, Tiefladewagen zum Transport schwerer Lasten, Schneeberäumer und Schneeauflader, Motorräder, Ersatzteile.

Traktoren verschiedener Typen, landwirtschaftliche Raupen- und Radschlepper, Ersatzteile.

Straßenbaumaschinen, Autostraßenpflüge, Schrapper, Asphalt-, Betoniermaschinen, Straßenwalzen, Autogoudron und andere Maschinen, Ersatzteile.

Traktor- und Gespann-Landmaschinen: Pflüge, Grubber u. a., Maschinen zur Bodenvorbereitung und -bearbeitung, Maschinen zur Saatbestellung und Getreidemähmaschinen, Maschinen zur Bereinigung und Bearbeitung des Bodens, Saatgutreinigungs- und Bearbeitungsmaschinen, Maschinen zur Schädlingsbekämpfung in der Landwirtschaft, Ersatzteile.

Landwirtschaftliches Inventar für Feld- und Gartenarbeiten, Apparaturen zur Bekämpfung von Pflanzenschädlingen, Melkapparate, Aggregate zur Schafschur.

Ausrüstungen für das Fernmeldewesen: Telephonie, Telegraphie, Rundfunk, Rundfunkempfänger, Fernsehempfänger, Rundfunkzubehör und Rundfunkmeßapparatur.

Elektromeßgeräte, Kontroll- und Meßgeräte. meteorologische, geophysische Labor- und andere Geräte, mit Ausnahme von optischen Geräten.

Fernsprecher: G 4-28-48

Drahtanschrift: Moskau, Avtoexport

Anschrift: Moskau — 200, Smolenskaja-Sennaja, 32/34

Vsesojuznoje Objedinenije „Technoexport"

V/O „Technoexport" liefert:

Ins Ausland komplette Ausrüstungen für Betriebe verschiedener Industriezweige und andere Anlagen z. B. für Eisenhütten- und Buntmetallwerke, Erzbergwerke, Kohlengruben und Aufbereitungsanlagen, für Wärme- und Wasserkraftwerke, Kraftübertragungsleitungen und Elektrizitätswerke, für Wasserbauwerke, für Maschinenfabriken, Werkzeugmaschinen- und Werkzeugfabriken und Lagerfabriken, für Automobilfabriken, für Landmaschinen- und Traktorenwerke, für Zementfabriken und andere Fabriken für die Erzeugung von Baumaterial.

Für Betriebe der Chemieindustrie, Erdöl verarbeitende Werke, Erdölbehälter und -leitungen.

Für Zellstoff- und Papierfabriken, polygraphische Kombinate und Holzbearbeitungsfabriken, für Betriebe der Textilindustrie, für Getreidespeicher, Mühlen, Zuckerfabriken und Werke der Nahrungsmittel-Industrie, für die Errichtung von Häfen, Brücken und anderen Tief- und Hochbauwerken, für die Elektrifizierung der Eisenbahnen, für Funkstationen, Fernsprech-Hochfrequenzleitungen, Filmstudios und Theater, für Hospitale, Laboratorien, tierärztliche Heilanstalten usw.

V/O „Technoexport" liefert alle möglichen Ausrüstungsarten, Materialien usw., die für den Bau neuer und für die Erweiterung vorhandener Fabriken und Betriebe notwendig sind.

Fernsprecher: D 0-96-15
Drahtanschrift: Moskau Technoexport
Anschrift: Moskau K-1, B. Kosichinski, 32

Vsesojuznoje Exportno-Importnoje Objedinenije „Sudoimport"

V/O „Sudoimport"

befaßt sich mit dem Import von Schiffen in die Sowjetunion sowie mit Operationen betreffend Reparatur und Neuausrüstung von Schiffen im Ausland.

V/O „Sudoimport"

befaßt sich mit dem Export von Schiffen aus der Sowjetunion und verkauft Schiffe und Schiffsausrüstungen auf den Auslandsmärkten.

Fernsprecher: G 4-33-58
Drahtanschrift: Moskau, Sudoimport
Anschrift: Moskau — 200, Smolenskaja-Sennaja, 32/34

Vsesojuznoje Exportno-Importinoje Objedinenije „Exportles"

V/O „Exportles" exportiert:

Nadelwald-Schnitthölzer verschiedenartigster Spezifikationen, Kiefern- und Tannen-Grubenholz von geringer Abholzigkeit und hoher Festigkeit, das in der Kohlengewinnungsindustrie verschiedener Länder weiter Verwendung findet, Birken- und Erlen-Sperrholz, gebleichten und ungebleichten Zellstoff verschiedener Marken, der aus hochwertigem Holzstoff gewonnen wird, Papierholz, Zeitungspapier und andere Holz- und Papierwaren.

V/O „Exportles" importiert:

technische Papiersorten und Pappe, Viskosezellstoff und verschiedene Holzwaren und Holzstoff-Erzeugnisse.

Anschrift: Moskau=Zentrum, Kuibyschewa, 6
Drahtanschrift: Moskau, Exportles
Fernsprecher: K 4=08=45

Vsesojuznoje Exportno=Importnoje Objedinenije „Sojuznefteexport"
V/O „Sojuznefteexport" exportiert und importiert:
Mangan, Chrom= und Eisenerze, nichtmetallhaltige Mineralien, Asbest und Asbest=Erzeugnisse, Kohle, Anthrazit, Koks, Steinkohlenpech, mineralische Düngemittel. Ton. Kaolin, feuerfeste Erzeugnisse, Edelsteine, Elektroden und Anodenmasse, Kinokohlen.
Anschrift: Moskau — 200, Smolenskaja=Sennaja, 32/34
Drahtanschrift: Moskau, Promexport
Fernsprecher: G 4=19=79

Vsesojuznoje Exportno=Importnoje Objedinenije „Promsyrjoimport"
V/O „Promsyrjoimport" exportiert und importiert:
Roheisen und Ferrolegierungen, handelsübliche Stahlknüppel, Träger und U=Eisen, Stab= und Formstähle, Qualitäts= und Edelstähle, säurebeständige und warmfeste Sonderstähle, Fein= und Grobbleche verschiedener Qualität und Zweckbestimmung, Guß= und Stahlrohre, Stahlflaschen und Gase, Eisenbahnmaterialien, Eisen= und Stahl=Fertigerzeugnisse, Bolzen, Muttern, Nieten, Ketten, Nägel u. a., Stahlelektroden, Stahlband und Draht für ver=schiedene Verwendungszwecke, Stahldrahtseile, Bimetallband, Widerstand=legierungen.
Anschrift: Moskau — 200, Smolenskaja=Sennaja, 32/34
Drahtanschrift: Moskau, Syrjoimport
Fernsprecher: G 4=19=03

Vsesojuznoje Objedinenije „Sojuzchimexport"
V/O „Sojuzchimexport" exportiert und importiert:
Terpentinöl, Naturharze, Fichtenöl, Kolophonium, Naphtalin, Anthrazenöl, Pyridin und andere Erzeugnisse der chemischen Holzverarbeitung und der Verkokungsindustrie, Farbstoffe, Sodaerzeugnisse, Lösungsmittel, Harn=stoffe, Alkohole, Beschleuniger und Antioxygene für Kautschuk, Säuren, Salze, Alkalien, Oxyde, Perhydrol, Reagenzien, Kunstharze, Farben, Lacke, Pigmente, Kino= und Fotomaterialien, Plastifikatoren, Giftstoff=Chemikalien Rizinusöl, pharmazeutische und technische Rohstoffe, Arzneiwaren,Röntgen=apparate, tibetische Arzneimittel, medizinische Instrumente, medizinische Ausrüstungen, ätherische Öle, aromatische Stoffe, Parfümerie=Erzeugnisse, kosmetische Waren.
Anschrift: Moskau — 200, Smolenskaja=Sennaja, 32/34
Drahtanschrift: Moskau, Sojuzchimexport
Fernsprecher: G 4=22=84

Vsesojuznoje Exportno=Importnoje Objedinenije "Prodintorg"
V/O „Prodintorg" exportiert und importiert:
Kaviar, Fische, Fleisch und Fleischwaren, Tier= und Pflanzenfette, Krabben=, Fisch=, Fleisch=, Obst= und Gemüse=Konserven, Branntwein (Wodka), Weine

und Spirituosen, verschiedene Nahrungsmittel sowie Geflügel, Pferde, Zucht= und Schlachtvieh und Tiere für Tiergärten.
Anschrift: Moskau — 200, Smolenskaja=Sennaja, 32/34
Drahtanschrift: Moskau, Prodintorg
Fernsprecher: G 4=26=29

Vsesojuznoje Exportno=Importnoje Objedinenije „Exportchleb"
V/O „Exportchleb" exportiert:
Weizen, Roggen, Gerste, Hafer, Mais, Reis, Ölkuchen, Schrot, Hülsenfrüchte, Saat= und Setzpflanzgut verschiedener landwirtschaftlicher Kulturen.
V/O „Exportchleb" importiert:
Reis, Ölsamen, Setzpflanzen und Saatgut.
Anschrift: Moskau — 200, Smolenskaja=Sennaja, 32/34
Drahtanschrift: Moskau, Exportchleb
Fernsprecher: G 4=47=01

Vsesojuznoje Exportno=Importnoje Objedinenije „Exportljon"
V/O „Exportlon" exportiert und importiert:
Baumwolle, Linters, Baumwollabfälle, Flachs, Hede, Flachsabfälle, Lumpen, Schafwolle, Ziegen= und Kamelhaar, Ziegenflaum, Jute= und Juteerzeugnisse, Hanf, Seile, Stricke und Erzeugnisse daraus, Rohseide und Seidenabfälle, Kunstseidengarn und Stapelfasern, Baumwollgewebe, Woll=, Leinen= und Seidengewebe, Nähgarn.
Anschrift: Moskau — 200, Smolenskaja=Sennaja, 32/34
Drahtanschrift: Moskau, Exportljon
Fernsprecher: G 4=18=52

Vsesojuznoje Objedinenije „Sowfracht"
V/O „Sowfracht" besorgt:
Befrachtung sowjetischer und ausländischer See= und Flußschiffe für den Transport sowohl sowjetischer Export= und Importgüter als auch ausländischer Güter nach beliebiger Richtung. „Sowfracht" besorgt ferner den Transport von Transitgütern durch die UDSSR.
Anschrift: Moskau — 200, Smolenskaja=Sennaja, 32/34
Drahtanschrift: Moskau, Sowfracht
Fernsprecher: G 4=32=15

Vsesojuznoje Exportno=Importnoje Objedinenije „Rasnoexport"
V/O „Rasnoexport" exportiert und importiert:
Blättertabake orientalischer Type, Tabakerzeugnisse aus Tabaken orientalischer Type, Zigarrentabake, dunkle Blättertabake, Baustoffe wie Zement, Glas, Marmor, Granit und weiche Dachmaterialien, Glimmer, Kochsalz, Zündhölzer und Holzdraht, Därme, Lederrohstoffe, Lederfertigwaren, Leder= und Gummischuhwaren, Ledergalanteriewaren, Kunstgewerbe=Erzeugnisse, Spielzeug, Porzellan= Steingut= und Kristallglas=Geschirr, Rechenschieber, Reißzeug, Jagdflinten und Jagdausrüstungs=Gegenstände, Uhren, Wirkwaren, Schwer= und Leichtkonfektion, Schreibmaschinen, Rechenma=

schinen, Nähmaschinen, Fahrräder, Feuerschutz=Ausrüstungen, Hochspannungs= und Niederspannungs=Isolatoren, Glühlampen, elektrische Haushaltsgeräte, Waschmaschinen, Kühlschränke.

Anschrift: Moskau K 6, Kaljajewskaja, 5

Drahtanschrift: Moskau, Rasnoexport

Fernsprecher: D 1=48=97

Vsesojuznoje Importnoje=Exportno Objedinenije „Rasnoimport"

V/O „Rasnoimport" exportiert und importiert:

Erze und Konzentrate von Buntmetallen, Kupfer, Blei, Zink, Zinn und andere Erze und Konzentrate, Buntmetalle und Buntmetall=Legierungen, Messing=Walzerzeugnisse, Kabelerzeugnisse, blanke Kupferleitungen, Wicklungsleitungen, Natur= und Kunst=Kautschuk, technische Gummiwaren unter anderem Autoreifen und Luftschläuche, Korkrinde und fertige Korkpfropfen.

Anschrift: Moskau — 200, Smolenskaja=Sennaja, 32/34

Drahtanschrift: Moskau, Rasnoimport

Fernsprecher: G 4=37=61

Vsesojuznoje Objedinenije „Sojuzpuschnina"

V/O „Sojuzpuschnina exportiert und importiert:

Rauch= und Pelzwaren, Platten und Felle, darunter Dachs= und Feh=Felle, Wolfs=, Hermelin=, Fohlen= und Grauhasenfelle, Marderfelle, Persianer=, Breitschwanz= und Nerzfelle sowie Felle aller Art. Borsten und Roßhaare sowie Teppiche in allen Qualitäten.

Außenhandelsgesellschaften der CSR

Jablonex

Außenhandelsunternehmen für die Ausfuhr von Gablonzer Waren.

Anschrift: 12 Gottwaldova, Jablonec n N CSR

LIGNA

Außenhandelsunternehmen für die Aus= und Einfuhr von Holz und Erzeugnissen der Holz= und Papier=Industrie.

Anschrift: 41, Vodickova, Praha II, CSR

PRAGO=EXPORT

Außenhandelsunternehmen für Ein= und Ausfuhr von Ausstattungs=, Galanterie= und Kleingebrauchswaren.

Anschrift: 34, Jungmannova, Praha II, CSR

ARTIA

Außenhandelsunternehmen für Ein= und Ausfuhr von Kulturwaren.

Anschrift: 30, Smecky, Praha II, CSR

KOVO
Außenhandelsunternehmen für Ein- und Ausfuhr von Erzeugnissen der Präzisionsmaschinenbaues.
Anschrift: 47, Trida Dukelskych Hrdinu, Praha VII, CSR

OMNIPOL A.G.
Zuständig für: Sportflugzeuge, Flugmotoren, Segelflugzeuge, Sport- und Jagdwaffen und Munition.
Anschrift: 11, Washingtonova, Praha II, CSR

KOOSPOL
Außenhandelsunternehmen für die Ein- und Ausfuhr von Lebensmitteln und landwirtschaftlichen Erzeugnissen.
Anschrift: 47, Trida Dukelskych Hrdinu, Praha VII, CSR

STROJEXPORT
Zuständig für Maschinen und Maschineneinrichtungen.
Anschrift: 56, Vaclavske Nam, Praha II, CSR

GLASSEXPORT
Zuständig für die Ausfuhr von Glas.
Anschrift: 56, Vaclavske Nam, Praha II, CSR

CENTROTEX
Zuständig für die Ein- und Ausfuhr von Textil- und Lederwaren.
Anschrift: 47, Trida Dukelskych Hrdinu, Praha VII, CSR

TECHNOEXPORT
Zuständig für den Export von kompletten Industrie-Anlagen.
Anschrift: 56, Vaclavske Nam, Praha II, CSR

MOTOKOV
Ein- und Ausfuhr von Fahrzeugen und Erzeugnissen der leichten Metallindustrie.
Anschrift: 47, Trida Dukelskych Hrdinu, Praha VII, CSR

TSCHECHOSLOWAKISCHE KERAMIK
Zuständig für die Aus- und Einfuhr von keramischen Waren.
Anschrift: I, V JAME, Praha II, CSR

CHEMAPOL
Ein- und Ausfuhr von chemischen Produkten und Rohstoffen.
Anschrift: 9, Panska, Praha II, CSR

Außenhandelsgesellschaften der DDR

DIA Maschinen-Export

Zuständig für den Export von Maschinen und Ausrüstungen aller Art.
Anschrift: Berlin — W 8, Mohrenstraße

DIA Transportmaschinen

Zuständig für Ein- und Ausfuhr von Motorfahrzeugen, landw. Maschinen und Wasserfahrzeuge.
Anschrift: Berlin — W 8, Mohrenstraße

DIA Chemieausrüstungen

Ein- und Ausfuhr von Ausrüstungen und maschinellen Anlagen für die gesamte Nahrungs- und Genußmittel-Idustrie.
Anschrift: Berlin — W 8, Mohrenstraße

DIA Werkzeugmaschinen und Metallwaren

Ein- und Ausfuhr von Werkzeugmaschinen aller Art, Bohrmaschinen, Fräsmaschinen sowie Handwerkszeuge. Metallwaren aller Art.
Anschrift: Berlin — W 8, Mohrenstraße

DIA Chemie

Ein- und Ausfuhr von sämtlichen Chemikalien, einschließlich Arzneimitteln.
Anschrift: Berlin — C 1, Schicklerstraße 7

DIA Kulturwaren

Ein- und Ausfuhr von Spielwaren, Christbaumschmuck, Galanteriewaren, Sportausrüstungen, Musikinstrumente aller Art.
Anschrift: Berlin — C 1, Schicklerstraße 7

DIA Nahrung

Ein- und Ausfuhr von Nahrungsmitteln und landw. Erzeugnissen, einschließlich lebender Tiere und Sämereien.
Anschrift: Berlin — C 1, Schicklerstraße 7

Deutsche Genußmittel G.m.b.H.

Ein- und Ausfuhr von Genußmitteln aller Art einschl. Wein und Spirituosen.
Anschrift: Berlin — W 8, Friedrichstraße 62

MIEG

Ein- und Ausfuhr von Erdölprodukten aller Art.
Anschrift: Berlin — NW 7, Mittelstraße

DIA Textil

Ein- und Ausfuhr von Textilien, außer von Wirk- und Strickwaren einschl. Rauchwaren.
Anschrift: Berlin — W 8, Behrensstraße 46

WIRATEX
Ein= und Ausfuhr von Wirk= und Strickwaren.
Anschrift: Berlin — W 8, Behrensstraße 46

Invest=Export
Export von kompletten Industrie=Anlagen und Fabriken.
Anschrift: Berlin — NW 7, Louisenstraße

Polygraph=Export
Export von polygraphischen Maschinen und Anlagen.
Schreib= und Buchungsmaschinen.
Anschrift: Berlin — W 8, Friedrichstraße 61

DIA Feinmechanik = Optik
Ein= und Ausfuhr von feinmechanischen optischen Geräten.
Medizinische Apparate und Krankenhausbedarf.
Anschrift: Berlin — C 1, Schicklerstraße 7

DIA Elektrotechnik
Ein= und Ausfuhr von elektrotechnischen Anlagen und Geräten, Radios, Fernsehempfänger, elektr. Haushaltgeräte. Elektromotoren und Turbinen in allen Stärken Kabel.
Anschrift: Berlin — C 1, Karl=Liebknecht=Straße

DIA Holz und Papier
Einfuhr von Edelhölzern aller Art sowie auch von anderem Holz.
Export von Papier und Papier=Erzeugnissen.
Anschrift: Berlin — W 8, Mauerstraße

DIA Glas und Keramik
Ein= und Ausfuhr von Glaswaren sowie von Porzellan, und techn. Keramik.
Kristallwaren in allen Ausführungen.
Anschrift: Berlin — W 8, Kronenstraße

DIA Bergbau
Ein= und Ausfuhr von Stein= und Braunkohle sowie von Kalierzeugnissen.
Schotter und Steine für den Straßenbau. Glimmer und Erze aller Art.
Anschrift: Berlin — W 8, Jägerstraße

Deutscher Buch=Export und =Import
Ein= ud Ausfuhr von Büchern und Zeitschriften einschl. wissenschaftlicher Literatur.
Anschrift: Leipzig — C 1, Karl=Liebknecht=Straße (Nähe Bugra=Haus)

Außenhandelsgesellschaften Bulgariens

Metallimport

Außenhandelsunternehmen für die Ein= und Ausfuhr von Maschinen und Apparate der Industrie, elektr. Utensilien und Instrumente

Anschrift: Sofia, Bulgarien, Slawjanskastraße 2

Chimimport

Außenhandelsunternehmen für die Ein= und Ausfuhr von Produkten der Chemie, Instrumente der Medizin und Chirurgie

Anschrift: Sofia, Bulgarien, Stefan=Karadscha=Straße 2

Bulgarplodexport

Außenhandelsunternehmen für die Ein= und Ausfuhr von Obst, Gemüse, Feinkost

Anschrift: Sofia, Bulgarien, Iwan=Wasoff=Straße 1

Rasnoisnos

Außenhandelsunternehmen für die Ein= und Ausfuhr von Lebensmitteln, Briefmarken, Teppichen, Stickereien, Kompensationen

Anschrift: Sofia, Bulgarien, Zar=Assen=Straße 1

Industrialimport

Außenhandelsunternehmen für die Ein= und Ausfuhr von Industrieerzeugnissen

Anschrift: Sofia, Bulgarien, Alabinstraße 56

Hranexport

Außenhandelsunternehmen für die Ausfuhr von tierischen Produkten, Fleisch, Geflügel, Nahrungsmitteln

Anschrift: Sofia, Bulgarien, Wassil=Kolaroff=Straße 3

Bulgartabac

Außenhandelsunternehmen für die Ausfuhr von Tabak und Zigaretten

Anschrift: Sofia, Bulgarien, Dobrudschastraße 1

Bulgarska Rosa

Außenhandelsunternehmen für die Ausfuhr von Rosenöl und anderen pflanzlichen Ölen

Anschrift: Sofia, Bulgarien, Iwan=Wasoff=Straße 3

Rudmetal

Außenhandelsunternehmen für die Ein= und Ausfuhr von Erzen, nichtmetallischen Bodenschätzen, Kohle, Metall

Anschrift: Sofia, Bulgarien, Dobrudschastraße 1

Despred

Staatliches Speditionsunternehmen

Anschrift: Sofia, Bulgarien, Ul. Levski 11

Außenhandelsgesellschaften Albaniens

Albimport
Staatliches Einfuhr-Unternehmen
Anschrift: Tirana, Albanien

Exportal
Staatliches Ausfuhr-Unternehmen
Anschrift: Tirana, Albanien

Außenhandelsgesellschaften Polens

Animex
Export und Import von Fischen, Fisch- und Tierprodukten
Anschrift: Warszawa, Polen, Pulawska 14

Cebiloz
Export und Import von Wälzlagern
Anschrift: Warszawa, Polen, Krak. Przedmiescie 47/51

C. Hartwig S.A. Miedzyn Ekspedytorzy
Internationale Spedition
Anschrift: Warszawa, Polen, Al. Jerozolimskie 27

Centromotor, Centrala Morska Importowo-Exportowa
Export und Import von Schiffen und Schiffsausrüstungen
Anschrift: Warszawa, Polen, ul. Mokotowska 49

Centrozap
Export und Import von Anlagen und Betriebseinrichtungen für den Bergbau
Anschrift: Stalinogród, Polen, ul. Plebiscytowa 36

Cetebe
Export und Import von Textilien
Anschrift: Lódź, Polen, ul. Narutowicza

Ciech s.r.l.
Export und Import von chemischen Artikeln
Anschrift: Warszawa, Polen, ul. Jasna 10

DAL AG. f. Welthandel
Kompensations- und Reexportgeschäfte
Anschrift: Warszawa, Polen, ul. Nowy Swiat 40

Dalspo
Export und Import von Fetten, Konsumartikeln und Nebenerzeugnissen der Forstwirtschaft
Anschrift: Warszawa, Polen, ul. Filtrowa 61

Elektrim s.r.l.
Polnische Außenhandelsgesellschaft für Elektrotechnik
Anschrift: Warszawa, Polen, ul. Sienna 32

Film Polski
Film=Export und =Import
Anschrift: Warszawa, Polen, ul. Marszalkowska 55

Impexmetal
Außenhandel in Metallen und Hüttenerzeugnissen
Anschrift: Stalinogród, Polen, ul. Wita Stwosza 7

Metalexport
Export von Maschinen, Metallerzeugnissen und elektrotechnischen Artikeln
Anschrift: Warszawa, Polen, ul. Mokotowska 49

Minex
Export und Import von Mineralien, Zement, Glas, Porzellan
Anschrift: Warszawa, Polen, ul. Kreditowa 4

Motoimport
Import von Kraftwagen
Anschrift: Warszawa, Polen, ul. Mazowiecka 13

Paged
Import und Export
Anschrift: Warszawa, Polen, ul. Bracka 4

Papexport
Export und Import von Papier
Anschrift: Warszawa, Polen, ul. Wspólna 50

Centrala Produktów
Außenhandel in Erdöl und Erdölprodukten
Anschrift: Warszawa, Polen, ul. Rakowiecka 39

Polcargo
Warenkontrolle
Anschrift: Gdynia, Polen, Pulaskiego 6

Polimex
Polnische Importgesellschaft für Maschinen m.b.H.
Anschrift: Warszawa, Polen, ul. Czackiego 7/9

Rolimpex
Export und Import von Bodenerzeugnissen, Zucker und Futtermitteln
Anschrift: Warszawa, Polen, ul. Hibnera 5

Skórimpex
Export und Import von Rohstoffen und Bedarfsartikeln sowie Erzeugnissen der Lederindustrie
Anschrift: Lódź, Polen, ul. Piotrkowska 260

Tabulator Polskie Towarzystwo Maszyn Biurowych
Polnische Büromaschinengesellschaft m.b.H.
Anschrift: Warszawa, Polen, ul. Szpitalna 8

Textilimport
Import von Rohstoffen und Bedarfsartikeln der Textilindustrie
Anschrift: Lódź, Polen, ul. 22 Lipca 8

Varimex s.r.l.
Export und Import von Erzeugnissen des volkstümlichen Kunstgewerbes, Christbaumschmuck, Klavieren und Grammophonplatten, Bürsten und Pinseln, Bernstein, Gummiwaren, Briefmarken, optischen und medizinischen Instrumenten usw.
Anschrift: Warszawa, Polen, ul. Wilcza 50/52

Wegloks, Centrala Zbytu Wegla
Zentralstelle für Kohlenabsatz
Anschrift: Stalinogród, Polen, ul. Kosciuszki 30

Außenhandelsgesellschaften Rumäniens

Agroexport
Export: Getreide, Hülsenfrüchte, Futtermittel; Import: Samen
Anschrift: Bucarest, Rumänien, Str. 13 Decembrie 5/7

Chimimport
Export: Chemikalien, Pharmazeutika, Lacke, Farben, Wachse;
Import: sämtliche Chemikalien
Anschrift: Bucarest, Rumänien, Str. Ion Ghica 3

Energoimport
Import: sämtliche Erzeugnisse der Stark= und Schwachstromindustrie
Anschrift: Bucarest, Rumänien, Str. Vasile Lascar 32

Exportlemn
Export: Holzprodukte, Papier, Kartonnagen
Anschrift: Bucarest, Rumänien, Piata Rosetti 4

Industrialimport
Import: Eisenerze, Hüttenkoks, Schiffe, Rohre, sämtliche Bedarfsartikel für Erdölbetriebe und Bergbaubetriebe
Anschrift: Bucarest, Rumänien, Str. Gabriel Péri 2

Masinimport
Import: Maschinen und Einrichtungen für Bauindustrie, Textilindustrie, Lederindustrie, Lebensmittelindustrie, chemische, Metall= und Eisen=, Papier= und Holzindustrie, Hebezeuge, Kräne
Anschrift: Bucarest, Rumänien, Str. Mihail Eminescu 10

Metalimport

Import: Metalle, Nichteisenmetalle, Legierungen, Stähle, Schweißmaterial, Hartmetalle

Anschrift: Bucarest, Rumänien, Str. Pictor Andreesco 1

Petrolexport

Export: Mineralölprodukte, Anthrazit, Schwefelkies, Bauxit, Glimmer

Anschrift: Bucarest, Rumänien, Str. Gabriel Péri 2

Prodexport

Export: Schlachtvieh, Geflügel, tierische Produkte, Milchprodukte, Fische und Fischkonserven, Wild; Import: Obst, Konserven, Weine, Nahrungs- und Genußmittel, Gewürze

Anschrift: Bucarest, Rumänien, Str. Ion Ghica 3

Romànoexport

Export: Metalle und Metallwaren, Glas, elektrotechnische Artikel, Textilien, Pelzwaren, Lederartikel, Baumaterialien, kunstgewerbliche Erzeugnisse, Eisenbahnbedarf, Salz, Briefmarken

Anschrift: Bucarest, Rumänien, Piata Rosetti 4

Romtrans

Staatliches Unternehmen für internationale Transporte

Anschrift: Bucarest 5, Rumänien, Calea Rahovei 176

Technoimport

Import: Transportmittel, Maschinen, Feinmechanik und Optik, Asbest, Kork, Glimmer, Automobilreifen, Kautschukartikel, Musikinstrumente, Uhren, Kunstgegenstände

Anschrift: Bucarest, Rumänien, Str. Doamnei 5

Außenhandelsgesellschaften Ungarns

Agrimpex

Außenhandelsunternehmen für die Ein- und Ausfuhr von landwirtschaftlichen Produkten

Anschrift: Budapest V, Ungarn, Nádor-u. 22

Artex

Außenhandelsunternehmen für die Ein- und Ausfuhr von Produkten der Hausindustrie, Sportartikeln usw.

Anschrift: Budapest V, Ungarn, Nádor-u. 31

Chemolimpex

Außenhandelsunternehmen für die Ein- und Ausfuhr von chemischen Produkten

Anschrift: Budapest VI, Ungarn, Sztálin-ut 64

Elektroimpex
Außenhandelsunternehmen für die Ein= und Ausfuhr von elektrotechnischen Geräten, ärztlichen und optischen Instrumenten
Anschrift: Budapest V, Ungarn, Nádor=u. 21

Ferunion
Außenhandelsunternehmen für die Ein= und Ausfuhr von technischen Produkten, Glas und Porzellanwaren
Anschrift: Budapest V, Ungarn, Mérleg=útca 4

Hungarotex
Außenhandelsunternehmen für die Einfuhr von Textilwaren
Anschrift: Budapest V, Ungarn, Josef nádor=tér 6/7

Importtex
Außenhandelsunternehmen für die Einfuhr von Wirk= und Strickwaren
Anschrift: Budapest V, Ungarn, Szende Pál=útca 3

Kultura
Außenhandelsunternehmen für die Ein= und Ausfuhr von Büchern und Zeitschriften einschl. wissenschaftlicher Literatur
Anschrift: Budapest VI, Ungarn, Sztálin=útca 2

Lignimpex
Außenhandelsunternehmen für die Ein= und Ausfuhr von Holz und Papier
Anschrift: Budapest V, Ungarn, Nádor=útca 4

Masped
Internationale Spedition
Anschrift: Budapest V, Ungarn, Kristóf=tér 2

Medimpex
Außenhandelsunternehmen für die Ausfuhr von Medikamenten
Anschrift: Budapest, Ungarn, Falk Miska=útca 1

Metalimpex
Außenhandelsunternehmen für die Ein= und Ausfuhr von Metallen und Hüttenerzeugnissen
Anschrift: Budapest V, Ungarn, Dorottya=útca 6

Mogürt
Außenhandelsunternehmen für die Ein= und Ausfuhr von Kraftfahrzeugen
Anschrift: Budapest VI, Ungarn, Benczur=útca 13

Monimpex
Staatliche Monopole für Salz, Tabak, Alkohol
Anschrift: Budapest V, Ungarn, Tukor=útca 4

Nikex
Außenhandelsunternehmen der ungarischen Schwerindustrie
Anschrift: Budapest V, Ungarn, Dorottya=útca 6

Technoimpex
Außenhandelsunternehmen für die Ein- und Ausfuhr von Maschinen und Anlagen
Anschrift: Budapest V, Ungarn, Dorottya-útca 6

Terimpex
Außenhandelsunternehmen für die Ein- und Ausfuhr von Tieren und landwirtschaftlichen Produkten
Anschrift: Budapest V, Ungarn, Egyetem-útca 1

Außenhandelsgesellschaften Chinas

China National Technics Import Corporation
Import von kompletten technischen Einrichtungen bzw. Anlagen
Anschrift: Central Ministry of Foreign Trade Building
Tung Chang An Street, Peking, China

China National Machinery Import Corporation
Import von Werkzeugmaschinen, Werkzeugen, Apparaten, Dynamomaschinen einschl. innere Verbrennungsmaschinen, Nachrichteneinrichtungen, landwirtschaftliche Maschinen und Maschinen für die Industrie
Anschrift: Central Ministry of Foreign Trade Building
Tung Chang An Street, Peking, China

China National Metals and Electrical Supplies Import Corporation
Import von Eisen und Nichteisenmetallen, elektr. Artikeln (Generatoren, Motoren usw.) Artikeln des Fernmeldewesens
Anschrift: Central Ministry of Foreign Trade Building
Tung Chang An Street, Peking, China

China National Chemicals and Sundries Import Corporation
Import von chemischen Rohstoffen, Waren allgemeiner Art, Medikamenten, medizinischen Apparaten usw.
Anschrift: Central Ministry of Foreign Trade Building
Tung Chang An Street, Peking, China

China National Import and Export Corporation
Import von Metallen, Maschinen, elektrischen Apparaten, chemischen Rohstoffen, Farbstoffen, Medikamenten, medizinischen Apparaten, Waren allgemeiner Art, Textilien
Export von Getreide, Ölen, Fetten, tierischen Nebenprodukten, Kohle Salzen, Mineralien, Seiden, Tee, Tabaken, Hanf, Nahrungsmitteln und heimischen Erzeugnissen
Anschrift: Tung Schu Min Chan 13, Peking, China

China National Minerals Corporation
Export von Wolfram, Antimon, Zinn, Roheisen, Quecksilber, Asbest, Glimmer, Talk, Molybdän, Mangan usw.
Anschrift: Pao Chan Sze Street 3, Peking, China

China National Animal Byproducts Corporation

Export von Borsten, Hüllen, Häuten, Pelzen, Haaren und Wolle, Schafswolle, Ziegenhaaren, Entenfedern, Gänsefedern, Kamelhaaren, Teppichen, Pferdeschwänzen usw.

Anschrift: Kuang An Men Street 122, Peking, China

China National Tea Corporation

Export von Tee aller Arten

Anschrift: Li Shih Hutuung 57 (East City), Peking, China

China National Cereals Export Corporation

Export von Getreide aller Arten und Salzen

Anschrift: 32 Tung Sze Chiu Tiao (East City), Peking, China

China National Oils and Fats Export Corporation

Export von Tung-Öl, Erdnußöl, Baumwollsamenöl, Stillingia-Öl, Anisöl, Zimtöl, Teesamenöl, Leinsamenöl, Rizinusöl, Rapssamenöl, Sojabohnenöl, Erdnüssen in Schalen, Baumwollsamen, Baumwollsamenkuchen, Erdnußkuchen, Sesam, Leinsamen, Senfsamen, Gewürzsamen, Perilla-Samen, Hanfsamen, Rapssamen usw.

Anschrift: 21 Niu Chuao Hutuung Hsi An Men Street, Peking, China

China National Tobacco and Hemp Export Corporation

Export von gedünsteten Tabaken, getrockneten Tabaken, Hanf und Ramie

Anschrift: 52, Lan Man Hutuung, Peking, China

China National Foodstuffs Export Corporation

Export von Fleisch aller Arten, Eiern und Eiprodukten, Hühnern, Enten, Fischen usw.

Anschrift: 38 Chiao Tze Hutuung, Kuang An Men Street, Peking, China

China National Native Produce Export Corporation

Export von Früchten und Nahrungsmitteln: Apfelsinen, Bananen, frische Ananas, Lotosnüsse, Fadennudeln, Lungagans, getrocknete Lichees usw.; von Rohstoffen für die Industrie: Galläpfel, Menthol, Pfefferminzöl, Kolophonium usw.; von handwerklichen Erzeugnissen: Strohmatten, Tischtücher, Spitzen, Stickereien usw.; von allgemeinen heimischen Erzeugnissen: Moschus, Fischernetze, Tauwerk, Reisstroh, Heu usw.

Anschrift: 46 Hu Fang Chiao Street, Peking, China

China National Sundries Export Corporation

Befaßt sich hauptsächlich mit dem Export von industriellen Erzeugnissen, sowie Handel von Hafen zu Hafen

Anschrift: 57 Chu Shih Ta Chiech (East City), Peking, China

China National Silk Corporation

Export aller Arten von Seide sowie einzelner Seidenartikel

Anschrift: 17 The Bund Shanghai (0), Peking, China

MIX
Papier | Fördert gute Waldnutzung
FSC® C083411

Kolibri 360 GmbH
Ferdinand-Jühlke-Straße 7
99095 Erfurt, Deutschland
produktsicherheit@kolibri360.de